BIBLIOTECA THICH NHAT HANH

Últimos títulos publicados:

THICH NHAT HANH
Y LA DOCTORA LILIAN CHEUNG

SABOREAR

Mindfulness para comer y vivir bien

ONIRO

Obra editada en colaboración con Espasa Libros, S. L. – España

Título original: *Savor. Mindful Eating, Mindful Life*
Publicado en inglés por HarperOne, un sello de HarperCollinsPublishers
Esta obra ha sido publicada por acuerdo con HarperOne,
un sello de HarperCollinsPublishers

Portada de Idee

© 2010, Thich Nhat Hanh y Lilian Cheung
© 2011, Antonio Francisco Rodríguez Esteban, de la traducción
© 2011, de todas las ediciones en castellano Espasa Libros, S. L.
Oniro es un sello editorial de Espasa Libros S. L. – Madrid, España

Derechos reservados

© 2011, Editorial Paidós Mexicana, S. A.
Bajo el sello editorial ONIRO M.R.
Avenida Presidente Masarik núm. 111, 2o. piso
Colonia Chapultepec Morales
C.P. 11570 México, D. F.
www.paidos.com.mx

Edición impresa en España: marzo de 2011
ISBN: 978-84-9754-518-1

Primera edición impresa en México: octubre de 2011
ISBN: 978-607-7626-83-1

Impreso en los talleres de Litográfica Ingramex, S.A. de C.V.
Centeno núm. 162, colonia Granjas Esmeralda, México, D.F.
Impreso en México – Printed in Mexico

SUMARIO

ↄ

PRIMERA PARTE
LA PÉRDIDA DE PESO DESDE UNA PERSPECTIVA BUDISTA

SEGUNDA PARTE
PLANES PARA LA ACCIÓN CONSCIENTE

TERCERA PARTE
ESFUERZO INDIVIDUAL Y COLECTIVO

LISTA DE FIGURAS Y TABLAS

ର

Figuras

Tablas

PRÓLOGO

La mayoría de los libros sobre nutrición y dietas subrayan el contenido calórico de los alimentos, las grasas saturadas, las grasas trans, los carbohidratos, el tamaño de las raciones y el equilibrio entre la aportación y el gasto de energía. Este libro es diferente. Este libro no se centra sólo en *qué* comer. Este libro también enseña *cómo* comer.

Si usted es alguien preocupado por su peso, tal vez ha intentado una dieta en el pasado. Quizá ha probado la reducción de calorías, ha excluido las grasas, ha evitado los carbohidratos o le ha dado una oportunidad a la dieta de pomelo o a alguna otra moda. Tal vez incluso ha perdido peso, sólo para recuperarlo en unos pocos meses. Usted sabe que algo anda mal y siente que no controla su propio cuerpo. Está convencido de que algo debe cambiar, pero ¿por dónde empezar?

La respuesta, que este libro proporciona, no es empezar con lo que depositamos en el plato. En lugar de ello, conviene empezar en nuestro interior, con la conciencia y experiencia de cada instante vivido; lo que los autores llaman *mindfulness* o *atención plena*. Aunque el concepto de atención plena deriva de la enseñanza budista, cada uno de nosotros puede ser más consciente a la hora de alimentar nuestro cuerpo. Muchas distracciones de la vida cotidiana refuerzan la ingestión mecánica de alimentos, y esa alimentación mecánica es un poderoso vehículo para el aumento de peso y la obesidad. Con atención y práctica es posible hacernos más conscientes de nuestra alimentación y nuestras vidas. Este libro le indica cómo hacerlo.

Escrito por un eminente líder espiritual y una renombrada nutricionista, esta obra infunde ciencia en la sabiduría y sabiduría en la ciencia. Es una guía práctica para alimentarse conscientemente y señala el camino para lograr un peso más saludable y un estilo de vida más satisfactorio.

HARVEY V. FINEBERG
doctor en Filosofía y Medicina,
presidente del Instituto de Medicina,
The National Academies,
Washington, D.C.

AGRADECIMIENTOS

Saborear: mindfulness para comer y vivir bien ha llegado a existir porque las condiciones son las adecuadas. Este libro no habría sido posible sin el duro trabajo de científicos, humanistas, expertos en salud, diseñadores de políticas, maestros espirituales y médicos a lo largo de muchas generaciones, y todas aquellas personas, tanto conocidas como desconocidas, que han dedicado su vida a hacer de nuestro mundo un lugar más saludable y compasivo. Nuestra profunda gratitud para todos ellos.

Queremos agradecer al doctor Harvey V. Fineberg la escritura del prólogo y al doctor Walter Willett por reseñar nuestro libro. Queremos expresar un cariño especial a Sari Kalin, Hank Dart y Joanne Levy por su ayuda en la investigación y preparación del manuscrito, y nuestro sincero agradecimiento a nuestras queridas comunidades o *sanghas*, amigos y familia por su amable apoyo en este viaje. Por último, queremos dar las gracias a nuestro editor en HarperOne, Gideon Weil, y a sus colaboradores, por su ayuda para hacer de este libro una realidad.

Thich Nhat Hanh & Lilian Cheung
Diciembre 2009

INTRODUCCIÓN

Si ha escogido *Saborear* porque desea una mayor felicidad y paz en su vida cotidiana, entonces está en el lugar adecuado. Si ha tomado *Saborear* porque usted o un ser querido se enfrenta a la cuestión del peso y necesita soluciones prácticas, entonces este libro también es para usted.

Aprender a comer y a vivir conscientemente es la clave para experimentar la salud y la paz. Esta visión nos indujo, a un maestro del budismo zen y a una nutricionista, a lanzar una mirada fresca a la atención plena y al problema de la obesidad, que se está extendiendo por todo el mundo. Es evidente que los planteamientos estándar no logran detener la marea de aumento de peso y el lastre que supone para las personas y comunidades. Más de mil millones de personas en todo el mundo padecen sobrepeso; son tantas que los científicos hablan de obesidad epidémica. Y aunque ciertamente se trata de una descripción adecuada del resultado de una alimentación excesiva y la falta de ejercicio, no describe plenamente lo que está pasando. Es también una crisis mundial instaurada en gran medida por las tendencias sociales que nos distraen e impiden que hagamos aquello que nos mantendrá equilibrados, sanos y conectados con nuestro yo interior y nuestro lugar en el mundo. *Saborear* es una guía para ayudarnos a reconectar con esos diversos aspectos de nuestra vida que pueden mejorar nuestro peso, nuestro bienestar y el bienestar de nuestro mundo.

El sentido común nos dice que para perder peso debemos comer menos y hacer más ejercicio. Sin embargo, esto es más fácil de decir que de hacer. Muchos de nosotros sabemos que necesitamos comer menos y ser más activos. Pero de algún modo nos encallamos. Empezamos un programa de pérdida de peso con buenas intenciones, pero no somos capaces de seguirlo y nos sentimos defraudados y desalentados. Nos invade el pesimismo, y nuestro peso nos hace progresivamente más infelices. Pasamos horas preocupándonos por lo que hemos comido o si hemos hecho el suficiente ejercicio, culpándonos por acciones que no podemos deshacer. Quedamos atrapados en el pasado y somos incapaces de vivir en el presente: el momento en que tenemos el poder de hacer verdaderos cambios en nuestras vidas.

Para poner fin a esta lucha, hemos de aprender a no dejar que el remordimiento, la angustia o el temor dominen nuestra vida en el instante presente. Cada minuto que gastamos preocupándonos por el futuro y lamentando el pasado es un minuto que perdemos en nuestra cita con la vida: una oportunidad perdida para comprometernos con la vida y advertir que cada instante nos ofrece la oportunidad de cambiar para mejor, de experimentar el gozo y la paz. La práctica de estar plenamente atento a cada instante recibe el nombre de *atención plena* o *mindfulness*. Es un antiguo método de vida budista que nos ayuda a estar en el aquí y el ahora, y poner fin a nuestra lucha con el peso.

Ser plenamente consciente es estar del todo atento a lo que sucede en el presente, percibir absolutamente lo que sucede en nuestro interior y a nuestro alrededor, a cada instante, sin juicios o ideas preconcebidas. Aunque la atención plena se ha transmitido en las enseñanzas de meditación oriental, no es una práctica mística o esotérica difícil de aprender. Gente de toda clase y condición ha seguido este conjunto de antiguas prácticas en su camino a la salud, el bienestar, la paz y la felicidad durante 2.500 años.

Al caminar y ser conscientes de cada paso que arraigamos firmemente en el suelo, ya estamos practicando la atención plena. Al comer y sentir que nuestra mente está atenta a cada bocado, paladeando el sabor y los elementos nutritivos que nos aporta, ya estamos practicando la atención plena. Para ser plenamente conscientes de algo, tenemos que aprender a estar del todo presentes en el instante y observar profundamente la cosa en cuestión. Primero hemos de detener nuestra mente distraída para que se involucre en lo que tiene delante en el momento presente. Al ser plenamente conscientes de lo que estamos haciendo, aprendemos a mantener nuestra cita con la vida. Esta atención al momento presente nos ofrece la oportunidad y las herramientas para alcanzar la paz y la alegría, contemplar la verdadera naturaleza de lo que somos y cómo estamos conectados con todo lo demás, y poner fin a nuestro enfrentamiento con el problema del peso.

En *Saborear* compartimos con usted un modo de vida de acuerdo con la atención plena, y en concreto enseñamos cómo este tipo de vida puede ayudarle a gestionar su problema de sobrepeso de una forma pacífica y sostenible. A lo largo del libro le mostraremos cómo adoptar fácilmente la práctica del *mindfulness* e integrarla en la alimentación, la actividad física y el resto de aspectos de su vida cotidiana, de modo que la atención plena se transforme gradualmente en una parte esencial de su ser.

Gestionar nuestro sobrepeso —o abordar cualquier otra dificultad vital, en realidad— no es una batalla que tengamos que librar. En lugar de ello, debemos aprender a hacernos amigos de nuestros desafíos y privaciones. Están ahí para ayudarnos; son oportunidades naturales para una comprensión y transformación más profundas que nos aportarán una mayor alegría y paz a medida que aprendamos a trabajar con ellas. Con la práctica del *mindfulness* ampliamos el conocimiento de las raíces de nuestras dificultades.

Aprenderá a observar y ser más consciente de sus motivaciones y los obstáculos para una vida saludable. ¿Por qué come lo que come? ¿Cómo se alimenta, y cómo se siente después de comer? ¿Cuál es su actitud hacia la actividad física? ¿Cuáles son las barreras —físicas, psicológicas, culturales y ambientales— que le impiden una alimentación sana y un nivel de ejercicio adecuado? A medida que sea más consciente de su cuerpo y de los sentimientos, pensamientos y realidades que impiden que asuma acciones tendentes a mejorar su salud, advertirá lo que tiene que hacer individualmente y qué tipo de apoyo social y comunitario necesita para cambiar su comportamiento. Con estos conocimientos estará mejor equipado para romper sus barreras y alcanzar un estilo de vida saludable y el control de su peso. Puede empezar a hacer cambios paulatinamente, instaurando hábitos más saludables e infundiendo una paz mayor en su interior.

Con el agitado ritmo de la vida moderna admitimos que a la gente le resulte oneroso añadir más tareas a su lista de «deberes». Como verá, la práctica del *mindfulness* no tiene por qué ser otro «deber». Su belleza reside en el hecho de que puede ser plena y fácilmente integrada en cada acto de nuestra vida cotidiana, recordándonos cómo vivir el momento presente con plenitud.

Con el *mindfulness* podemos elegir *cómo* vivir nuestras vidas ahora. Podemos aprovechar cada momento y empezar de nuevo. Es tan sencillo como realizar algunas inspiraciones y espiraciones a lo largo del día, mientras respondemos correos electrónicos, esperamos en la cola o conducimos. Está absolutamente al alcance de cualquiera. Consiste en dar pequeños pasos cada día, y ser persistente. Los pasos pequeños se sumarán con el tiempo. Con la práctica constante del *mindfulness*, se sentirá más vivo y dentro del flujo de la vida. Encontrará un remanso de quietud en medio del caos. Mejorará su comprensión de sí mismo y de cuanto le rodea. La niebla que vela su bienestar se disipará gradualmente, permitiéndole acariciar la alegría y la paz que siempre han estado en su interior. Buda no previó muchos de los modernos problemas que hoy afrontamos, incluyendo la epidemia de obesidad, pero sus enseñanzas son atemporales. Son cimientos para la comprensión y procesos para aumentar nuestro conocimiento. Como tantas personas han descubierto a lo largo de muchas generaciones, la solidez, la libertad, la calma y la alegría son los frutos de una vida consciente.

Al combinar la sabia filosofía budista con la ciencia de la nutrición podemos contribuir a una mejor comprensión de nuestros cuerpos y mentes. Le invitamos a embarcarse en este viaje del *mindfulness*, tal como otros han hecho a lo largo de muchas generaciones, a fin de ayudarle a poner fin a su lucha con el peso y a mejorar su salud, la salud de quienes le rodean y el bienestar del mundo en que vivimos.

Acerca de este libro

La primera parte de *Saborear* (capítulos 1 al 4) ofrece una perspectiva budista sobre el bienestar y el control del peso. Iniciamos el libro brindándole un nuevo modo de abordar el problema del peso a través de las Cuatro Nobles Verdades, las enseñanzas budistas más fundamentales. En primer lugar, usted tendrá que admitir que tiene un problema de sobrepeso y reflexionar acerca de si está preparado o no para realizar cambios y si se compromete a realizarlos. Si es así, ha de saber lo que le ha llevado a la situación de sobrepeso. Por medio de una serie de preguntas que se formulará a usted mismo, alcanzará una mejor comprensión de las razones que le han llevado a la situación actual. Si así lo decide, advertirá que tiene dentro de sí el poder de detener las rutinas automatizadas y poco saludables que le han hecho ganar sobrepeso. Y comprenderá que la práctica del *mindfulness* es un camino efectivo hacia un peso idóneo y una forma de vida más saludable.

A continuación, presentamos una degustación de la atención plena: una meditación acerca de comer una manzana. Con el *mindfulness*, el mero acto de comer una manzana se convierte en una experiencia profunda. Nos abre a la conciencia de que la manzana es una manifestación de nuestro mundo y que no puede revelarse aisladamente. Para su existencia, la manzana depende de todo lo demás, lo que nos recuerda que nosotros también recibimos el apoyo constante de muchos seres para disfrutar de la manzana.

A continuación le invitamos a observar su carácter personal. Exploramos cómo todo cuanto usted ve, saborea, huele, toca y piensa afecta a su peso y a todos los demás aspectos de su vida cotidiana. Los libros de dietas suelen centrarse en cómo los alimentos ofrecen un inmediato beneficio al organismo y rara vez abordan los factores culturales, psicosociales y ambientales que influyen en nuestros hábitos alimentarios y en nuestra actividad física. Es evidente que no sólo somos lo que comemos; somos lo que consumimos a través de todos nuestros sentidos. Lo que comemos y cómo comemos está influido por nuestros antepasados, nuestros padres, la cultura, la industria alimentaria, los medios de comunicación y las fuerzas sociales. Para mantener un peso y un estilo de vida saludables, debemos observar cuidadosamente las interrelaciones de nuestro cuerpo, nuestra mente y la sociedad en su conjunto.

Una vez que haya comprendido su dificultad con el peso, un paso importante es aprender a atribuirse poder para transformar esa dificultad. El discurso de Buda de los Cuatro Fundamentos de la Atención Plena elabora ejercicios que pueden llevar a la transformación y la curación. Le acompañamos a través de los puntos principales de los cuatro fundamentos de la práctica del *mindfulness* para una transformación efectiva, mostrando cómo infundir paz y alegría en su interior, y cómo superar sus hábitos destructivos. Describimos un proceso y una práctica que mejorará el conocimiento de su cuerpo, mente, emociones y percepciones, y le mostrará hasta qué punto están íntimamente ligados a los cambios en su alimentación y en los patrones de actividad física. Aprenderá técnicas básicas de respiración para calmar su cuerpo, sus emociones y su mente, y aprenderá a concebirse en relación a todo cuanto le rodea. Con una práctica continua, aumentará su confianza para reconocer la naturaleza y la causa de su sufrimiento para a continuación transformarlo desde la raíz y extirpar las costumbres, sentimientos y creencias negativas alimentadas durante mucho tiempo.

La segunda parte de *Saborear* (de los capítulos 5 a 7) llevan la práctica del *mindfulness* a la vida cotidiana. Todos nosotros comemos y bebemos muchas veces al día. Son otras tantas y maravillosas oportunidades para practicar el *mindfulness*. Prestar atención a lo que comemos y bebemos, así como al modo en que lo hacemos nos aporta sustento, lo que alimenta no sólo nuestro cuerpo y nuestra mente sino también el bienestar de nuestro mundo para las generaciones futuras. Le ofrecemos un manual básico de alimentación y bebida sana para ayudarle a decidir qué comer y beber y proporcionarle formas concretas de comer y beber con atención plena. A través de una serie de preguntas, usted mismo establecerá sus propios objetivos y un plan personalizado de alimentación consciente a fin de saborear sus alimentos y bebidas a la par que mantiene la salud y el bienestar.

Cada día movemos nuestros cuerpos, aunque el estilo de vida del siglo XXI nos ha hecho mucho más sedentarios. Movernos conscientemente no sólo nos ayuda a quemar más calorías y mantener nuestra salud sino que también constituye una valiosa oportunidad para practicar el *mindfulness* en acción. En el capítulo 6 presentamos formas conscientes de ayudar a mantener el nivel de actividad física que necesitamos para mejorar nuestro peso y salud. Se incluyen reflexiones para ayudarnos a crear nuestro plan personalizado de movimiento consciente.

La alimentación y el movimiento consciente se integran en el contexto más amplio de lo cotidiano: el *mindfulness* permanente. Para mejorar su ritmo de vida consciente, proponemos herramientas sencillas que aumentarán su práctica de *mindfulness* en las horas del día. Mediante la creación de un plan vital estratégico de atención plena, podrá transformar incluso la más trivial de las tareas rutinarias en una oportunidad para practicar el *mindfulness* y nutrirse a sí mismo.

A medida que progrese a un ritmo constante en su viaje hacia un peso saludable, advertirá que su capacidad para asumir elecciones sanas no sólo depende de usted, sino de todo cuanto le rodea. Todos estamos conectados y somos interdependientes. Lo que uno hace afectará a todo y a todos, y lo que todo y todos hagan tendrá un efecto en cada individuo. La vida consciente y el control del peso no son un mero asunto individual. También debemos asumir una acción colectiva en pro de un entorno menos tóxico y más proclive a una alimentación sana y una vida activa. En la tercera parte del libro (capítulo 8) exploramos caminos para contribuir a mejorar el entorno y la comunidad, para nosotros mismos, nuestras familias, nuestros amigos y las futuras generaciones. Al cultivar la energía del *mindfulness*, ganaremos una perspectiva y comprensión que revertirá en una mayor compasión hacia todos los seres. Esta compasión nos motiva para adoptar una acción individual y colectiva, creando un cambio profundo en nuestras comunidades y sociedades a fin de mejorar nuestro bienestar y el bienestar del mundo.

Antes de caer rendidos, tenemos una finita cantidad de energía para gastar cada día. El *mindfulness* nos ayuda a utilizar la energía sabiamente, invirtiéndola en situaciones, personas y causas que nos proporcionen la mayor alegría, paz y sentido. La atención plena es la luz guía que ya existe en el interior de cada uno. Descúbrala. Le animamos a utilizarla y dejar que ilumine su vida en cada momento. Al vivir así, sentirá que paladea su vida en profundidad. No sólo le será útil para alcanzar el peso idóneo y saludable y el bienestar que persigue; hará aflorar a la superficie la riqueza de la vida, que tan a menudo nos resulta invisible.

PRIMERA PARTE

La pérdida de peso desde una perspectiva budista

1

PONER FIN A LA BATALLA CONTRA EL PESO

He luchado contra mi peso durante toda mi vida. Sé
que tengo que perder peso. No me gusta mi aspecto.
No me gusta sentirme así. He hecho dieta, he intentado hacer ejercicio con diligencia, he perdido peso y
lo he recuperado enseguida. He perdido la cuenta de
cuántas veces he atravesado este ciclo yoyó de pérdida y recuperación. Estoy completamente frustrada,
avergonzada, angustiada y superada por mi peso. Estoy cansada de arrastrar este peso extra por todas
partes. No me siento bien. Cada día es como una
batalla para mí. Cada noche es una pesadilla. Ahora
tengo diabetes y estoy realmente preocupada. Temo
no estar aquí para ver crecer a mis hijos. Estoy aquí
porque no quiero rendirme. Debe de haber una forma de salir de este sufrimiento.

Participante en un retiro de atención plena

Esta mujer no está sola. Dondequiera que miremos —desde la televisión, las revistas y las páginas web hasta la radio y los periódicos—,
vemos, leemos y escuchamos historias de la frustrante lucha que
la población de Estados Unidos mantiene para perder peso. Dos de
cada tres adultos de ese país tienen sobrepeso, y uno de cada tres es
obeso,[1] más del doble de la tasa de obesidad a finales de los setenta.
En términos científicos, estamos en medio de una epidemia de obesidad, un estado de extremado incremento de peso que desborda a
Estados Unidos y a buena parte del mundo. Este rápido incremento
de la obesidad en los últimos treinta años no tiene parangón en nuestra historia, y si no alteramos nuestras tendencias actuales, los números seguirán creciendo.

Y esto es así en gran medida porque la actitud de nuestra sociedad es nociva de un modo que los expertos llaman «obesogénico». Estamos rodeados por fuerzas sociales que nos impulsan a comer más y movernos menos. Y el resultado natural es el aumento de peso, la obesidad y la constelación de problemas que los acompañan. Sí; en última instancia es una decisión personal comer más de lo que uno necesita y no hacer el suficiente ejercicio, pero es casi imposible escapar a las presiones que a nuestro alrededor nos inducen a comportamientos poco saludables. Bombardeados día tras día por influencias malsanas, fácilmente nos alejamos de lo que nuestro cuerpo realmente necesita y desea.

Pensemos en las zonas de restauración de los centros comerciales. Es un banquete de elecciones que puede saturar los sentidos. Vemos y olemos alimentos salados y otros dulces: bistec crepitando en salsa teriyaki, pizza al horno, bollos calientes de canela glaseados, ricas mezclas de café con sirope de azúcar y cubiertas de crema. La abundancia de aromas, colores y sonidos despiertan el paladar y nos impulsan a comer. En sí mismo, esto no es necesariamente malo —¿a quién no le gusta ver y oler una comida deliciosa?—, pero a menudo nos incita a comer mecánicamente, tanto si tenemos hambre como si no. Antes de que nos demos cuenta hemos engullido una ración enorme que posee dos tercios de nuestras necesidades calóricas diarias, y ni siquiera teníamos apetito. Cuando esto sucede día tras día, semana tras semana, lo que empezó siendo una ocasión para el disfrute acaba convirtiéndose en un problema de peso que puede afectar al resto de nuestra vida. Y éste es sólo uno de los muchos ejemplos del impacto que nuestro entorno y redes sociales pueden ejercer en nuestro peso y salud.

En nuestra tienda hay muchos alimentos y bebidas con un alto contenido en sal, azúcar y grasa. Según el doctor David Kessler, ex comisionado de la Administración estadounidense de Alimentos y Fármacos, las industrias alimentarias y de restauración producen deliberadamente una comida muy salada, azucarada y con una alta concentración de grasas para que la gente no pueda resistirse a ellas y quiera más. En su libro *The End of Overeating: Taking Control of the Insatiable American Appetite*, cita las investigaciones que se llevan a cabo en neurociencia conductista, nutrición y psicología, e informa de que los alimentos con un alto contenido en grasa, sal y azúcar alteran la química cerebral, estimulando la producción de dopamina, que se asocia con el sentimiento de placer.[2] Ésta es una de las razones por las que la comida con mucho azúcar, sal o grasa despierta nuestro anhelo en mayor medida: porque nos satisface más.

La publicidad es otro aspecto de esta cuestión. Es la forma que la economía de mercado tiene de conformar las normas sociales que impulsan el consumo y los beneficios. En lo que respecta a la industria alimentaria, quieren que los consumidores realmente *consuman*: que tomen tanta comida y bebida como sean capaces de tolerar, y luego aún más. Resulta revelador que en Estados Unidos la industria alimentaria invierta en publicidad más que ninguna otra industria con excepción de la automovilística.[3] Cada día estamos expuestos a docenas de anuncios que nos incitan a comer y beber. Y no existe un lugar donde no se pueda comer: comemos y bebemos en nuestros coches y escritorios, en las reuniones y al pasear por un centro comercial. No es de extrañar que a menudo nos encontremos comiendo y bebiendo más allá de nuestras necesidades para satisfacer nuestra verdadera hambre psicológica. Hemos creado una cultura donde se pica, se come y se bebe constantemente.

Ahora pensemos en nuestras normas sociales en lo que respecta a la actividad física. Desde la revolución industrial a principios del siglo xix hasta nuestra actual revolución de la información, nos hemos ido volviendo progresivamente más sedentarios a medida que dependemos de más y más máquinas, aparatos y automóviles para hacer nuestro trabajo. Hemos disminuido drásticamente la cantidad de energía que quemamos cada día a través de los movimientos corporales y el uso de nuestros músculos. Y con el hogar medio estadounidense con más aparatos de televisión que personas,[4] nos hemos convertido en teleadictos que viven bajo el hechizo de las imágenes.

Unidas, todas estas fuerzas sociales nos empujan a ingerir más calorías diarias de las que gastamos, y sin ser conscientes de ello. Con el tiempo, esas calorías extra se acumulan y antes de que nos demos cuenta hemos incorporado una buena cantidad de peso. No hace falta mucho para que esto suceda. En el transcurso de un año, 100 calorías extra al día —el equivalente a la ingestión de una pequeña galleta o conducir un kilómetro y medio en lugar de caminar— puede acabar almacenando 5 kilos de grasa extra en nuestro cuerpo.

Dado el enorme lastre que estas influencias sociales ejercen sobre nosotros, ¿cómo podemos recuperar el contacto con nuestro organismo y liberarnos de la carga y el sufrimiento del sobrepeso? ¿Cómo podemos alcanzar un peso más saludable?

La respuesta no se encuentra, ciertamente, en la actual industria de adelgazamiento de Estados Unidos. Los programas para la pérdida de peso, los libros de dietas y los alimentos dietéticos, hierbas y píldoras representan un negocio estimado de 59.000 millones de dólares en Estados Unidos.[5] Constantemente aparecen miles de libros que exponen dietas de moda y planes para la pérdida de peso. Sin embargo, casi siempre defraudan a la gente. Una dieta puede hacer perder peso, pero no existe una evidencia científica de que la dieta rígida ayude a perder peso a largo plazo. Por el contrario, la población de Estados Unidos está cada vez más obesa, y cada vez más frustrada y desalentada por su fracaso a la hora de perder peso.

Las industrias farmacéuticas gastan millones en la investigación y desarrollo de una solución para la obesidad. Pero aún no existe una píldora o fórmula mágica que nos ayude a perder peso y mantenerlo sin efectos secundarios. La Administración de Alimentos y Fármacos de Estados Unidos se muestra cautelosa a la hora de aprobar los medicamentos que combaten las grasas. Sin embargo, los pocos fármacos que en el mercado resultan útiles para eliminar algunos kilos tienen efectos secundarios no deseados.[6]

La difícil verdad es que la ley básica de la termodinámica sigue vigente: cuando ingerimos más calorías de las que gastamos, ganamos peso. Cuando quemamos más energía mediante nuestra actividad física o ejercicio de la que adquirimos en forma de alimentos y bebidas, adelgazamos. Aunque esto suene básico y simple, el hecho de que la mayoría de nosotros tenga sobrepeso señala la complejidad de la situación. A quien ha intentado perder peso muchas veces, el pensamiento de probar una vez más puede resultarle intolerable y abrumador. ¿Es realmente posible cambiar nuestros hábitos de alimentación y ejercicio, especialmente en una sociedad que nos incita tan fuertemente en el sentido contrario? ¿Cómo podríamos empezar a hacer estos cambios?

Buda enseña que el cambio requiere conocimiento, y el conocimiento sólo se inicia cuando nos detenemos y centramos nuestra atención en lo que ocurre frente a nosotros. Esta detención, o *shamatha*, nos permite descansar el cuerpo y la mente. Una vez que nos hemos calmado, podemos observar en profundidad nuestra actual situación. Tenemos que liberarnos de nuestras rutinas frenéticas, dejar de hacer inconscientemente, una y otra vez, aquello que ha permitido el aumento de peso. Necesitamos detenernos, descansar y reflexionar de forma constructiva a fin de poner fin a los hábitos que han desembocado en nuestros actuales problemas con el peso. Hemos de ser plenamente conscientes de lo que ocurre en nuestra vida diaria. Sólo entonces podremos empezar a cambiar.

Cambiar la energía de la costumbre

Hay una historia zen que habla de un hombre y un caballo.[7] El caballo galopa rápidamente, y parece que el jinete se dirige a un destino importante. Un transeúnte le pregunta: «¿Adónde vas?», y el jinete replica: «¡No lo sé! Pregunta al caballo».

Ésta es, también, la historia de nuestra vida. Muchos de nosotros cabalgamos un caballo, pero no sabemos adónde vamos, y no podemos detenernos. El caballo es nuestra «energía de la costumbre», la fuerza incesante del hábito que nos impulsa, de la que a menudo no somos conscientes y que somos incapaces de cambiar. Siempre estamos corriendo. Se ha convertido en una costumbre, la norma de nuestra vida cotidiana. Corremos todo el tiempo, incluso durante el sueño: el momento en que supuestamente hemos de descansar y recuperar nuestros cuerpos. Somos nuestro peor enemigo, disputamos con nosotros mismos, y por lo tanto somos proclives a entrar en conflicto con los demás.

Cuando una emoción fuerte surge en nosotros como una tormenta, experimentamos una gran confusión. No tenemos paz. Muchos intentan apaciguar la tormenta viendo la televisión o tomando alimentos agradables. Pero la tormenta no amaina tras pasar horas ante el aparato. La tormenta no se disipa después de una bolsa de patatas fritas o un tazón de helado. Más tarde nos odiamos por haber comido las patatas y el helado. Nos aterra repetirlo al día siguiente. Juramos no volver a hacerlo. Pero lo hacemos una vez tras otra. ¿Por qué? Porque la energía de nuestra costumbre nos impulsa a hacerlo.

¿Cómo detener este estado de confusión? ¿Cómo podemos frenar nuestro temor, nuestra desesperación, nuestro enfado, nuestras ansias? Hemos de aprender a ser tan fuertes y sólidos como un roble y no dejarnos estremecer por la tormenta emocional. Tenemos que aprender el arte de la detención: detener nuestra carrera para estar presentes y abordar nuestra energía habitual de angustia, culpa y temor, y apaciguar las fuertes emociones que nos dictan. Hemos de aprender a vivir plenamente en el instante presente. Necesitamos practicar la inspiración y espiración con toda la atención. Tenemos que aprender a ser conscientes.

Al ser conscientes, al habitar profundamente el momento presente, en el aquí y el ahora, asumimos una mayor comprensión, aceptación, perdón y amor hacia nosotros mismos y los demás; crece nuestra aspiración de aliviar el sufrimiento; y tenemos más oportunidades de acariciar la paz y la dicha.

Necesitamos la energía de la atención plena para reconocer y estar presentes con nuestra energía habitual para evitar que nos domine y detener su curso a menudo destructivo. La atención plena nos permite reconocer nuestra energía de la costumbre cada vez que se presenta: «Hola, energía del hábito. Sé que estás aquí». Si desde la atención plena le dedicamos una sonrisa a esa energía del hábito, perderá buena parte de su fuerza. Las patatas fritas se quedan en la alacena, el helado en el congelador. La tormenta pasa y nosotros observamos, inspirando y espirando.

Una vez que estemos más tranquilos, podremos admitir nuestro problema con el peso en lugar de negarlo. Esto puede no resultarle fácil. Usted puede sentirse airado, frustrado o harto de su peso. No suprima esos sentimientos airados. En lugar de ello, y tal como nos ha enseñado Buda, acepte y acoja esas emociones difíciles, como una madre que acuna al bebé que llora. El bebé necesita la atención amorosa de su madre. De manera similar, la confusión y las emociones negativas gritan con fuerza, tratando de llamar su atención. Sus emociones negativas también requieren su atención amable y cuidadosa. Al acoger sus sentimientos negativos cuando éstos se presentan, evitará que la tormenta emocional lo arrastre y accederá a la calma. Una vez que esté más tranquilo, estará preparado para comprender que en su interior dispone del poder y las herramientas para empezar a cambiar.

La detención, la calma y el descanso son condiciones previas para la curación. Si no podemos detenernos, continuaremos el curso de la destrucción provocada por el consumo inconsciente.

Las Cuatro Nobles Verdades del peso saludable

Buda ofreció a la gente muchas enseñanzas para ayudarlos a poner fin a sus sufrimientos; las primeras y más importantes son las Cuatro Nobles Verdades. La Primera Noble Verdad es que todos sufrimos en nuestra vida. Nadie puede escapar a ello. La Segunda Noble Verdad es que podemos identificar las causas de nuestro sufrimiento. La Tercera Noble Verdad es que podemos poner fin a nuestro sufrimiento y que la curación es posible. Por último, la Cuarta Noble Verdad es que existen caminos para liberarnos del sufrimiento. Podemos cultivar nuestro bienestar aplicando concretamente el *mindfulness* a nuestra vida cotidiana.

Un sencillo ejemplo del campo de la medicina puede ayudarnos a ilustrar las Cuatro Nobles Verdades. Imaginemos que nos han diagnosticado una diabetes de tipo 2 (Primera Noble Verdad), que probablemente tiene su origen en una dieta pobre y en el sobrepeso (Segunda Noble Verdad). El doctor nos dice que la situación no tiene por qué ser ésa y que puede controlarse (lo que confirma la Tercera Noble Verdad). Seguimos la prescripción facultativa —tomar la medicina, alimentarnos mejor, hacer más ejercicio—, que es el camino a la curación (Cuarta Noble Verdad). Estas enseñanzas de Buda se originaron en una época en la que es más probable que el sufrimiento fuera causado por la falta de alimentos y no por su sobreabundancia, o por el sobreesfuerzo en el trabajo físico en lugar de por la falta del mismo. Sin embargo, se aplican a toda forma de sufrimiento, incluyendo aquéllas relacionadas con el sobrepeso.

Reflexionemos ahora en las Cuatro Nobles Verdades y cómo guardan relación con nuestra voluntad de alcanzar un peso saludable. La autoindagación que empieza aquí y continúa a lo largo de todo el libro constituirá una guía a través de importantes factores que influirán en su peso. Le ayudará a descubrir los caminos basados en la ciencia que puede seguir para lograr el peso idóneo. Y a través de su propia conciencia podrá descubrir y decidir lo que a su organismo y su bienestar le resulta beneficioso y lo que no.

A lo largo del proceso, comprobará si su peso le ha afectado física y emocionalmente. Se familiarizará con su forma de comer y beber y con la cantidad de ejercicio que ha practicado. Reconocerá la intensidad y el tipo de esfuerzo realizado para controlar su peso. Advertirá hasta qué punto su trabajo influye en su estilo de vida y en su peso. A partir de todas estas reflexiones, adquirirá una nueva perspectiva de su pasado que contribuirá al éxito en su camino hacia la curación.

A medida que avance en este capítulo y a lo largo del libro, procure leer con una mente y un corazón receptivos. No se enfrente a los conceptos: la información que aquí se brinda no está pensada meramente para acumularse en su almacén de conocimientos. Sea como la tierra. Cuando llega la lluvia, la tierra se abre y absorbe el agua. Permita que la sabiduría de este libro nutra las semillas profundamente enterradas en el suelo de su conciencia a fin de que germinen y maduren en las energías transformadoras de la percepción y la atención plena. Un maestro no puede ofrecerle la verdad. La verdad está en usted. Un maestro sólo puede brindarle la oportunidad de despertar su verdadero yo.

La iluminación, la paz y el gozo no serán concedidos por nadie más.
La fuente está en nosotros,
y si ahondamos en el momento presente,
rauda brotará el agua.[8]

La Primera Noble Verdad: estar obeso o tener sobrepeso es sufrimiento

Cuando tenemos sobrepeso, cada una de las partes que componen nuestro cuerpo sufre una carga. Puede que las rodillas nos duelan, al soportar un peso excesivo, y pueden volverse rígidas e hincharse a causa de la artritis.[9] Nuestro corazón puede resentirse, subir la presión arterial, y una placa nociva puede aparecer en la pared interna de las arterias, aumentando el riesgo de ataque al corazón y derrame cerebral. Nuestra propia respiración puede llegar a ser un problema a medida que aumente el riesgo de asma, enfermedad pulmonar obstructiva crónica y apnea durante el sueño.[10]

Muchos de estos riesgos incrementados existen en personas con mero sobrepeso, no sólo entre los obesos. La diabetes, una enfermedad insidiosa con complicaciones de muerte y minusvalía, es entre dos y cuatro veces más frecuente en personas con sobrepeso que en quien conserva su peso idóneo, y es entre cinco y doce veces más frecuente en personas obesas.[11] El riesgo de cáncer en diversas partes del cuerpo —pecho, colon, esófago, hígado, páncreas y útero— es mayor en personas con un exceso de grasa corporal.[12] También es mayor el riesgo de cálculos que requieren la extirpación de la vesícula.[13] El riesgo de infertilidad,[14] cataratas,[15] y tal vez incluso de demencia es superior en personas obesas que en quienes mantienen un peso saludable.[16] Dado que el exceso de grasa se distribuye por todas las zonas del cuerpo, no es sorprendente que el sobrepeso o la obesidad en la mediana edad aumente las posibilidades de muerte prematura.[17] Incluso las personas que no tienen sobrepeso pero han aumentado más de 10 kilos desde el inicio de la universidad ven aumentado su riesgo de morir a temprana edad.[18]

Quienes padecen obesidad o sobrepeso padecen otros muchos sufrimientos debido al estigma generalizado que recae sobre ellos.[19] Los niños con sobrepeso se convierten en el objeto de las burlas y la intimidación de sus compañeros. Una vez que son adultos, tendrán menos oportunidades de conseguir un trabajo o promocionarse, o serán tildados de perezosos o menos disciplinados. Incluso en el despacho del doctor, afrontarán cierto prejuicio por el mero hecho de su peso excesivo.

¿Qué tipo de sufrimiento ha soportado usted debido a su peso? ¿Dolor físico? ¿Dolor emocional? ¿Un sentimiento de vergüenza, inseguridad, ira, pesar? Identificar y reconocer la naturaleza y profundidad de su sufrimiento tal vez resulte difícil. Tal vez prefiera suprimirlo y no enfrentarse a él. Sin embargo, nuestro primer paso hacia la curación y la transformación es reconocer la existencia de nuestro sufrimiento y no huir de él.

La Segunda Noble Verdad: identificar las raíces del problema con el peso

Antes de modificar el peso debe tener una mejor comprensión de las razones que le han inducido al sobrepeso. Fundamentalmente, el aumento o la pérdida de peso son el resultado de una alteración en el equilibrio de la energía de entrada (las calorías que comemos y bebemos) y la de salida (las calorías que quemamos en la actividad cotidiana). Sin embargo, la ciencia ha demostrado que hay muchos factores que pueden hacernos perder el equilibrio y ganar peso: nuestra ascendencia, nuestro estilo de vida y nuestro entorno.

Tómese el tiempo necesario para reflexionar en los numerosos factores que describimos aquí. Atienda profundamente para descubrir si se aplican a su caso, a fin de comprender la verdadera naturaleza de su problema con el peso. Observar en profundidad exige valor. Las causas pueden conocerse, y con un esfuerzo diligente podemos llegar al fondo de las mismas. Con un mayor conocimiento de las razones del sobrepeso, podrá empezar a determinar el curso de acción que le conviene adoptar para lograr un peso más saludable.

Debe saber que el apego a los deseos placenteros puede causarnos sufrimiento. En nuestro anhelo insaciable de experiencias placenteras y deliciosas a través del consumo de alimentos y bebidas y un estilo de vida sedentario, nos situamos en el camino más directo para aumentar de peso. ¿Realmente esos deseos le aportan felicidad y le satisfacen a largo plazo? Probablemente no, ya que se trata de soluciones temporales que nos hacen ganar peso. Al sucumbir a esos deseos, perpetúa el ciclo de la frustración, la ansiedad y el sufrimiento.

El budismo describe a unas criaturas conocidas como *pretas*, o fantasmas hambrientos, cuyo deseo de alimentos, bebidas y otros anhelos es insaciable. Son seres desesperados que siempre están hambrientos y poseen bocas minúsculas, largos cuellos estrechos y vientres hinchados. Aunque presas de una voracidad constante, sus pequeñas bocas y cuellos les impiden tragar la comida que ingieren. El acto de comer no les ayuda a superar las emociones y deseos negativos. Comer más sólo refuerza su dolor y agonía. ¿Consume usted como un fantasma hambriento?

Conforme ahonde en las raíces de su problema con el peso, procure no ser severo consigo mismo. El «juez» interior a menudo le hará sentir mal con todos los «debería»: «No deberías haber tomado el pastel de queso; deberías haber pasado más tiempo en el gimnasio». Tal vez le desmoralicen sus pasados fracasos y batallas contra el peso. Es hora de dejar de culparse por esos fracasos. Quizá siguió un consejo equivocado. Quizá al principio pudo perder peso con una u otra dieta, pero eran demasiado restrictivas, sus deseos se impusieron y acabó rindiéndose y recuperando el peso. Usted no está separado de su familia y entorno. En el pasado no disfrutó de unas condiciones lo suficientemente óptimas para mantener un peso saludable.

¿Comprende por qué no lo consiguió? ¿Cuáles fueron los obstáculos? No se lamente por sus errores pasados. Lo pasado, pasado está. No es el presente. Debe aferrar el momento presente —cualquier momento presente— para empezar de nuevo. Del mismo modo que acoge los sentimientos negativos, acoja su problema de peso como una madre que acuna al bebé que llora, para transformar el temor, la desesperación, la ira, la frustración y la autocrítica. La práctica del *mindfulness* puede ayudarle a mantenerse tranquilo, a fin de observar su situación de una forma más desapegada, sin condenarse a sí mismo. Esto le libera para centrarse en las soluciones en lugar de hundirse en el pasado o en sus problemas. Buda dijo que si sabemos mirar profundamente nuestro sufrimiento y reconocer qué lo alimenta, ya estamos en el camino de la liberación.

¿Sus padres tuvieron problemas con el peso?

Lo que hemos heredado de la reserva genética de nuestros ancestros puede afectar a nuestro peso. Los estudios han demostrado que cuando uno de los padres tiene sobrepeso, el niño tiene dos veces más probabilidades de ser un adulto con sobrepeso, aunque su peso durante la infancia sea normal.[20] Tener dos padres con sobrepeso aumenta aún más la probabilidad de que al niño también le ocurra.[21] Sin embargo, la influencia de los progenitores en nuestro peso puede deberse a la naturaleza, a la nutrición o a una combinación de ambas. Cuando éramos jóvenes, los padres también controlaban qué y en qué cantidad comíamos, así como nuestro grado de actividad. Si su madre le dio el pecho, sin duda ha disminuido el riesgo de que usted padezca sobrepeso.[22] Si sus padres le alentaban a «limpiar el plato» como una costumbre, hoy en día le costará dejar de comer las enormes raciones que se sirven aunque ya esté lleno. ¿Pasaban sus padres su tiempo libre jugando con usted en el patio, o el tiempo familiar transcurría en el sillón, frente al televisor? Al considerar el papel de la influencia de los progenitores en su peso, tenga presente que la genética no es su destino; y la genética, por sí sola, no basta para explicar el rápido aumento de la obesidad al que hemos asistido en los últimos treinta años. Aunque sus padres tuvieran sobrepeso, usted puede alcanzar un peso saludable siguiendo un estilo de vida saludable. Tan sólo significa que tendrá que prestar más atención a lo que come y al ejercicio realizado que aquel que no tiene una tendencia genética al sobrepeso.

¿Toma muchos refrescos azucarados?

Las bebidas azucaradas pueden contribuir al aumento de peso. Un estudio en adolescentes descubrió que por cada lata de refresco adicional que tomaban al día, sus posibilidades de llegar a ser obesos aumentaban en un 60 %.[23] El Nurses' Health Study demostró que, en un período de cuatro años, las mujeres que aumentaron el consumo de refrescos azucarados de uno a unos pocos a la semana a uno o más de uno al día, ganaron más peso que las mujeres que restringieron las bebidas azucaradas.[24]

Los científicos creen que hay muchas razones por las que las bebidas azucaradas contribuyen al aumento de peso. Las calorías de la gaseosa a menudo son «invisibles». Al beber las calorías en lugar de comerlas, es muy posible que no nos privemos de otros alimentos para compensar las calorías líquidas. Con una lata de refresco de 33 centilitros que contenga unas diez cucharaditas de azúcar (unas 150 calorías), es fácil acumular calorías extra durante el día, especialmente si toma refrescos para mitigar la sed. Los refrescos también pueden aumentar la sensación de hambre o disminuir la sensación de saciedad o plenitud.[25]

Al examinar el papel de las bebidas azucaradas en su peso, perciba si siente más hambre después de tomar uno de estos refrescos. Si los ha sustituido por bebidas dietéticas, asegúrese de que los sustitutos intensamente dulces no han condicionado su paladar para esperar, desear y buscar alimentos muy azucarados.

¿Practica menos de media hora de ejercicio o actividad física al día?

Para el control del peso, la «energía saliente» de la ecuación del equilibrio energético es tan importante como la «energía entrante». Existe una poderosa evidencia de que una actividad física suficiente puede ayudar a prevenir el aumento de peso y, cuando se combina con un plan de alimentación bajo en calorías, puede fomentar su disminución. ¿Cuánto ejercicio es suficiente? Depende de nuestra forma física. Para algunas personas, un paseo activo de media hora cinco días a la semana será suficiente. Para otros bastará con una clase intensiva de bicicleta estática de 75 minutos a la semana. Para personas muy inactivas, el mero hecho de moverse ya es un principio. Hablaremos de la actividad física para el control del peso y la buena salud general en el capítulo 6, «Movimiento consciente». Por ahora, considere si hace el suficiente ejercicio físico. Si no es así, pregúntese a qué se debe.

¿Ve más de una hora de televisión al día?

Muchos estudios en niños y adultos han demostrado que ver demasiada televisión aumenta el riesgo de sobrepeso. El Nurses' Health Study, por ejemplo, descubrió que por cada dos horas adicionales de televisión al día que veían las mujeres, su riesgo de obesidad se incrementaba en un 23 %. Incluso realizar mucho ejercicio físico no protegió a estas mujeres de los efectos de la televisión en el peso: entre las mujeres más activas, aquellas que pasaban más de veinte horas a la semana frente al aparato tenían un riesgo mayor de ser obesas que aquellas que veían menos de seis horas semanales.[26]

Los investigadores creen que hay muchas maneras por las que ver demasiada televisión puede inducir a un aumento de peso. Sentarse ante este aparato puede sustituir a otras actividades físicas más exigentes, de modo que la «energía saliente» de la ecuación del equilibrio energético se desestabiliza. Esta actividad también puede afectar a la «energía entrante»: la gente tiende a comer *mientras* ve la televisión y también tiende a comer *lo que* ve allí: comida rápida, refrescos azucarados y otros snacks hipercalóricos. Esto añade calorías extra, limita el gasto calórico y, en última instancia, lleva al aumento de peso. Al considerar su hábito de consumo televisivo, piense por qué pasa tanto tiempo delante de ese aparato. ¿Ve tanta televisión para evitar el aburrimiento? ¿Para no tener que comunicarse con los miembros de su familia? ¿Para gestionar el estrés? ¿Qué otras actividades emprendería en su lugar? (Véase la lista de sugerencias en el Apéndice D para obtener ideas.)

¿Duerme lo suficiente?

Un buen descanso nocturno es fundamental para la buena salud. Nuevas investigaciones sugieren que un buen sueño nocturno también puede ser esencial para controlar su peso.[27] Por ejemplo, el Nurses' Health Study observó a 70.000 mujeres a lo largo de dieciséis años. Las mujeres que dormían poco —menos de cinco horas de sueño cada noche— tenían un 15 % más de probabilidades de ser obesas que las que dormían siete horas.[28] Los científicos aún especulan acerca de las razones por las que la falta de sueño llevaría a la gente a acumular kilos. Las personas que no duermen lo suficiente estarían más cansadas que quienes gozan de un sueño reparador,[29] reduciendo la «energía saliente» de la ecuación del equilibrio energético. Estar despiertos por un período más largo ofrecería más oportunidades para comer, aumentando la «energía entrante» de la ecuación.[30] La privación de sueño puede alterar el equilibrio de hormonas clave que controlan el apetito, de modo que las personas con el sueño frágil tendrían más apetito que quienes duermen bien.[31] Un pequeño estudio descubrió que los voluntarios privados de sueño sentían más hambre, y en especial el deseo de alimentos ricos en carbohidratos y calorías.[32] Si no duerme lo suficiente, indague en las razones. ¿Se queda despierto debido a la angustia? ¿Trasnocha hasta tarde viendo la televisión? ¿Se siente más hambriento los días en que no ha dormido bien?

¿Come de forma mecánica?

Hoy en día, con todas las presiones sociales y la vida de «alta velocidad» de nuestra era de Internet, buena parte de nuestra alimentación transcurre con el piloto automático. No prestamos atención a la cantidad de comida servida o a la cantidad que hemos ingerido, hasta qué punto es sabrosa y ni siquiera si tenemos apetito. En lugar de ello, la cantidad que comemos está gobernada por indicadores externos: el tamaño del tazón o del plato, las propias dimensiones de la ración. Dada la tendencia a las raciones enormes en los últimos veinte años, es fácil caer víctima de la «distorsión de las raciones» y perder de vista la cantidad que resulta adecuada para una comida.[33] Recientemente, los investigadores han llevado a cabo estudios científicos para observar hasta qué punto una alimentación mecánica influye en el consumo de alimentos. Han descubierto que dicha forma de comer conduce fácilmente a la sobrealimentación. En un experimento clásico, se sirvieron palomitas de maíz frescas y rancias en envases de diversos tamaños. Los espectadores que recibieron las rancias afirmaron que su sabor era «malo». Sin embargo, si les servían las palomitas rancias en un envase grande, comían un 61 % más que si las recibían en el envase pequeño, y subestimaban la cantidad de palomitas ingeridas.[34] En otro experimento, estudiantes graduados durante un partido de la Super Bowl a los que se sirvió en envases grandes comieron un 56 % más que aquellos otros estudiantes que utilizaron envases más pequeños.[35] Cuanto más grande es el tamaño de la ración, más incapaces somos de calcular las calorías que estamos ingiriendo.[36]

Los indicadores de una alimentación mecánica van más allá del tamaño del plato o de la ración. Todo nuestro entorno fomenta la alimentación mecánica, desde los anuncios televisivos hasta los menús de comida rápida, pasando por la ubicación favorable de los alimentos poco saludables en las estanterías de los supermercados. La combinación de todos estos elementos puede hacer que resulte muy difícil descubrir lo que nuestro organismo necesita realmente. ¿Come frecuentemente con prisa, en el coche o en su escritorio? ¿Tiene que cenar fuera porque no tiene tiempo para cocinar? ¿Elige alimentos inapropiados cada vez que come fuera?

Practicar el *mindfulness* puede ayudarnos a evitar los indicadores externos que nos atrapan, frenar la alimentación mecánica y centrarnos en las prácticas que conservan nuestra salud.

La actividad mecánica o automatizada es lo contrario del *mindfulness*. Comer no es la única actividad que realizamos de forma mecánica, y el tamaño del bol o plato no es lo único que nos impulsa a actividades compulsivas. Tomamos una taza de té y nos centramos más en las preocupaciones y ansiedades del día que en vivir el instante y disfrutar el té. Nos reunimos con quien amamos y en lugar de concentrarnos en esa persona y momento, nos distraen otros pensamientos. Paseamos, pero nuestra mente está ocupada repasando los puntos principales de nuestra próxima cita en lugar de disfrutar del momento de serenidad presente. Solemos estar en otro lugar, pensando en el pasado o en el futuro y no en el ahora. El caballo de nuestra energía de la costumbre nos lleva consigo, y somos sus rehenes. Tenemos que detener el caballo y reclamar nuestra libertad. Tenemos que proyectar la luz de la atención plena en todo cuanto comemos y hacemos, a fin de que se extinga la oscuridad del olvido.

¿Vive o trabaja en un entorno que dificulta el ejercicio y la alimentación sana?

El lugar donde vive y trabaja puede tener consecuencias decisivas en su actividad y alimentación. Si las opciones saludables no están disponibles en su barrio o lugar de trabajo, le resultará muy difícil alimentarse bien; no importa lo informado y determinado que esté. Si su barrio no es lo suficientemente seguro para pasear, hacer *footing* o utilizar la bicicleta, esta situación lo disuadirá de permanecer activo. Preste atención a su realidad circundante, y anote las diversas barreras para la vida activa y la alimentación sana. ¿Qué le impide seguir sus buenas intenciones? ¿Acaso los amigos o la familia entorpecen sus esfuerzos sinceros? ¿Quizá su trabajo o actividad diaria le impiden mantener una alimentación saludable y una vida activa? ¿Padece de estrés relacionado con el trabajo? ¿Tiene tiempo para sí mismo?

A medida que despeje su mente de distracciones, estas barreras se irán revelando, y empezará a trabajar en ellas así como con la gente que integra su comunidad para construir un entorno más sano para todos.

Otros factores que fomentan su problema con el peso

Los científicos y los expertos en salud pública están trabajando de firme para descubrir qué puede hacerse para invertir la epidemia de obesidad. Sin embargo, la ciencia aún no tiene todas las respuestas de las razones que inducen a la gente a aumentar de peso. Por lo tanto, es importante considerar otros factores en el origen del problema. Puede ser de utilidad reflexionar en las siguientes cuestiones acerca de las propias actitudes, pensamientos, emociones y acciones que han podido llevarle a comer más y hacer menos ejercicio. Sea sincero consigo mismo. Apunte sus reflexiones en un diario para repasarlas más tarde y lograr una mejor comprensión de sí mismo. Una vez que sea consciente de estas actitudes, pensamientos, emociones y acciones, podrá trabajar, paso a paso, para cambiarlas: romper las fuerzas mecánicas de la costumbre que le han llevado a comer más y hacer menos ejercicio.

¿Cómo se siente respecto a su peso actual? ¿Tener un peso saludable constituye una de las mayores prioridades en su vida, de modo que está dispuesto a dedicarle tiempo y energía? ¿Dispone de la suficiente concentración como para centrarse en su problema con el peso, sus pobres hábitos alimentarios y su sedentario estilo de vida? ¿Qué perturba su concentración?

¿Siente que está condenado al sobrepeso y que no importa lo firmemente que lo intente? ¿Come para sentirse mejor, aunque sea a corto plazo?

¿Come antes de ir a la cama porque está cansado? ¿Se ha acostumbrado a ciertos alimentos insanos a altas horas de la noche? ¿Por qué? ¿Qué le impulsa a comer un poco más después de acabar la cena?

¿Utiliza la comida para llenar un vacío emocional, liberarse de la soledad o frenar sus temores, nerviosismo o estrés? ¿Sigue comiendo cuando está lleno? ¿Cómo le hace sentir esto? ¿Es la sobrealimentación una tirita para cubrir otro tipo de dolor? ¿Intenta alimentar un hambre emocional? ¿Está utilizando la comida como muleta? ¿Utiliza la comida para conjurar las dolorosas y frustrantes emociones que ha enterrado en lo más profundo de su corazón? Reflexione atentamente en el modo en que ha utilizado la alimentación para afrontar las emociones negativas; verá que los alimentos comestibles no son los nutrientes adecuados para las mismas.

¿Dónde obtiene la información? ¿De una fuente fiable? ¿O de revistas, programas de televisión o anuncios que presentan promesas sensacionalistas que no pueden cumplir? ¿Se siente influido por los anuncios de comida en televisión o en las revistas? ¿Ha sido víctima de incontables libros de dietas que le han hecho perder confianza en su capacidad para alcanzar un peso saludable?

¿Tiene alguna dolencia física previa que le impida hacer ejercicio? Si es así, ¿ha buscado el consejo de un profesional para encontrar las actividades físicas apropiadas que podrá practicar diariamente?

Escuche a su corazón. ¿Cuáles son sus anhelos más profundos? ¿Cómo pretende satisfacerlos? ¿Acaso lo que se dice a sí mismo, sus creencias o interacciones con los demás suponen obstáculos a la hora de mantener una alimentación saludable y una vida activa? ¿Es usted su peor enemigo? ¿Le ha dedicado tiempo y esfuerzo a la vida activa y la alimentación sana? Si no es así, ¿por qué no?

Todas éstas son preguntas complejas cuya respuesta requiere tiempo, esfuerzo y a veces cierta autoindagación dolorosa, pero es importante abordarlas. Y afrontarlas y resolverlas es tan importante para recuperar nuestro peso saludable como los asuntos mejor estudiados, tales como hacer más ejercicio y abandonar los refrescos azucarados.

A medida que aprenda a vivir de acuerdo con el *mindfulness*, a centrarse más en lo que acontece en el instante presente, las barreras y motivaciones que le inducen a hábitos insanos le resultarán cada vez más evidentes, así como el camino que conduce a una mejor salud.

La Tercera Noble Verdad: alcanzar un peso saludable es posible

Usted puede poner fin a su problema con el peso. Ya ha dado el primer paso: al invertir energía en comprender las raíces del problema, ha dejado de huir de él. Al dirigir la atención al exceso de peso y al sufrimiento asociado a él, podrá ver el potencial para el bienestar consiguiente. También comprenderá que es posible alcanzar su objetivo de un peso saludable adoptando las acciones adecuadas. Recuerde que hubo un tiempo, antes del sobrepeso, en el que su peso era normal. Es fácil olvidarlo.

Pregúntese dónde se encuentra en este viaje hacia el peso saludable. Concéntrese en saber si aspira o no a ser alguien diferente, a sentirse mejor consigo mismo, a ser capaz de desenvolverse mejor y ser más feliz. Pregúntese qué significan estos kilos de más y si está realmente preparado para eliminarlos.

Para tener éxito es muy importante que crea que puede lograr un peso idóneo. La creencia en uno mismo, la fe en que podemos cambiar los patrones de conducta que no nos favorecen, y la adopción de una sabiduría con base científica son importantes para la transformación exitosa de nuestro comportamiento. Según el psicólogo Albert Bandura, «la autoeficacia percibida» es esencial para cualquier cambio en la conducta.[37] La autoeficacia es sencillamente la creencia de que uno *puede* llevar a cabo el comportamiento necesario para producir el resultado deseado. Lo que creemos puede influir significativamente en lo que conseguimos. Las personas que creen poder alcanzar un peso más saludable mediante una alimentación sana y una vida activa plantean objetivos relevantes que perciben como importantes para el cambio deseado. Creen que esos objetivos son alcanzables y creen disponer de las habilidades para cumplirlos.

¿Cuáles son sus creencias actuales? ¿Son reales o están eclipsadas por ilusiones de sus experiencias pasadas, los fracasos y desengaños? El pasado es el pasado. El pasado es su maestro y puede ofrecerle valiosas lecciones acerca de lo que funciona en su caso. Pero no es su realidad presente. Sigue siendo su realidad presente sólo si usted lo permite. No deje que sus experiencias pasadas le impongan límites. Sus errores no tienen por qué determinar su experiencia actual o futura. Concéntrese en el presente. Al concentrarse en el presente, priva de su poder a las acciones pasadas.

Admita que perder peso *es* posible y que *puede* hacerlo. No será tan fácil como extraer una píldora de su envase y observar cómo desaparecen los kilos, pero será un viaje —a veces un viaje duro— que merecerá la pena emprender.

Aprenda a escuchar su cuerpo compasivamente. Estará mejor capacitado para ayudarse a sí mismo si se trata con compasión y un corazón atento. Su sentimiento de culpa e impotencia disminuirá, y estará mejor predispuesto para aceptarse a sí mismo. No se juzgue con dureza. Ámese a sí mismo y afirme su capacidad para alcanzar un peso idóneo. Pierda peso para complacerse a usted mismo, no para complacer a otro.

A medida que reconozca su capacidad innata para ser plenamente consciente, empezará a vivir más tranquilo, y será más fácil encontrar soluciones a sus problemas. Permítase sentir realmente cómo sería su vida si pudiera mantener un peso más saludable. Dígase que alcanzar un peso más idóneo es posible si está atento y cuida su peso. Si se ocupa de una orquídea, la planta necesita su atención y concentración para recibir el agua y los nutrientes de forma regular. Sin ese cuidado, las flores se marchitarán y morirán prematuramente y usted no podrá disfrutar de su belleza. Usted es como la planta de la orquídea. Necesita un amor tierno y cuidadoso para que su ideal se realice. Si contemplamos a todos los seres, incluyéndonos a nosotros mismos, con ojos llenos de amor y compasión, podremos cuidar mejor de nosotros mismos. Con el *mindfulness*, nos nutriremos con más facilidad e interés, y nuestro esfuerzo se encauzará de forma más natural.

Incluso si su peso lo ha atormentado y lastrado durante años, hay semillas de bienestar en su interior. Tal vez lo haya olvidado porque la incomodidad de su sobrepeso es arrolladora. Cuando tenemos dolor de muelas, llamamos al dentista y concertamos una cita de urgencia para aliviarnos el dolor. En ese momento sabemos intensamente que la ausencia del dolor es la felicidad. Sin embargo, más tarde, cuando el dolor de muelas ha desaparecido, lo olvidamos y no atesoramos nuestro no dolor de muelas. Practicar el *mindfulness* nos ayuda a apreciar el bienestar que ya está presente y a darnos cuenta de que un bienestar mayor es posible si se adoptan las acciones adecuadas.

Tenemos que regar las semillas de la alegría en nuestro interior a fin de alcanzar el bienestar, incluyendo el bienestar que se deriva de estar en nuestro peso idóneo. Haga el favor de preguntarse a sí mismo: «¿Qué alienta el gozo en mí? ¿Qué alienta el gozo en los demás? ¿Estimulo el gozo en mí y en los otros en la medida suficiente? ¿Aprecio las muchas razones para el gozo que ya hay en mi vida? ¿O es que he vivido en el olvido, dando muchas cosas por sentadas?». Si tiene una buena vista, aprécielo, aunque es fácil olvidar hasta qué punto es un don. Si duerme bien, aprécielo. Si sus pulmones están sanos, aprecie el mero hecho de poder inspirar y espirar con facilidad. Otro tanto se aplica a una miríada de cosas que hacemos cada día y que no percibimos.

Cuando sufrimos, podemos observar profundamente nuestra situación y descubrir las muchas heridas que nos rodean. Es maravilloso tomar asiento con un bolígrafo y un papel y anotar todas las condiciones para la felicidad que ya están aquí, presentes y disponibles justo en este momento.

Al actuar así, establecemos unos cimientos firmes a partir de los que abordar y transformar nuestro sufrimiento. Transformar nuestro sufrimiento es como convertirnos en un jardinero ecológico, que no se desprende de las sobras de la cocina o el patio. En lugar de ello, las utiliza como fertilizante para nutrir las flores. Podemos transformar nuestra basura indeseada —depresión, temor, desesperación o ira— en la energía nutritiva de la paz y la alegría. No aparte o niegue su sufrimiento. Acójalo. Afróntelo directamente, y la transformación estará al alcance de su mano.

Los hábitos negativos pueden cambiarse. Usted *puede* empezar de nuevo. Trate de estar plenamente atento a sus motivaciones interiores para alcanzar su peso idóneo. ¿Por qué quiere perder peso? Permítase sentir que su vida sería significativamente mejor sin el problema con el peso, ya que se sentirá mejor y más sano. El propósito de alcanzar el peso saludable debe partir de usted, y de nadie más.

Necesita volver a la sabiduría del equilibrio y la moderación. Piense en el equilibrio y la moderación como en semillas que yacen aletargadas en su conciencia. Riéguelas para que crezcan y sean fuertes. Alcanzar un peso saludable es una decisión. Y es una práctica, no una idea.

La Cuarta Noble Verdad: usted puede seguir un camino consciente hacia el peso saludable

El camino consciente al peso saludable no es una dieta que empezamos y abandonamos. No se basa en píldoras y pociones. Todo lo que requiere es su creencia y la afirmación de que usted puede seguir un camino consciente, y su voluntad para comprometerse con ese camino. Seguir un camino consciente significa crear sus propios objetivos personales en lo relativo a la alimentación sana y la actividad física, objetivos que cree poder cumplir y con los que vivir día tras día. Tales metas han de ser realistas en función de sus propias exigencias vitales. Con el tiempo, a medida que avance en este camino consciente, se convertirá en su modo de vida y le permitirá alcanzar un peso saludable con gran facilidad y confianza.

Valore las lecciones que su exceso de peso le brinda. Su exceso de peso es como una campana cuyo sonido le recuerda que sus pasadas acciones, su antiguo estilo de vida, no le hicieron mucho bien. Usted puede liberarse del enclaustramiento, del forcejeo y del lastre de su peso. Aunque no es el único responsable de su estado actual, es el único capaz de cambiarlo. Debe actuar por sí mismo. Nadie podrá hacerlo en su lugar. El primer paso es ser consciente de que *usted* elige cambiar.

Tenga presente que todo es impermanente, incluso su peso de más. El camino consciente hacia un peso saludable consiste en empezar a vivir con atención plena, lo que le permitirá estar más atento a lo que piensa, observa, oye, siente, come y hace a lo largo del día.

Avance a pequeños pasos en pos del cambio. No se fije objetivos poco realistas que exigen un salto cuántico. Normalmente, esto lo abocará a un círculo vicioso de fracasos. Lo que necesita no es otra experiencia de fracaso. Es muy posible que sus pasados fracasos al intentar perder peso hayan reforzado la idea de que usted no puede conseguirlo.

Al dar pequeños pasos, empezará a saborear lo que es capaz de hacer. Empezará a paladear el éxito. Día tras día, dese la oportunidad de demostrarse que le resulta posible hacer cambios en la dirección correcta, independientemente de lo pequeños que sean. El éxito alimenta al éxito. Es contagioso.

Fije un objetivo realista para la pérdida de peso. Para la mayoría de nosotros, esto quiere decir perder entre medio kilo y un kilo a la semana. Perder peso de forma continuada permite afianzar los nuevos hábitos saludables. Al perder peso rápidamente con dietas de moda, normalmente lo recuperamos en poco tiempo. El mejor planteamiento es establecer una alimentación sana y hábitos de actividad física que podamos mantener.

Existe un Registro Nacional del Control del Peso en el que están apuntados más de 5.000 hombres y mujeres que han perdido más de 14 kilos y no los han recuperado durante un año.[38] La mayor parte de ellos perdió peso por su propia cuenta. ¿Cómo lo hicieron? Practicaron ejercicio y quemaron una media de 400 calorías al día, lo que supone aproximadamente una hora de paseo intenso. Comieron menos: unas 1.400 calorías diarias. Además, limitaron su exposición a la televisión y sus visitas a restaurantes de comida rápida. Hay otros ejemplos de éxito, desde el ex anunciante con sobrepeso de una cadena de comida rápida a personas que participaron en *reality shows* como *The Biggest Loser*. La clave es poder mantener una alimentación sana, comer menos y hacer más ejercicio.

Aprender lo que hay que hacer para perder peso no es difícil. Poner ese conocimiento en práctica, sin embargo, constituye un verdadero reto. A pesar de los avances en investigación del control de peso en las últimas décadas, la gente de todo el mundo sigue luchando por imponer en su estilo de vida una serie de cambios sólidos que les ayuden a alcanzar y mantener el peso idóneo.

Así pues, ¿qué puede serle de ayuda para empezar a establecer cambios de conducta saludable y mantenerlos en el tiempo?

El *mindfulness* o atención plena.

El *mindfulness* es una forma de vivir que millones de personas han practicado durante 2.600 años para transformar su sufrimiento en paz y gozo. Aplicar la atención plena al propio sufrimiento le ofrece un catalizador al que podrá recurrir a voluntad para cambiar su comportamiento. Considere el *mindfulness* como su aliado para abandonar su forma de actuar, cambiar los hábitos contraproducentes y superar los obstáculos y dificultades que le han llevado al sobrepeso.

Empiece practicando la respiración consciente, la alimentación consciente y el paseo consciente de forma diaria. Explicaremos estas prácticas en los capítulos 4, 5 y 6. Parece una ardua tarea para empezar, pero no resulta muy difícil en esta fase. Respiramos mientras vivimos, y comemos y paseamos cada día. El *mindfulness* es, simplemente, una forma diferente de respirar, comer y pasear.

No se desanime si se descubre incapaz de seguir su plan al cien por cien. Mientras se oriente en la dirección correcta, hará progresos. Sea paciente consigo mismo. Aunque sólo altere un mal hábito a la semana, estará haciendo veintiséis cambios en seis meses y cincuenta y dos al año. Actúe con determinación. Practique con diligencia. Dé un paso detrás de otro.

Además de atender plenamente a su persona, tendrá que mirar alrededor si pretende alcanzar un peso saludable. Además de su propia voluntad y acción, necesita apoyo en casa, en el trabajo y en su comunidad para poder comer bien y mantenerse activo. Si en el trabajo no es posible disponer de alimentos saludables, le resultará mucho más difícil tomar un almuerzo sano. Si su comunidad no dispone de tiendas que, aparte de la comida precocinada, ofrezcan cierta oferta de alimentos sanos, a usted y a su familia no les resultará fácil comer bien.

Supone un gran desafío cambiar uno solo. Cree una comunidad de apoyo o *sangha* (palabra sánscrita que designa una comunidad de practicantes del budismo) a su alrededor para ayudarle a mantener sus objetivos. El sistema de apoyo puede constituirse a través de personas que conozca en persona u on-line. Piense en todas las personas con las que ha entrado en contacto en su vida. ¿Cuáles podrían ser sus aliados potenciales, aquellos que le ofrezcan su apoyo en la constelación de pequeñas acciones diarias? ¿Qué hay de su familia, sus amigos, sus compañeros de trabajo y su equipo de salud? ¿Qué tal si utiliza la web y otras herramientas para recordarle que debe comer, moverse y vivir de acuerdo con el *mindfulness*? Mire el Apéndice A para descargarse el sonido de la campana del *mindfulness*, que le recordará que debe regresar al instante presente. Tal vez también necesite un reloj digital o un móvil cuya alarma pueda programar para que suene a intervalos regulares, por ejemplo cada hora. La alarma puede ser un recordatorio para que abandone su actividad y respire profundamente tres veces. En los centros de práctica en la tradición de Plum Village (el monasterio de Thich Nhat Hanh en Francia), cuando en el salón suena la alarma del teléfono o del reloj, todos dejan lo que están haciendo y respiran conscientemente, liberando todo pensamiento y tensión.

Acabar la lucha con el peso: el camino empieza aquí

Dentro de usted está la sabiduría, la fuerza y la capacidad de atenerse a su plan para perder peso. Con la lectura de este libro aprenderá una serie de hechos científicos que le ayudarán a comer de forma más sana y a mantener un mayor nivel de actividad. Aprenderá más cosas de los obstáculos internos y externos que le han impedido alcanzar su peso idóneo en el pasado. Se conocerá mucho mejor que antes. Descubrirá si su pensamiento conspira a su favor o contra usted. Entenderá que todo lo que realiza diariamente por ocio y trabajo influye en su peso y bienestar. Será más consciente de hasta qué punto su nivel de concentración, la dimensión de su atención plena o su falta de atención, además de su compromiso, influyen en su peso.

Firme un compromiso serio consigo mismo. Empiece escribiendo una declaración personal de intenciones en lo que al peso saludable se refiere. Esta declaración de intenciones es un símbolo y un recordatorio de su compromiso y puede ayudarle a ver más claramente lo que pretende lograr. A medida que avance en su viaje hacia un peso saludable, regrese periódicamente a su declaración de intenciones para concentrarse, inspirarse, renovar su actual compromiso y seguir en la brecha. Tal vez resulte conveniente colgarla donde pueda leerla a menudo.

Su declaración de intenciones para el bienestar y un peso saludable debería estar formada por objetivos concretos y alcanzables. Debería empezar en términos generales con los resultados que desea alcanzar globalmente y a continuación fijar una serie de objetivos más específicos con los que puede trabajar en su camino hacia el objetivo último. Por ejemplo:

> **Mi declaración de intenciones para el bienestar y un peso saludable**
>
> Gracias al *mindfulness* y al hecho de prestar más atención a mi salud y bienestar, perderé 11 kilos de aquí a_____, y no los recuperaré durante el año en curso y más allá. _{insertar fecha}
>
> Objetivos iniciales, _____
> insertar fecha
>
> • Practicaré cierto nivel de *mindfulness* al día, con el objetivo de aumentarlo cada semana.
> • Caminaré al menos 5.000 pasos (medidos con un podómetro) o media hora al día, y subiré lentamente hasta alcanzar los 10.000 pasos o una hora al día.

- Compraré más frutas y verduras.
- No compraré refrescos azucarados.

Objetivos revisados_____

insertar fecha
- Me esforzaré en practicar el *mindfulness* al menos dos horas al día, con el objetivo de aumentarlo cada semana.
- Caminaré al menos 10.000 pasos al día.
- Compraré más frutas y verduras.
- Evitaré la comida rápida.
- No compraré refrescos azucarados.

Las declaraciones de intenciones son trabajos en perpetua evolución, como nosotros mismos. Mientras el objetivo general de la declaración permanecerá constante en el tiempo, los objetivos más pequeños cambiarán y serán revisados a medida que gane experiencia y descubra en qué ha tenido éxito y en qué debe seguir trabajando.

Cuando piense en su declaración de intenciones y en el compromiso que ha adquirido consigo mismo, a veces se sentirá abrumado por los objetivos generales. Pero recuerde que esos objetivos han de alcanzarse más adelante en su viaje. Ahora debe concentrarse en los pasos individuales que le conducen hacia sus objetivos. En lugar de centrarse en la báscula y en su objetivo en cuanto al peso, concéntrese en su actitud y acciones diarias a cada instante. Sonríase, y siéntase bien ante cada cambio realizado, por pequeño que sea. Transformar los hábitos profundamente arraigados que han provocado el aumento de peso lleva tiempo y determinación.

No se espera que pueda cambiar de la noche a la mañana. Así como un pájaro carpintero tiene que perseverar para crear un agujero en un tronco, usted necesita centrarse y seguir practicando. Viva en el ahora para ser plenamente consciente y dar los pasos concretos en la dirección de la alimentación sana y la vida activa. Para permanecer en este camino hacia la salud y el bienestar, tendrá que desactivar el piloto automático. Tendrá que vivir más profundamente y con más conciencia para estar atento a cada momento. La práctica del *mindfulness* es la clave que le ayudará a liberarse de la inconsciencia y el olvido. El *mindfulness* puede ayudarle a comer, a moverse y a vivir más conscientemente.

Al principio puede resultar difícil cambiar sus rutinas diarias. A medida que aplique el *mindfulness* a su vida cotidiana de forma gradual y constante, aumentará la atención que dedica a sus actividades diarias. Antes de que adquiera plenamente esta práctica, el *mindfulness* se convertirá en una nueva costumbre, formará parte de su ser cotidiano.

Una de las ventajas de practicar la vida consciente, como otros muchos practicantes de la atención plena han descubierto a lo largo de los siglos, es la sensación de estar más centrado, más feliz y en paz con uno mismo. Se preguntará por qué ha pasado parte de su vida embotado y distraído. Este embotamiento le impidió ser plenamente consciente de lo que causó su sufrimiento y los indeseable estados de la mente y el cuerpo. Este olvido hizo que perdiera su cita con la vida y el contacto con toda su belleza y maravilla.

Combinando los consejos basados en la ciencia y la práctica del *mindfulness*, tenemos las herramientas para transformar los hábitos insanos que nos han llevado a nuestro peso actual. Nuestro *mindfulness* nos inducirá a adoptar un estilo de vida que no sólo resultará beneficioso para nosotros mismos, sino también para nuestro planeta. Comprenderemos que no podemos alcanzar el bienestar por nosotros mismos. Nuestro bienestar está íntimamente ligado al bienestar de los demás. Nuestra salud depende de la salud de nuestro planeta, y la salud de nuestro planeta depende de nosotros. Tenemos que consumir y actuar para preservar la salud de nuestro planeta para nuestros hijos, nuestros nietos y las futuras generaciones. No podemos centrarnos sólo en nosotros mismos si queremos que haya futuro. Hemos de mantener el bienestar de todos. Cada uno de nosotros puede contribuir a cuidar conscientemente a los demás —y nuestro hogar, el planeta Tierra— para nuestra generación y las generaciones venideras.

2

¿DE VERAS APRECIA LA MANZANA?

Una meditación sobre la manzana

> La manzana en tu mano es el cuerpo del Cosmos.
>
> **Thich Nhat Hanh**

Probemos la atención plena. Tome una manzana de su frigorífico. Cualquier manzana. Lávela. Antes de morderla, deténgase un momento. Observe la manzana en la palma de su mano y pregúntese: cuando como una manzana, ¿realmente la estoy disfrutando? ¿O estoy tan preocupado por otros pensamientos que me pierdo las delicias que la manzana me ofrece?

Si usted es como la mayoría de nosotros, responderá sí a la segunda pregunta mucho más a menudo que a la primera. Durante la mayor parte de nuestras vidas hemos comido una manzana tras otra sin pensar en ella. Sin embargo, con esta distraída forma de comer nos hemos negado los muchos placeres presentes en el mero hecho de comer una manzana. ¿Por qué actuamos así, en especial cuando es tan sencillo disfrutar realmente de la manzana?

Lo primero es prestar toda su atención al acto de comer la manzana. Al comer la manzana, concéntrese en comer la manzana. No piense en nada más. Y lo que es más importante, permanezca inmóvil. No coma la manzana mientras conduce. No lo haga caminando. No la coma mientras lee. Limítese a quedarse quieto. La concentración y la lentitud le permitirán saborear las cualidades que la manzana ofrece: su dulzura, aroma, frescor, su naturaleza jugosa y crujiente.

A continuación, tome la manzana de la palma de su mano y vuelva a observarla. Inspire y espire varias veces, conscientemente, para ayudarle a concentrarse y entrar en contacto con la sensación que le inspira la manzana. La mayor parte de las veces apenas vemos la manzana que estamos comiendo. La aferramos, le damos un mordisco, masticamos rápidamente y tragamos. En esta ocasión, repase los detalles: ¿qué tipo de manzana es? ¿Cuál es su color? ¿Cuál es su tacto? ¿Cómo huele? Al formularse estas preguntas se dará cuenta de que la manzana no es un mero tentempié rápido para aplacar un estómago que ruge de hambre. Es algo más complejo, algo que forma parte de un todo más grande.

Entonces, sonría a la manzana y, lentamente, dele un mordisco y mastique. Sea consciente de su inspiración y espiración durante unos momentos para ayudarle a concentrarse únicamente en comer la manzana: la sensación que produce en su boca; a qué sabe; cómo es masticarla y tragarla. En su mente no hay nada más mientras mastica: no hay proyectos, plazos de entrega, preocupaciones, lista de «deberes», temores, angustias, enfado; no hay pasado, no hay futuro. Sólo está la manzana.

Al masticar, sepa lo que mastica. Mastique lenta y completamente, veinte o treinta veces cada mordisco. Mastique conscientemente, disfrutando del sabor de la manzana y su alimento, sumergiéndose en la experiencia al cien por cien. Así apreciará realmente la manzana en lo que es. Y a medida que sea plenamente consciente del hecho de comer la manzana, también se hará consciente del instante presente. Se compromete con el aquí y el ahora. Al vivir el instante, recibe verdaderamente lo que la manzana le ofrece, y está más vivo.

Al comer la manzana de esta forma, saboreándola realmente, usted prueba el *mindfulness*, el estado de atención que deriva de estar plenamente volcado en el momento presente. Apropiándose de esos pocos minutos y viviendo en el aquí y el ahora, empezará a sentir el placer y la liberación de la ansiedad que una vida vivida en la atención plena puede ofrecer.

En el mundo actual, la vida y la alimentación mecánica son demasiado comunes. Nos impulsa el ritmo vertiginoso de la vida de alta tecnología —Internet de alta velocidad, correos electrónicos, mensajes instantáneos y móviles— y la expectativa de que estamos siempre disponibles, siempre preparados para responder instantáneamente a cualquier mensaje. Hace treinta años, nadie habría esperado recibir una respuesta a una llamada telefónica o una carta el mismo día. Sin embargo, hoy, el ritmo de nuestras vidas nos acosa extremadamente y avanza fuera de control. Constantemente hemos de responder a estímulos y exigencias externas. Tenemos cada vez menos tiempo para detenernos, concentrarnos y reflexionar acerca de lo que tenemos frente a nosotros. Aún tenemos menos tiempo para estar en contacto con nuestro yo interior: nuestros pensamientos y sentimientos, nuestra conciencia, y cómo y por qué hemos llegado a ser como somos, para bien y para mal. Y nuestras vidas sufren por ello.

Algunos descubrimos que nos resulta incómodo y difícil comer una manzana. Por eso, ahora las tiendas venden manzanas con «valor añadido»: cortadas en rodajas, empaquetadas y revestidas de una sustancia natural insípida que impedirá que se estropeen o pierdan su tersura al menos durante tres semanas. Estas manzanas personifican el nuevo concepto de marketing alimentario conocido como «snackhabilidad»:[1] no hay migas ni fastidios, no hay nada que interrumpa el movimiento repetitivo de la mano a la bolsa y de la comida a la boca. Aparte de la inherente falta de frescura de estas manzanas «snackables» y previamente cortadas, también fomentan una alimentación mecánica: en el coche, frente al televisor, en el ordenador, dondequiera que sea y en cualquier momento. Y puesto que es evidente que existen menos alimentos saludables para picar que las rodajas de manzana cortadas, el patrón de alimentación se experimenta por todos y se fomenta masivamente por los vendedores.

La mayor parte del tiempo comemos con el piloto automático activado, comemos apresuradamente, comemos nuestras preocupaciones y ansiedades procedentes de las exigencias, anticipaciones, irritaciones y la «lista de deberes» del día. Si no somos conscientes de la comida que tomamos, si no pensamos activamente en la manzana, ¿cómo podemos saborearla y disfrutar del placer de su ingestión?

Comer una manzana conscientemente no sólo es una experiencia placentera; también es bueno para nuestra salud. El refrán popular «Una manzana al día evita ir al médico» está respaldado por sólidas evidencias científicas. Las investigaciones muestran que comer manzanas puede contribuir a prevenir las enfermedades coronarias porque la fibra y los antioxidantes que contienen impiden la acumulación de colesterol en los vasos sanguíneos del corazón. La fibra de las manzanas también facilita el tránsito intestinal, lo que limita el riesgo de problemas como el síndrome de colon irritable. Tomar la manzana con piel —especialmente si es ecológica— es mejor que comerla sin la piel, ya que la mitad de la vitamina C está debajo de la piel de la manzana; la propia piel es rica en fitoquímicos, compuestos vegetales especiales que combaten las enfermedades crónicas. Las manzanas también contienen potasio, que ayuda a mantener la presión sanguínea bajo control.

Más allá de los beneficios que para la salud puede reportar la manzana, si nos la representamos a una escala aún mayor podemos concebirla como nuestro cosmos. Observe atentamente la manzana en su mano y verá al campesino que atendía al manzano; la flor que se transformó en fruto; la tierra fértil, el material orgánico de los restos descompuestos de algas y animales marinos prehistóricos, y los propios hidrocarburos; la luz del sol, las nubes y la lluvia. Sin la combinación de estos elementos trascendentales y sin la ayuda de muchas personas, la manzana simplemente no existiría.

En su aspecto más esencial, la manzana que usted sostiene es una manifestación de la maravillosa presencia de la vida. Está conectada a todo cuanto existe. Contiene todo el universo; es una embajadora del cosmos que viene a nutrir nuestra existencia. Alimenta nuestro cuerpo y, si la comemos con atención plena, también alimenta nuestra alma y recarga nuestro espíritu.

Comer una manzana conscientemente equivale a tener una nueva conciencia de la manzana, de nuestro mundo y de nuestra propia vida. Celebra la naturaleza, honrando lo que la Madre Tierra y el cosmos nos han ofrecido. Comer una manzana con atención es una meditación y puede ser profundamente espiritual. Con esta perspectiva y conocimiento, nos empieza a invadir una mayor sensación de gratitud y aprecio por los alimentos que tomamos, y por nuestra conexión con la naturaleza y los demás habitantes de nuestro mundo. A medida que la manzana se hace más vibrante y real, nuestra vida se hace más vibrante y real. Saborear la manzana es el *mindfulness* en acción.

Y el *mindfulness* le ayudará a entrar en comunión consigo mismo y alcanzar una mayor salud de mente, cuerpo y espíritu, ahora y en el futuro.

3

UNO ES *MÁS* DE LO QUE COME

> Cuando algo ha llegado a ser, hemos de reconocer su presencia y observar profundamente su naturaleza. Al mirar con intensidad, descubriremos el tipo de nutrientes que lo han ayudado a ser y que continúan alimentándolo.
>
> Samyutta Nikaya 2, 47

Los avances en la investigación científica desde finales del siglo xx refuerzan la comprensión de que nuestros cuerpos influyen en nuestras mentes, y nuestras mentes en nuestros cuerpos. Se ha demostrado que saltarse el desayuno entorpece la memoria de los estudiantes e influye en sus notas.[1] Y se ha demostrado que la actividad física afila el pensamiento, reduce la ansiedad y la depresión y refuerza la memoria.[2] La mente también ejerce un poderoso influjo en nuestros cuerpos. En situaciones estresantes —como cuando se nos acerca un oso en un parque nacional—, nuestros cerebros despliegan la respuesta evasión o enfrentamiento para ayudarnos a afrontar la amenaza. Nuestro sistema nervioso simpático se activa, estimulando la liberación de las hormonas glucagón y cortisol, que aumentan la energía cerebral y muscular, ayudándonos a tomar la decisión correcta y escapar del peligro. Más recientemente, la investigación ha descubierto que el riesgo de ataque al corazón aumenta tanto en hombres y mujeres cuando se disparan los niveles de ansiedad, irritación o los síntomas más generales de la angustia.[3] Por lo tanto, para alcanzar el bienestar, necesitamos velar no sólo por nuestros cuerpos sino también por nuestras mentes. La práctica del *mindfulness* es fundamental para comprender la interdependencia de cuerpo y mente.

Lo mismo se aplica al control del peso. Mantener el peso bajo control significa, ciertamente, prestar atención al cuerpo: tomar más decisiones saludables en lo relativo a la alimentación, reducir el tamaño de las raciones y hacer más ejercicio. Pero ninguno de estos cambios corporales tendrá lugar, o se mantendrá a largo plazo, si nuestra mente no está bien alimentada con pensamientos nutritivos que nos ayuden a perseverar a largo plazo, y esto se aplica, en primer lugar, a los asuntos que originaron nuestro aumento de peso.

Los cuatro nutrientes enseñados por Buda proporcionan el camino para hacerlo de este modo.

Cuando la mayoría de los científicos piensan en nutrientes, imaginan alimentos como nueces, frutas y verduras; bebidas como zumos o leche; y en proteínas, grasas, carbohidratos, vitaminas y minerales. Sin embargo, la enseñanza budista ofrece una forma más global de entender los nutrientes. Además de los alimentos y bebidas que pueden ingerirse —los nutrientes que sostienen nuestro cuerpo y alimentan nuestro cerebro— hay otros tres tipos de nutrientes que nos permiten preservar la salud y el bienestar de cuerpo y mente. Estos otros nutrientes son los siguientes:

LAS IMPRESIONES DE LOS SENTIDOS: lo que vemos, oímos, saboreamos, olemos, tocamos y pensamos.

LA VOLICIÓN: nuestras motivaciones internas, nuestros deseos más profundos.

LA CONCIENCIA: la totalidad de todo cuanto hemos pensado, dicho o hecho a lo largo de nuestras vidas, así como el conocimiento, las costumbres, capacidades y percepciones de nuestros ancestros. Así pues, la conciencia es tanto individual como colectiva.

Si experimentamos un problema en nuestro cuerpo o una perturbación en las emociones o en la mente, tenemos que identificar qué tipo de nutrientes nos han llevado a ese estado negativo. Una vez identificados, podemos dejar de ingerirlos y curar las zonas problemáticas. Por ejemplo, si nos enfadamos o nos ponemos nerviosos o tristes con facilidad, lo que provoca una alimentación excesiva a causa de la frustración, tenemos que observar profundamente para descubrir qué ha despertado nuestra ira, nerviosismo o tristeza: ¿qué alimentos hemos tomado? ¿Qué tipo de datos sensoriales hemos recibido? ¿Qué intenciones nos impulsan y cuál es el estado de nuestra conciencia en este momento y en tanto acumulación de experiencia en el curso de nuestra vida? Quizá hemos leído brillantes revistas llenas de anuncios de ropa y accesorios que no podemos permitirnos y no necesitamos, y esto nos ha angustiado y nos ha hecho sentir incompetentes. Quizá nos sentimos frustrados porque nuestros seres queridos no actúan como querríamos, lo que despierta nuestro enfado y resentimiento. Una vez identificados los nutrientes que resultan dañinos para nosotros o los demás, podemos trabajar para cambiar nuestras acciones y encontrar maneras más saludables de afrontar nuestros obstáculos. Esto no sólo favorecerá nuestro bienestar sino que impedirá que engullamos calorías para combatir nuestras emociones negativas.

El primer nutriente: alimento y bebidas comestibles

El primer nutriente es esencial para nuestro bienestar. Lo que comemos y bebemos, y el modo en que comemos y bebemos, influyen profundamente en nuestro bienestar físico y mental. Ésta es la razón por la que resulta esencial conocer qué alimentos y bebidas promueven la salud y cuáles resultan dañinos. La investigación sobre nutrición en los últimos cincuenta años ha demostrado que mantener un patrón de alimentación saludable puede reducir el riesgo de graves enfermedades crónicas, incluyendo la diabetes, la enfermedad coronaria, la obesidad y el cáncer. Los consejos científicos relativos a la nutrición están resumidos en el capítulo 5.

A medida que la sociedad moderna ha ido aprendiendo cada vez más acerca de lo que constituye una dieta sana, nuestro actual sistema industrial alimentario se ha ido haciendo cada vez más complejo. Ya no cultivamos nuestra propia comida, y rara vez la compramos en granjas locales que ofrecen fundamentalmente productos integrales con un mínimo procesamiento y pocos pesticidas. Hoy en día, la mayor parte de nosotros adquiere los alimentos en supermercados que disponen de decenas de miles de productos para nuestra elección.[4] Cada año, la población de Estados Unidos gasta aproximadamente el 10 % de sus ingresos en alimentación —un billón de dólares sólo en

2008—.[5] Y cada año aparecen miles de nuevos alimentos y bebidas. Muchos de estos productos han sido sometidos a un dilatado procesamiento y están cargados de azúcar, sal o carbohidratos refinados que ponen en peligro nuestra salud.

La variedad nos deja helados. Si recorremos los pasillos de los supermercados, descubriremos una gran variedad de alimentos para picar: galletas, barritas de cereales, patatas fritas y bebidas con largas listas de ingredientes irreconocibles. Aunque algunos de ellos llevan etiquetas nutricionales que afirman que el producto tiene un alto o un bajo contenido en determinados nutrientes y que es saludable, estas afirmaciones pueden resultar engañosas. Por ejemplo, una barrita de cereales puede estar enriquecida con vitaminas y minerales, pero probablemente contiene tal exceso de azúcar y carbohidratos refinados que difícilmente podríamos considerarla una opción sana. En este mundo de abundante variedad concebida para apelar a nuestro paladar y a nuestros deseos y de productos fáciles de preparar, si no estamos atentos al repasar las estanterías de los supermercados podemos acabar comprando y consumiendo alimentos y bebidas que dañan insidiosamente nuestra salud sin que seamos conscientes de ello.

El *mindfulness* también nos ayuda a ver más allá de los envoltorios para comprender cómo crecemos y dónde obtenemos nuestros alimentos, para comer de una forma que preserve nuestro bienestar colectivo y el bienestar de nuestro planeta. Si no cuidamos de nuestro planeta, no dispondremos de luz, aire, temperatura, lluvia, agua pura y un suelo fértil adecuados para hacer crecer nuestros alimentos. En lugar de ello tendremos alimentos contaminados y malsanos que dañarán nuestro organismo, nuestra mente y nuestro mundo. Hemos de saber lo que estamos comiendo, de dónde procede nuestra comida y en qué sentido nos influye.

Buda nos aconsejó específicamente una alimentación consciente para mantener la compasión en nuestros corazones y asegurar un buen futuro para las próximas generaciones. Enseñó que si entendemos los alimentos y bebidas que tomamos desde un punto de vista egoísta y miope, nos haremos daño, no sólo a nosotros mismos, sino también a nuestros hijos y a nuestro planeta.

El Sutra de la Carne del Hijo

Una joven pareja y su hijo de tres años tenían que cruzar un vasto desierto y llegar a otro país, donde querían pedir asilo. No conocían el terreno ni sabían cuán largo sería el viaje, y la comida se les acabó en mitad del desierto. Se dieron cuenta de que sin alimentos los tres morirían allí, sin esperanza de alcanzar el país que se encontraba al otro lado del desierto. Tras una reflexión angustiosa, el padre y la madre decidieron matar a su hijo para comerlo. Cada día comieron un pequeño bocado de su carne para tener energía y avanzar, y transportaron el resto de la carne del hijo a hombros para que se secara al sol. Cada vez que tomaban un bocado de la carne del hijo, la pareja se miraba y se preguntaba: «¿Dónde está nuestro querido hijo ahora?».

Tras contar esta trágica historia, Buda miró a los monjes y preguntó: «¿Creéis que esta pareja era feliz al comer la carne de su hijo?». «No, honorable, la pareja sufría al comer la carne de su hijo», respondieron los monjes. Buda enseñó la siguiente lección: «Queridos amigos, hemos de practicar la alimentación de manera que mantengamos la compasión en nuestros corazones. Hemos de comer conscientemente. De otro modo tal vez acabemos comiendo la carne de nuestros hijos».

Una de las enseñanzas de Buda que aborda este asunto directamente es el Sutra de la Carne del Hijo. Esta parábola tal vez suene inconcebible, cruel y del todo inaceptable, pero contiene una poderosa lección acerca de los alimentos que consumimos y el futuro de nuestro planeta.

La historia puede resultar extrema, pero necesitamos despertar para no consumir, aunque sea figuradamente, la carne de nuestros hijos y experimentar el dolor de la pareja. De hecho, buena parte del sufrimiento del mundo deriva de no comer conscientemente, de no observar profundamente qué y cómo comemos. La alimentación mecánica conduce al aumento de peso y a las enfermedades causadas por una nutrición pobre, y también tiene un grave efecto en la salud del planeta. Hemos de aprender formas de alimentarnos que preserven la salud y el bienestar de nuestro cuerpo, nuestro espíritu y nuestro planeta. (El Apéndice B contiene el sutra en su integridad, véase la pág. 259.)

Si observamos profundamente nuestra forma de alimentación desde una perspectiva global, veremos que la producción de carne es el enorme sumidero del planeta. El informe de Naciones Unidas *Livestock's Long Shadow*, una evaluación exhaustiva del impacto nocivo de la ganadería en nuestro medio ambiente, concluye que ese efecto es masivo y que hemos de abordarlo con urgencia. El informe estima que la cría de ganado consume el 8 % del agua de nuestro planeta y contribuye poderosamente a su escasez y contaminación.[6] Algunos científicos estiman que se necesita cien veces más agua para producir un kilogramo de carne que para producir un kilo de proteína procedente de grano.[7] Una de las razones por las que es necesaria tanta agua para criar el ganado es que a los animales se los engorda con enormes cantidades de grano que necesita agua para crecer. En Estados Unidos, el ganado consume siete veces más grano que toda la población del país.[8] Un informe de la Agencia de Protección del Medio Ambiente relativo a la producción de cereales en el año 2000 afirma que, según la Asociación Nacional de Cultivadores de Cereales, el 80 % de la producción en Estados Unidos la consume el ganado, las aves de corral y la producción pesquera en la industria doméstica y en el extranjero.[9] Sin embargo, irónicamente, cada día mueren más de 9.000 niños por causas relacionadas con el hambre y la desnutrición.[10] Es doloroso comprobar que el grano y los recursos que utilizamos para criar ganado podrían utilizarse directamente para alimentar a los niños desnutridos y hambrientos del mundo.

Además, un informe de 2008 de la Fundación Benéfica Pew y la Escuela de Salud Pública Johns Hopkins Bloomberg descubrió que la cría intensiva en Estados Unidos supone un gran perjuicio para la salud humana y el medio ambiente, y que mantener al ganado en esas «concentradas operaciones de alimentación animal» constituye un tratamiento inhumano.[11] Los residuos animales contaminan el agua y el aire de las granjas, provocando enfermedades a los granjeros y sus vecinos, así como la degradación de la tierra. El uso generalizado de antibióticos en la cría intensiva fomenta la aparición de nuevos tipos de virus y bacterias resistentes a esos medicamentos, creando «supermicrobios» que suponen una amenaza pública para todos nosotros. En el informe, los expertos recomiendan la eliminación progresiva y la prohibición de los antibióticos en las granjas animales salvo para el tratamiento de enfermedades, instituir una regulación más severa de los residuos de la cría intensiva y eliminar los sistemas de confinamiento masivo.[12]

El devastador impacto medioambiental y social de la cría de ganado va más allá del uso del agua y la tierra para cultivar alimentos. El deseo que nuestra sociedad manifiesta hacia la carne contribuye en gran medida a la producción de gases de efecto invernadero que alteran el clima. La industria ganadera es responsable del 18 % de las emisiones mundiales de gases de efecto invernadero, una cuota más alta que todo el sector del transporte.[13] El 70 % de los bosques del Amazonas se han talado para proporcionar tierras de pasto al ganado, y cuando esos bosques se destruyen, enormes cantidades de dióxido de carbono almacenados en los árboles van a parar a la atmósfera.[14] Las industrias cárnica, láctea y avícola también son responsables de las dos terceras partes de las emisiones humanas de amoníaco, que desempeña un papel importante en la lluvia ácida y en la acidificación de nuestro ecosistema.[15]

Los datos sugieren que una de las mejores formas de aliviar la presión en nuestro medio ambiente consiste en consumir menos carne y más alimentos de origen vegetal, lo que redundaría en una reducción de la emisión de gases de efecto invernadero. No necesitamos ganado para que procese el alimento por nosotros. Es mucho mejor, y más eficaz, tomar más vegetales y procesarlos nosotros mismos. Tal vez a muchas personas les parezca un cambio abrumador, pero reducir la cantidad de carne y lácteos en nuestra dieta resulta muy útil para mantener un peso correcto, mejorar la salud general y contribuir con ello a la salud de nuestro planeta. Cuando aprendamos a consumir más verduras, cereales y legumbres de acuerdo con la atención plena, disfrutaremos de su sabor y seremos felices al saber que estamos fomentando un nuevo tipo de sociedad en la que habrá suficientes alimentos para todos y nadie tendrá que pasar hambre.

Debemos adoptar acciones urgentes a nivel individual y colectivo. Para los individuos, adoptar el vegetarianismo redunda en un peso excelente y beneficios para la salud. Los veganos y vegetarianos tienden a pesar menos que quienes consumen productos animales; también presentan un riesgo menor de padecer enfermedades coronarias, diabetes y algunos tipos de cáncer.[16] En el capítulo 5 ofreceremos más detalles de los beneficios que para la salud reportan las dietas basadas en vegetales.

Muchas tradiciones budistas alientan el vegetarianismo. Aunque esta práctica está fundamentalmente basada en el deseo de fomentar la compasión hacia los animales, también ofrece beneficios para la salud. Ahora también sabemos que al comer alimentos de origen vegetal, protegemos la tierra y ayudamos a reducir el efecto invernadero que está causando un daño serio e irreversible. Aun cuando no podamos ser vegetarianos al cien por cien, serlo a tiempo parcial y consumir más verduras ya aporta beneficios a la salud personal y a la del planeta que compartimos. Podríamos empezar comiendo alimentos de origen vegetal unos pocos días al mes, o practicar el vegetarianismo sólo en el desayuno y el almuerzo. Así, seremos vegetarianos en una proporción superior al 50 %. Si no se siente capaz de eliminar los productos animales de su dieta ni siquiera en una comida, reducir simplemente la ración de carne y suprimir las carnes procesadas como el beicon, las salchichas y el jamón reducirá el riesgo de padecer cáncer de colon y el riesgo de muerte prematura por enfermedad coronaria, cáncer u otras causas.[17] Éste es un buen primer paso para adoptar una dieta basada en productos de origen vegetal, más saludable y ecológicamente amistosa.

Utilizar el *mindfulness* para observar profundamente lo que comemos puede facilitar estos cambios, porque comprendemos los beneficios que puede aportar al planeta y a uno mismo: un peso menor, un riesgo menor de cáncer de colon y dolencias coronarias y más energía para las actividades que nos gustan. Somos «seres interconectados»: nuestro medio ambiente y nosotros somos interdependientes. E incluso pequeños cambios por nuestra parte pueden ejercer un gran impacto si se combinan con otros. Nuestra economía de mercado está impulsada principalmente por la demanda del consumidor. En tanto población, si un gran número de personas realiza pequeños movimientos para comer menos carne y más alimentos de origen vegetal, la industria ganadera se vería limitada. Con el tiempo, los campesinos encontrarían otras cosechas para ganarse el sustento. Podemos cambiar nuestro mundo gracias a este despertar colectivo.

El segundo nutriente: las impresiones de los sentidos

Las impresiones de los sentidos surgen de la actividad sensorial y las respuestas de los seis órganos de los sentidos, los seis objetos de los sentidos y las seis conciencias de los sentidos. Los seis órganos de los sentidos son los ojos, los oídos, la lengua, el cuerpo y la mente. Los seis objetos de los sentidos son la forma, los sonidos, los olores, los sabores, los objetos táctiles y los objetos mentales u objetos de la mente. Las seis conciencias de los sentidos son la conciencia del ojo (o visión), la conciencia del oído (o escucha), la conciencia de la nariz (u olfato), la conciencia del sabor (o gusto), la conciencia del cuerpo (o tacto) y la conciencia de la mente (pensamiento). Los objetos de la mente incluyen todos los aspectos fisiológicos, físicos y psicológicos de nuestros sentidos.

Lo que vemos, oímos, olemos, saboreamos, tocamos y pensamos, todo lo que sentimos en nuestro cuerpo y todo aquello de lo que somos conscientes en nuestra mente, es alimento para las conciencias de nuestros sentidos. Durante las horas que pasamos despiertos, nuestros órganos de los seis sentidos se involucran activamente. Los nutrientes que ingerimos a través de nuestros seis sentidos pueden ser saludables o nocivos, especialmente cuando intentamos alcanzar un peso saludable. Piense en un día de su vida. Al levantarse enciende la radio y suena su canción favorita. Puede oír la música porque sus oídos funcionan bien, y se siente alegre y desenfadado. La canción persiste en su conciencia y durante las horas siguientes la canturrea y se sonríe a sí mismo. Durante el paseo del almuerzo, escucha la misma canción en su reproductor de MP3, y eso confiere ligereza y energía a sus pasos. Camina junto a un autobús con un anuncio lateral de una nueva serie de suspense en televisión, y usted almacena la información en su conciencia. Después del trabajo, se detiene en el supermercado con la intención de adquirir comida sana para la cena, y compra una revista en la línea de caja. Hojeando sus páginas ve un anuncio de chocolate: la mujer que lo está comiendo parece relajada mientras disfruta de ese capricho. Mientras espera su turno, usted puede ver y oler los chocolates que hay junto al pasillo de la caja, y decide echar unas tabletas de chocolate en la cesta. Esa noche, enciende el televisor para ver la serie de suspense cuyo anuncio en el autobús vio durante el paseo de la tarde. A medida que avanza el programa, se vuelve tenso y crispado porque hay muchas escenas espeluznantes y cargadas de tensión. Siente entonces deseo de chocolate y decide tomar una onza antes de ir a la cama, pues en algún lugar de la conciencia tiene la impresión de que el chocolate le ayudará a relajarse. Esa noche tiene un sueño vívido atravesado por la tensión y el temor. Se despierta tenso. Se lleva otra onza de chocolate para picar en el trabajo a lo largo del día.

Los medios de comunicación son el alimento para nuestros ojos, oídos y mentes. Al ver la televisión, leer una revista, ver una película o jugar a un videojuego, consumimos impresiones sensoriales. Muchas de las imágenes a las que estamos expuestos a través de los medios de comunicación plantan en nuestra conciencia las desagradables semillas del anhelo, el temor, la ira y la violencia. Las imágenes, sonidos e ideas que resultan perjudiciales pueden arrancar el bienestar de nuestro cuerpo y nuestra conciencia. Si nos sentimos nerviosos, temerosos o deprimidos puede deberse a que hemos absorbido un gran número de toxinas a través de nuestros sentidos sin habernos dado cuenta de ello. Sea consciente de lo que mira, lee o escucha, y protéjase del temor, la desesperación, la ira, el ansia, el nerviosismo o la violencia que fomentan. Los objetos materiales que prometen son rápidos y efímeros. La verdadera satisfacción está en el interior.

En Estados Unidos, el consumismo domina nuestra cultura. Podemos comprar a cualquier hora, gracias a Internet y las tiendas abiertas las veinticuatro horas del día. Otro tanto se aplica a los alimentos: podemos comprar comida en cualquier lugar y en cualquier momento. Y realmente nunca nos paramos a preguntarnos: ¿por qué compramos tanto? ¿De verdad necesitamos todo «esto»? ¿Por qué comemos tanto? ¿Tanta hambre tenemos?

Lo que realmente necesitamos es dar un paso atrás y repasar profundamente nuestras verdaderas necesidades. Y una de las formas de hacerlo es convertirnos en observadores conscientes del mundo gobernado por el mercado y la publicidad, el mundo en que vivimos. La publicidad está concebida para crear una necesidad ahí donde no hay ninguna; y debe funcionar, porque las empresas gastan cientos de miles de millones de dólares al año en ello.[18] Con frecuencia ocurre que en los anuncios vemos cómo la adquisición de ciertos alimentos o aparatos se presenta como el antídoto a nuestra soledad o inseguridad. Las personas que en los anuncios consumen helado o comida rápida parecen estar muy felices al ingerir esos productos, muy satisfechos y vibrantes. Absorbemos y almacenamos esas percepciones y mensajes en nuestra conciencia sin censurar su contenido. Más tarde, consumimos esos alimentos, aunque sabemos que pueden hacernos daño. Y nos preguntamos por qué.

Podemos decidir resistir a estos mensajes, pero será más fácil si elegimos limitar conscientemente nuestra exposición a los mismos. Apague el televisor. Deje de leer revistas de forma distraída. En concreto, los niños necesitan protección de los medios, ya que sus mentes no están lo suficientemente maduras para comprender que los anunciantes intentan influir en ellos deliberadamente.[19] También hemos de protegernos, a nosotros mismos y a nuestros hijos, de programas televisivos y videojuegos desagradables, además de los anuncios, porque pueden colmarnos de ansiedad, violencia y malestar. También pueden estresarnos, y el estrés contribuirá, a su vez, al aumento de peso.[20] Si pasamos mucho tiempo bajo el sol, podemos utilizar una crema que nos proteja de los nocivos rayos ultravioleta mientras disfrutamos de su calor. Del mismo modo, la atención plena es el escudo capaz de protegernos de los mensajes corrosivos y estresantes de nuestro entorno cotidiano, a la vez que nos ayuda a filtrar y elegir las impresiones sensoriales positivas y beneficiosas que nutren las semillas de la paz y la felicidad en nuestra conciencia de modo que resulte menos probable que nos alimentemos de nuestras emociones negativas.

Aprender a consumir impresiones sensoriales de acuerdo con la atención plena nos ayudará reducir nuestra ansia, ira, temor, tristeza y estrés. Y en última instancia todo esto nos ayudará en nuestra búsqueda de un peso más saludable.

Tercer nutriente: la volición

El tercer tipo de alimento es la volición o voluntad, nuestro más profundo deseo de obtener aquello que queremos. Aquello que deseamos gobierna nuestras acciones diarias. Lo que queremos también determina nuestras aspiraciones personales. Hemos de preguntarnos a nosotros mismos: ¿cuál es mi deseo más profundo en esta vida? Hemos de observar profundamente en nuestro interior para descubrir el tipo de energía que nos motiva en nuestra vida diaria. Todos queremos ir a algún lugar o hacer algo. ¿Cuál es el propósito de nuestra vida? Nuestro deseo puede llevarnos en dirección a la felicidad o al sufrimiento. El deseo es un tipo de alimento que nos nutre y proporciona energía. Si nuestro deseo es saludable, como el deseo de salvar o proteger la vida, cuidar del medio ambiente o vivir una vida sencilla y equilibrada con tiempo para cuidar de nosotros mismos y de nuestros seres queridos, nuestro deseo nos aportará la felicidad.

Todo el mundo busca la felicidad, y hay en nosotros una poderosa energía que nos impulsa hacia lo que creemos que nos hará felices. Pero esta búsqueda incesante también puede hacernos sufrir mucho. Algunos creen que la felicidad sólo es posible alcanzando dinero, fama y poder. Sin embargo, estas cosas pueden ser sufrimiento disfrazado de felicidad, ya que a menudo están construidas sobre el dolor de otros. Por ejemplo, el comercio de opio y esclavos infligió un tremendo sufrimiento humano en todo el mundo. O la moderna versión del tráfico de esclavos: el comercio sexual global, que deshumaniza a jóvenes mujeres y niños de muchos países que son forzados a trabajar en países extranjeros en la próspera industria sexual, a veces con «visados de entretenimiento» legal, como en el caso de Japón. El deseo de hacer dinero, por sí mismo, no es malo si la búsqueda de la riqueza material no daña a nadie a lo largo del proceso y se utiliza el dinero de manera compasiva. Es importante observar profundamente nuestros deseos y comprobar si se basan en intenciones positivas o negativas. Esto nos ayudará a dirigirlos hacia aquellas cosas que resultan beneficiosas para los demás, para el mundo, nuestra familia y nosotros mismos.

En un retiro de meditación con líderes de los negocios, en 1999, muchos participantes compartieron historias acerca de cómo la gente con una gran riqueza y poder también sufre enormemente. Un hombre de negocios muy rico afirmó que a pesar de tener 300.000 empleados, con operaciones en muchas zonas del mundo, se sentía extremadamente solo. La soledad de este hombre, y el aislamiento de muchos ricos, es el resultado de sospechar de los demás. Piensan que aquellos que pretenden entablar amistad con ellos lo hacen interesados en su dinero y que sólo pretenden obtener ventajas. Se sienten solos porque no tienen amigos de verdad. Los hijos de los ricos también sufren profundamente; a menudo, sus padres no tienen tiempo para ellos porque están demasiado preocupados en mantener su riqueza y estatus social. El sufrimiento de tantos ricos nos demuestra que el dinero no puede comprar la verdadera felicidad.

Nuestro más profundo deseo es la base de todos nuestros actos, incluyendo nuestra profesión. Si usted pretende ser médico, concentrará su energía y se preparará durante muchos años, pasando una exigente preparación en una universidad de medicina, y luego durante las prácticas y como residente hasta llegar a ser un doctor acreditado. Una vez que sea médico, olvidará el duro trabajo y las muchas noches sin sueño, y en lugar de ello se sentirá bien por su contribución a la sociedad. Por desgracia, hay otros muchos profesionales cuyo principal deseo es ganar dinero. Los directivos financieros que se procuraron grandes ganancias personales durante la burbuja inmobiliaria de 2008 ahora se han dado cuenta de que desempeñaron un papel principal en el desmoronamiento de la economía mundial, que ha originado que muchas personas en todo el mundo se queden sin trabajo y sin hogar. ¿Realmente pueden estar en paz consigo mismos después de comprender algo así?

Debemos observar profundamente la naturaleza de nuestra volición para comprobar si nos está empujando en la dirección de la liberación del sufrimiento y hacia la paz y la compasión, o en dirección a la aflicción y la miseria. ¿Qué es lo que deseamos en lo más profundo de nuestros corazones? ¿Es fama, dinero, poder? ¿O encontrar la paz interior, poder vivir una vida plena y disfrutar del momento presente? La felicidad se revela cuando estamos en paz con nosotros mismos. No somos felices porque pesamos más de lo que deberíamos, pero el peso en sí mismo puede no ser la causa de nuestra infelicidad.

A menudo, el deseo está en la raíz de nuestros problemas con el peso: el deseo de tomar alimentos sabrosos, el deseo de evitar las emociones difíciles distrayendo nuestra mente con snacks y televisión, el deseo de trabajar largas horas en la oficina para una promoción profesional que nos deja poco tiempo para ir al gimnasio o pasear en la naturaleza. ¿Cómo equilibramos todos estos deseos o los reagrupamos en prioridades?

Una mirada profunda y consciente a nuestro verdadero deseo puede ayudarnos a dirigirnos hacia el camino correcto que conduce al bienestar. Al observar la naturaleza interdependiente de nuestros problemas alimentarios, y nuestra voluntad para alcanzar el bienestar, podemos identificar y cambiar las condiciones que nos aportarán el gozo y la paz interior.

Cuarto nutriente: la conciencia

Cada día, nuestros pensamientos, palabras y actos fluyen al mar de nuestra conciencia. Las sensaciones de nuestros sentidos alimentan constantemente nuestra conciencia. Las huellas de todas nuestras experiencias y percepciones se almacenan como semillas en el nivel más profundo de la mente, llamado la *reserva de la conciencia*. También hay semillas que contienen las energías de las costumbres heredadas de nuestros antepasados y que influyen en nuestra forma de mirar, sentir y pensar. Mientras están en la reserva de la conciencia, se mantienen aletargadas. Pero al ser regadas, estas semillas tienen la capacidad de manifestarse en nuestras vidas diarias como energías plenamente desarrolladas. Si sembramos una semilla de flor en primavera, en el verano la planta habrá madurado y dará flores; de esas flores nacen nuevas semillas y el ciclo continúa. De modo similar, las semillas de la compasión, el gozo y la esperanza, así como las semillas del temor, el miedo y la desesperación, pueden germinar en el campo de nuestra mente. Las semillas que germinan crecen en el nivel superior de la mente, llamado *conciencia mental*. La conciencia mental

—nuestra conciencia despierta cotidiana— debería ser como un jardinero que atiende el jardín con atención plena, la reserva de la conciencia. El jardinero sólo tiene que cultivar la tierra y regar las semillas, y el jardín nutrirá las semillas, que darán fruto.

Nuestra mente es la base de todos nuestros actos, tanto si son actos del cuerpo, del discurso o de la mente, como por ejemplo el pensamiento. Aquello que pensamos, decimos o hacemos surge de nuestra mente. Lo que nuestra conciencia consume se convierte en la sustancia de nuestra vida, por lo que hemos de ser muy cuidadosos con los nutrientes que ingerimos. Al describir el segundo nutriente, hablábamos de las impresiones sensoriales y de la necesidad de vigilar nuestros sentidos. A veces, nuestros sentidos se conciben como *puertas* porque todos los objetos de nuestra percepción ingresan en la conciencia a través del contacto sensorial con ellos. La conciencia mental, el jardinero, ha de ser un atento guardián de las puertas de nuestros sentidos y elegir cuidadosamente las impresiones que dejará entrar. La conciencia mental también debe reconocer e identificar las semillas saludables en la reserva de la conciencia, practicar día y noche para cuidar de ellas y regar esas semillas beneficiosas y ayudarlas a crecer, así como evitar que las semillas negativas sean alimentadas. La atención plena o *mindfulness* es el modo de hacerlo.

Según la psicología budista, cuando una semilla se alza desde la reserva de la conciencia a la conciencia mental, se transforma en una formación mental. Una *formación* es un término técnico que designa algo que se manifiesta a partir de una serie de condiciones, un compuesto de diferentes elementos o atributos que se unen cuando las condiciones están maduras. Una flor es una formación física de muchos elementos: semilla, lluvia, luz del sol, tierra, aire, espacio, tiempo, etc. Cuando estos elementos se unen bajo las condiciones adecuadas, se manifiesta la flor.

En lo que respecta al cuarto nutriente, no estamos hablando de formaciones físicas que forman el alimento de nuestra conciencia sino de formaciones mentales. El miedo es una formación mental. Está compuesto por muchos elementos mentales y emocionales: ansiedad, dudas, inseguridad, percepciones erróneas e ignorancia. La desesperación, la ira, el amor y la atención plena son otros ejemplos de formaciones mentales. Se trata de meros símbolos o nombres que utilizamos para describir la experiencia que resulta de la interacción entre los órganos de nuestros sentidos y los objetos percibidos, que origina todo tipo de estados mentales, incluyendo respuestas a pensamientos, sentimientos, percepciones, traumas mentales y recuerdos.

En un lugar muy profundo de la reserva de la conciencia hay todo tipo de semillas. Todas las formaciones mentales están enterradas en forma de semillas en el suelo de la reserva de la conciencia y pueden manifestarse en el nivel superior de la conciencia, la conciencia mental. Hay muchos tipos de semillas allí, beneficiosas y perjudiciales. Las semillas beneficiosas incluyen el amor, la gratitud, el perdón, la generosidad, la felicidad y el gozo. Las semillas nocivas incluyen el odio, la discriminación, la envidia, la ira y el ansia. Por ejemplo, nuestro odio es una formación mental. Cuando no se manifiesta, no sentimos odio. Sin embargo, eso no quiere decir que la semilla del odio no esté en nosotros. Todos tenemos la semilla del odio en la reserva de nuestra conciencia. Podemos ser generosos y amables y no sentir odio en absoluto. No obstante, si encontramos una situación injusta, opresiva o humillante que alimenta la semilla del odio en la reserva de nuestra conciencia, el odio empezará a brotar y crecer en una zona de energía en nuestra conciencia mental. Anteriormente, el odio era sólo una semilla, pero una vez que ha sido regada, germina y se transforma en la formación mental del odio. Entonces nos enfadamos y nuestra voluntad enferma, al experimentar pensamientos de odio y tensión física.

Cuando una semilla se manifiesta en nuestra conciencia mental, la absorbemos como alimento en nuestra conciencia, el cuarto nutriente. Si permitimos que la ira surja en nuestra conciencia mental y permanezca ahí durante una hora, durante esa hora nos alimentaremos de odio. Cuanto más nos alimentamos de odio, más crece la semilla de la ira en la reserva de la conciencia. Si tenemos un amigo que nos comprende bien y nos ofrece palabras de consuelo, la semilla de la bondad aflorará en la conciencia mental. Si estamos una hora en compañía de ese amigo, durante ese tiempo consumimos una hora de bondad. Toda semilla, beneficiosa o perjudicial, que tiene la oportunidad de manifestarse como formación mental en el nivel de la mente se refuerza en sus raíces en la reserva de la conciencia. Por lo tanto, debemos aprender a nutrir las semillas beneficiosas y aplacar las nocivas mediante el *mindfulness*, porque al regresar a la reserva de la conciencia, se hacen más fuertes a pesar de su naturaleza.

Podemos no regar nuestras semillas nocivas —como la ira, la desesperación y la desesperanza— prestando una atención consciente a las situaciones que las provocan. Estas situaciones varían desde imágenes que recibimos a través de conversaciones o por los medios de comunicación de masas, tanto en nuestra interacción con los demás como por mediación de las ondas hertzianas. Además, podemos contribuir a que los demás rieguen las semillas beneficiosas en la reserva de nuestra conciencia siendo amables, atentos y comprendiendo a los demás. Al regar las semillas del perdón, la aceptación y la felicidad en las personas que amamos, les estamos ofreciendo alimentos muy saludables para su conciencia. Pero si alimentamos constantemente las semillas del odio, del anhelo y de la ira en nuestros seres queridos, los envenenamos.

Sólo observando profundamente la naturaleza de nuestro sufrimiento podemos descubrir sus causas e identificar los nutrientes que los han hecho aparecer. Tras practicar por un tiempo, veremos que la transformación siempre tiene lugar en las profundidades de nuestra conciencia; nuestra reserva de la conciencia es el soporte, la base de nuestra conciencia. Si sabemos cómo reconocer y admitir la presencia de la formación mental, acogerla, apaciguarla y observarla intensamente, ganaremos en conocimiento. Este conocimiento puede liberarnos y transformar nuestras aflicciones mientras aún son semillas a fin de que no arraiguen en la conciencia mental.

¿Qué relación guarda todo esto con el peso? Debemos encontrar la fuente de nuestro deseo de comer los alimentos equivocados. Tal vez comemos por tristeza; tal vez, impelidos por el temor al futuro. Si cortamos las fuentes de alimento de nuestra tristeza y temor, éstos se marchitarán y debilitarán, y con ellos el deseo de comer más de la cuenta. Buda dijo que si podemos mirar profundamente nuestro sufrimiento y reconocer su fuente de alimentación, ya estamos en el camino de la liberación. El camino para salir de nuestro sufrimiento es el *mindfulness* del consumo, de toda forma de consumo, no sólo de alimentos y bebidas.

Cuando el miedo, la desesperación, la ira o el dolor se muestran activos en nuestra mente, podemos recurrir al *mindfulness* para procurarnos alivio. Si la ira, el miedo y la desesperación están aletargados, nuestra conciencia no los percibirá, y nuestra vida será mucho más agradable. Sin embargo, cada día recibimos toxinas de violencia, ira y miedo por parte de nuestro entorno y de los medios. También ingerimos interacciones nocivas de los demás o recuerdos dolorosos del pasado. Por lo tanto, las semillas negativas reciben agua frecuentemente y se hacen más y más fuertes. Estas emociones negativas de ira, temor y violencia pasan a formar parte de nuestras vidas diarias, impidiéndonos ver las cosas con claridad y manteniéndonos en la ignorancia, que es la causa del sufrimiento. No obstante, si al cortar su alimento o nutrientes evitamos que las semillas de las emociones negativas crezcan, no nos veremos superados por la violencia, el miedo o la ira. Y no nos veremos empujados a comer compulsivamente. (Véase la figura 3.1.)

En la reserva de nuestra conciencia también tenemos la semilla de la atención plena. Si la regamos a menudo, crecerá más robusta. Puesto que todas las semillas comparten una naturaleza interdependiente —el estado de una semilla puede influir en el estado de todas las demás—, una poderosa energía de atención plena podrá ayudarnos a transformar nuestras emociones negativas. Esta energía de la atención plena es como una antorcha que nos ayuda a ver claramente la verdadera naturaleza de nuestro sufrimiento. También proporciona energía para manifestar nuestras semillas de sabiduría, perdón y compasión que en última instancia pueden liberarnos de nuestro sufrimiento. Sin sabiduría, perdón y compasión, la felicidad y la paz no serán posibles. Imaginemos que estamos ante el frigorífico tras vivir un arranque de ira por parte de un miembro de nuestra familia. No tenemos hambre, ya que apenas ha pasado una hora desde la cena. Tenemos un dilema. O bien el desagradable incidente nos consume completamente, nos angustiamos y a continuación aliviamos nuestros sentimientos heridos con la comida del frigorífico, o bien atendemos las emociones incómodas y reconocemos que comer de más nos hará sentir aún peor más tarde —avergonzados por abandonar una vez más nuestro compromiso de comer más conscientemen-

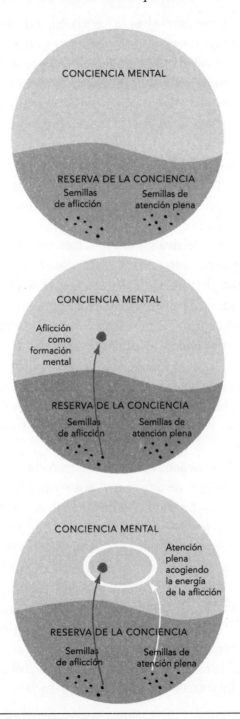

Figura 3.1. Semillas de atención plena

te— y no nos ayudará a resolver la herida que nos ha causado la discusión con el familiar. La atención plena nos ayuda a liberarnos de la inmersión en el incidente desagradable y detiene todo pensamiento de venganza o alimentación compulsiva al regar las semillas de la sabiduría y la compasión en nosotros. Al detenernos gracias a la atención plena, advertimos que nuestro familiar debe de estar sufriendo de algún modo. Si uno está feliz y en paz, no se comporta con semejante ira. La práctica del *mindfulness* o atención plena puede ayudarnos a revelar este tipo de conocimiento, que nos liberará de la prisión de pasados acontecimientos para tomar decisiones que nos ayuden a controlar nuestro peso.

La conciencia colectiva también es una poderosa fuente de nutrientes. Si aceptamos estar en un ambiente en el que día tras día la energía colectiva de la ira, la desesperación, el odio o la discriminación es poderosa, tarde o temprano esta fuente de nutrientes penetrará en nuestro cuerpo y conciencia y los encarcelará. Deberíamos evitar relacionarnos con individuos y grupos que no saben cómo reconocer, acoger y transformar la energía de su odio, ira y discriminación. Es importante seleccionar un buen entorno, un buen barrio para nosotros y nuestros hijos. Ese entorno nos ayudará a alimentar nuestros ideales y nuestra volición positiva, manteniéndonos sanos, alegres y felices.

A la luz de la enseñanza relativa a la tercera y cuarta fuente de nutrientes, vemos que resulta beneficioso tanto buscar como vivir con personas que comparten el mismo ideal, intención y propósito. En esto consiste una *sangha*, una comunidad que genera una energía colectiva positiva y cuyos miembros están motivados para apoyarse unos a otros y cambiar los hábitos perjudiciales por otros beneficiosos. Todos en la *sangha* actúan así al aprender a practicar la restricción, al observar la ley de la moderación y al compartir la felicidad, y procurar de este modo una dimensión ética y espiritual a sus vidas diarias. Vivir entre personas sanas y compasivas nos ayudará a alimentar nuestras ideas, nuestra voluntad benefactora y nuestra bella mente de principiantes: nuestra habilidad para ver las cosas sin ideas preconcebidas.

Acoja los cuatro nutrientes diaria y conscientemente

Si se alimenta con los cuatro nutrientes sanos y consume una dieta saludable formada por bebida y alimentos, impresiones sensoriales, intenciones y formaciones mentales en su conciencia, entonces usted y sus seres queridos se beneficiarán de una forma concreta y visible en su vida diaria. Buda dijo: «Nada puede sobrevivir sin alimento». Ésta es una verdad muy simple y muy profunda. El amor y el odio son fenómenos vivos. Si no alimentamos nuestro amor, morirá y se transformará en odio. Si queremos que el amor perdure, tenemos que nutrirlo y procurarle alimento cada día. Lo mismo ocurre con el odio; si no lo alimentamos, no puede sobrevivir.

Alimentar cuerpo y mente con nutrientes saludables le ayudará a alcanzar la paz y la felicidad y le hará avanzar en el camino hacia un peso idóneo. Y es importante señalar que cuerpo y mente no están separados. Para alcanzar nuestro objetivo de un peso más saludable, necesitamos consumir *los cuatro* nutrientes de forma consciente. No podemos sencillamente centrarnos en un solo aspecto de nuestro ser como si constituyera una entidad separada del resto. Hemos de abordar todos los aspectos simultáneamente, como un todo. Sus tentativas previas de pérdida de peso quizá fracasaron por carecer de este planteamiento holístico. Ahora conoce los elementos esenciales necesarios para ayudarle a establecer hábitos saludables y beneficiosos. Es un viaje que merece la pena emprender. Le llevará en la dirección de la liberación de todo sufrimiento y aflicción, al corazón del asunto y a la raíz que subyace a su peso insano. Al practicarlo de forma constante, cada paso de este viaje consciente le sorprenderá, aportándole una mayor comprensión de la confianza, el gozo y la paz.

DETÉNGASE Y MIRE: EL MOMENTO PRESENTE

Para comprender y transformar nuestro sufrimiento hemos de recurrir a un proceso paulatino de observación profunda, tal como hace el científico en el laboratorio. Empezamos reconociendo y siendo conscientes de nuestro sufrimiento. Tomemos, por ejemplo, la infelicidad que nos provoca nuestro peso. Debemos hacer el esfuerzo por detener nuestra ajetreada vida por un momento y hacernos conscientes de nuestro sufrimiento, algo que la mayoría de nosotros intenta eludir. Necesitamos acoger y aceptar el dolor que nos inspira nuestro peso. A continuación, debemos comprender que el sufrimiento interior no es sólo algo que estemos observando desde el exterior: somos ese bloque de sufrimiento. Somos uno con nuestro sufrimiento, así como el observador científico pasa a ser uno con el objeto de su investigación, y esta amalgama es la clave para transformar y aliviar nuestra desgracia. Por ejemplo, para comprender la vergüenza de tener sobrepeso, hemos de reconocer y aceptar que estamos compungidos, irritados o asolados por la desesperación. Al ser uno con nuestro sufrimiento, podemos sentirlo. Admitimos los sentimientos; no los rechazamos o apartamos. Sabemos que podemos identificar las causas de nuestro sufrimiento y hallar una salida. ¿Cómo llegar a ser observadores profundos de nuestro sufrimiento y liberarnos de él? Gracias a la práctica diaria del *mindfulness*.

Entonces, ¿qué es el *mindfulness* o atención plena?

En los capítulos anteriores, hemos hablado brevemente del *mindfulness*. Ahora vamos a ofrecer una comprensión más profunda y exhaustiva. El carácter chino para «atención plena» es «nian» (念). Es una combinación de dos caracteres separados, cada uno de los cuales tiene su propio significado. La parte superior del carácter (今) significa «ahora», y la parte inferior del carácter (心) significa «corazón» o «mente». Literalmente, el carácter combinado significa el acto de experimentar el momento presente con el corazón. Por lo tanto, la atención plena es la conciencia de lo que ocurre en nosotros y alrededor de nosotros a cada instante. Nos ayuda a estar en contacto con las maravillas de la vida, que están aquí y ahora. Nuestro corazón se abre y se sumerge en el instante presente para que podamos comprender su verdadera naturaleza. Al estar presentes y ser conscientes del instante, aceptamos ese instante tal cual es, lo que permite que el cambio suceda naturalmente, sin lucha, sin la habitual resistencia y juicio que pueden hacernos sufrir más.

La atención plena es la energía que nos ayuda a mirar profundamente nuestro cuerpo, emociones, percepciones mentales y todo cuanto nos rodea. Es una fuente de luz en la oscuridad, lo que nos permite ver claramente nuestra experiencia vital en relación con todo lo demás. A través de este conocimiento podemos alzarnos desde la ignorancia, la principal causa de sufrimiento.

Aunque se han escrito muchos libros sobre el poder del *mindfulness*, es algo que se aprende mejor con la práctica. Al igual que un niño que aprende a caminar mediante el esfuerzo reiterado —aprendiendo a gatear, luego incorporándose, cayéndose muchas veces y volviendo a incorporarse—, si queremos dominar la atención plena debemos aplicarla a todo lo que hacemos para que se convierta en una segunda naturaleza. La atención plena no ocurre por sí misma, sin embargo. Hemos de tener el deseo de practicarla.

El *mindfulness* puede ayudarnos a comprendernos a nosotros mismos en relación con todo cuanto tenemos dentro y a nuestro alrededor. Cuando experimentamos dificultades con nuestros problemas con el peso, a menudo nos enfadamos con nosotros mismos. Tendemos a considerar nuestros hábitos alimentarios y nuestra angustia como entidades independientes de nosotros, y tratamos de solucionarlos desde el exterior. Necesitamos la comprensión compasiva de que estos problemas no están separados de nosotros: son nuestro propio cuerpo, emociones y mente, que están interconectados con todo lo demás en nuestro mundo. Esta profunda comprensión de la interdependencia de todas las cosas nos permite reconocer lo que se puede hacer para el cambio efectivo de forma ininterrumpida.

En el discurso de los Cuatro Fundamentos de la Atención Plena, Buda enseñó a sus discípulos a practicar la atención plena para «ayudar a los seres vivos a realizar la purificación, superar directamente la pena y el dolor, acabar con el sufrimiento y la ansiedad, recorrer el camino correcto y alcanzar el nirvana». Aunque Buda no abordó específicamente el control del peso, la guía básica es de la mayor importancia. La perspectiva que ofrece es tan aplicable hoy como entonces.

Los Cuatro Fundamentos de la Atención Plena

Hay cuatro fundamentos de la atención plena. El primero es *nuestro propio cuerpo*. Al abordar el peso y los problemas con la alimentación, lo primero que naturalmente necesitamos es conocer nuestros cuerpos, estar en contacto con ellos y apreciarlos. El segundo fundamento de la atención plena son las *emociones*. Nos enseña a ser conscientes de nuestros estados fisiológicos, físicos y psicológicos en amplias categorías como agradable, desagradable y emociones mixtas o neutras. El tercer fundamento son las *formaciones mentales* —como la compasión, la ira o la codicia—, las reacciones más complejas que surgen a partir de nuestras emociones. Este fundamento implica la práctica de ser consciente de las actividades de la mente. El cuarto fundamento es el reino de los *objetos de la mente*, porque cada formación mental tiene un objeto. Si no hay objeto no hay sujeto, porque la conciencia es siempre conciencia de algo. El cuarto fundamento es la conciencia de todo cuanto hay en nuestro interior y a nuestro alrededor, los objetos de nuestras formaciones mentales. En cada área de práctica resulta esencial la comprensión de que no estamos separados del objeto de nuestra atención plena. Mientras observamos nuestras sensaciones o emociones corporales, las sentimos al mismo tiempo. Además, aunque cada zona de la atención plena se centra en un objeto de observación diferente, las cuatro zonas están interconectadas.

La atención plena del cuerpo (observación del cuerpo en el cuerpo)

La atención plena del cuerpo es sencillamente lo siguiente: observar y ser uno con nuestro cuerpo y su estado. Para ser conscientes del cuerpo, practicamos la observación y somos plenamente conscientes de la respiración, las posturas corporales, las acciones del cuerpo y sus diversas partes. Nos hacemos conscientes del estado del cuerpo, incluyendo nuestras molestias, nuestro dolor y nuestro sobrepeso. Se trata de una práctica importante porque en nuestras ajetreadas vidas a menudo ignoramos las señales de advertencia de nuestro cuerpo y posponemos la respuesta a sus gritos de ayuda hasta que es demasiado tarde.

La primera práctica importante es la plena atención a la respiración. Trate de tomar asiento cómodamente, con los pies tocando firmemente el suelo y la espalda recta. Si lo prefiere, también puede echarse en el suelo y relajar el cuerpo. Centre su atención en la inspiración y espiración. Diga en silencio:

Al inspirar, sé que estoy inspirando.
Al espirar, sé que estoy espirando.

Este ejercido de respiración consciente es sencillo, y sin embargo sus efectos son profundos cuando se practica regularmente. Para tener éxito debemos concentrar toda nuestra atención en la respiración y en nada más. Al seguir nuestra inspiración, por ejemplo, sentimos cómo el aire fluye por nuestras fosas nasales y hasta nuestros pulmones. Cuando se presenten pensamientos que distraen la atención, los dejamos ir y volvemos a centrarnos en la inspiración y espiración. Nuestra mente permanece centrada en nuestra respiración en toda la duración de su movimiento. A medida que respiramos, pasamos a ser uno con nuestra respiración. Cuerpo y respiración no son entidades separadas. Ésta es «la atención plena del cuerpo *en* el cuerpo».

En la vida cotidiana, con mucha frecuencia caemos en la distracción y funcionamos con el piloto automático la mayor parte de nuestras horas de vigilia. Nuestra mente corre detrás de miles de cosas, y rara vez nos tomamos el tiempo para regresar a nosotros mismos, para entrar en contacto con nosotros mismos. Acabamos sintiéndonos abrumados y alienados de nosotros mismos. La respiración consciente es una maravillosa manera de regresar a nosotros, como un niño que vuelve a casa tras un largo viaje. Al perseverar en la inmovilidad, percibimos la calma que hay en nuestro interior y volvemos a encontrarnos con nuestro ser. La respiración consciente también nos ayuda a estar en contacto con la vida en el instante presente, el único momento en que realmente tocamos la vida.

Al seguir nuestra respiración, nos tranquilizamos, dejamos de estar dominados por nuestras ansiedades, resentimientos y anhelos. A medida que respiramos conscientemente, nos equilibramos con cada instante.

Tómese un momento para probar este sencillo ejercicio de respiración, y observe cómo se siente después.

Al inspirar profundamente, dígase en voz baja: «Estoy inspirando profundamente». A continuación repita la palabra «profundamente» a cada inspiración.

Cuando espire profundamente, dígase en voz baja: «Estoy espirando profundamente». A continuación repita «profundamente» a cada espiración.

O si su aliento es ligero, diga al inspirar: «Mi inspiración es ligera». Luego repita «ligera» a cada inspiración.

Cuando espire brevemente, diga: «Estoy espirando ligeramente». Luego repita «ligera» a cada espiración.

Mientras la mente sigue la respiración, la mente es la respiración y sólo la respiración. Las dos se unen y se influyen mutuamente. En el proceso de la práctica, nuestra respiración, de forma natural, adquiere una mayor regularidad, se hace armoniosa, calmada, y nuestra mente también se hace más regular, armoniosa y calmada. Cuando mente y respiración se unen, sentimientos de alegría, paz y alivio surgen en el cuerpo.

> Al inspirar, soy consciente de todo mi cuerpo.
> Al espirar, soy consciente de todo mi cuerpo.

Con este ejercicio, la distinción entre cuerpo y mente se disuelve, y experimentamos la unidad de cuerpo y mente. El objeto de nuestra atención plena no es aquí meramente la respiración, sino todo el cuerpo unificado por la respiración. En nuestra vida cotidiana, nuestra mente y nuestro cuerpo no suelen trabajar unidos. Nuestro cuerpo puede estar aquí mientras nuestra mente vaga por otro lugar, quizá lamentándose por el pasado o angustiándose por el futuro. Y esta desconexión entre mente y cuerpo es el quid de muchos problemas con el peso. Por ejemplo, muchas personas comen sin sentir hambre o más allá de la saciedad, bien porque la comida tiene buen aspecto y la desean, bien porque tratan de aplacar sus emociones difíciles. A través de la práctica del *mindfulness* podremos alimentar la unidad de cuerpo y mente, y escuchar verdaderamente a nuestro cuerpo y saber lo que necesita para ser nutrido. Somos capaces de restaurar nuestra totalidad y comer lo que nuestro estómago quiere, no lo que el anhelo nos impulsa a comer.

A medida que cuerpo y mente se convierten en uno, tan sólo necesitamos calmar nuestro cuerpo para calmar nuestra mente.

> Al inspirar, calmo mi cuerpo.
> Al espirar, calmo mi cuerpo.

La esencia del *mindfulness* es volver a sumergirse en el instante presente y observar lo que sucede. Cuando cuerpo y mente son uno, las heridas de nuestros corazones, mentes y cuerpos empiezan a sanar. Entonces podemos iniciar la transformación del problema con el peso.

Todos hemos tenido días malos en los que todo parece ir mal.

Después de un día así, nos sentimos cansados, desanimados y abatidos. Tal vez nos invada el impulso de comprar ciertos alimentos: un poco de helado, por ejemplo, o galletas de chocolate, o una bolsa de patatas fritas. En esos momentos es mejor regresar a nuestro cuerpo mediante la respiración consciente, cortar todo contacto externo y cerrar la puerta de los sentidos. Al seguir nuestra respiración, podremos unir mente, cuerpo y aliento, y serán uno. Nos sentiremos reconfortados y aliviados, como aquel que está sentado junto al fuego en casa mientras fuera se desata una tormenta.

Este método puede practicarse en cualquier momento y lugar: mientras esperamos en una cola, en el tren, en el avión y en la oficina. Podemos practicar la misma técnica de respiración mientras caminamos, estamos sentados, de pie, mientras comemos, bebemos, cocinamos o jugamos. Podemos usar nuestra respiración para ser conscientes de las posturas de nuestro cuerpo: echado, sentado, de pie, caminando. Podemos decir: «Al inspirar, calmo mi cuerpo» a fin de sumergirnos en la atención plena y apaciguar cuerpo y mente. Podemos regresar y ser uno con nosotros mismos cuando lo deseemos o sea necesario.

Practicar la respiración y recitar versos como los descritos anteriormente en este capítulo nos ayuda a sumergirnos fácilmente en la atención plena. La atención plena redunda en la serenidad de toda acción corporal, y nos hacemos con el control del cuerpo y la mente. Sin la atención plena, nuestras acciones pueden ser apresuradas, imprudentes, insensibles y bruscas. La atención plena alienta nuestro poder de concentración. Veremos cómo nuestras acciones cotidianas se tornan armoniosas, elegantes y mesuradas. El *mindfulness* se hace visible en nuestras acciones y en nuestro discurso. Nos dejamos llevar por el flujo de la vida y la vivimos con plenitud. Cuando cualquier acción se sitúa bajo la luz de la atención plena, el cuerpo y la mente se relajan y los invade el gozo y la paz.

Yendo un poco más lejos, en posición sentada o echados, la respiración consciente también puede ayudarnos a entrar en contacto con el funcionamiento de nuestro cuerpo. Observamos todas las partes de nuestro cuerpo desde la parte superior de la cabeza a la punta de los pies. En el proceso de nuestra observación, visualizamos y llegamos a conocer cada parte de nuestro cuerpo, incluyendo el cerebro, el corazón, los pulmones, el hígado, el estómago, la vesícula, el bazo, la sangre, el sistema inmunitario, los riñones, los huesos, etc. Por ejemplo:

Al inspirar, soy consciente de mi hígado.
Al espirar, sé que mi hígado trabaja de firme y de forma constante para sostenerme.

Debido al exceso de peso, muchas personas pueden abrigar sentimientos muy negativos respecto a sus cuerpos. Pero si se paran a reflexionar, podrán apreciar sus ojos, sus pies y sus manos, que siguen funcionando bien aunque otras partes, como las articulaciones y el corazón, necesiten atención y ternura. Muchos de nosotros hemos perdido el contacto con nuestro cuerpo. Tal vez nuestro cuerpo nos haya estado pidiendo ayuda, pero estamos tan preocupados con las exigencias de nuestra vida que ignoramos las señales de S.O.S. del cuerpo. Durante años y años, nuestros ojos, pies, corazón, pulmones y otras partes del cuerpo han trabajado ininterrumpidamente para nosotros, con devoción y fidelidad. Si nuestro cuerpo no es feliz y en él reina el desorden, no podremos ser felices. Sin embargo, rara vez prestamos atención a las diversas partes de nuestro cuerpo o expresamos gratitud hacia ellas. No podemos dar nuestro cuerpo por sentado. Observar nuestro cuerpo con atención plena nos brinda la oportunidad de agradecerle su duro trabajo, lo que nos permitirá avanzar en nuestras vidas al manifestar nuestro trabajo vital. Nuestro cuerpo necesita nuestro aprecio y cuidado. La práctica regular de la relajación total (véase el Apéndice C), en la que nos echamos y relajamos consecutivamente cada una de las partes de nuestro cuerpo, es muy importante para nuestro bienestar. Convierta en costumbre su práctica regular, empezando una vez a la semana y aumentando la frecuencia a medida que experimente sus beneficios.

Observar conscientemente las diferentes partes del cuerpo puede abrir la puerta a la curación. En primer lugar reconocemos la presencia de la zona corporal observada, y la acogemos amorosamente.

Comprendemos que cada órgano depende de la función de todos los demás, y que todo músculo y célula de nuestro cuerpo sostienen esos órganos.

Otro ejercicio propuesto por Buda en sus enseñanzas sobre la atención plena del cuerpo consiste en observar los cuatro elementos del cuerpo: tierra, agua, fuego y aire. Nos gustará ver una nube en nuestro cuerpo, porque sin nubes no puede haber lluvia, ni agua para beber o cereales y verduras que comer. Vemos la tierra en nosotros, la tierra como los minerales de nuestro cuerpo. También entendemos que la tierra está en nosotros porque, gracias a la Madre Tierra, tenemos alimentos. Vemos el aire en nosotros, porque sin aire no podríamos sobrevivir, como cualquier otra especie sobre la tierra. El fuego en nosotros es el calor derivado de quemar la energía de los alimentos, y es un reflejo del sol, el elemento del fuego en el exterior. Todo está interconectado. Nuestro cuerpo y nuestro universo son uno.

Este concepto, que nosotros llamamos «entreser», se aplica a todas las cosas. Observe su cuerpo. Su cuerpo no puede existir solo, por sí mismo. Tiene que «entreser» con la tierra, el aire, la lluvia, las plantas, sus padres y ancestros. No hay nada en el universo que no esté presente en su cuerpo. Cuando contacta profundamente con su cuerpo, contacta con todo el universo.

Uno de los ejercicios de atención plena más difíciles ofrecidos por Buda para ayudarnos a ser conscientes del cuerpo en el cuerpo consiste en observar nuestro cuerpo en las diferentes fases de desintegración después de nuestra muerte. Aunque resulte desagradable visualizar la muerte y el proceso a través del cual nuestro cuerpo se reduce a polvo, el efecto de esta práctica puede ser muy transformador. La intención no es hastiarnos de la vida, sino darnos a conocer cuán preciosa es. Muchos de nosotros tendemos a pensar que viviremos para siempre, o al menos que podremos eludir la muerte durante largo tiempo. Muchos supervivientes de un cáncer, un ataque al corazón o desastres naturales como tsunamis y terremotos tienen una perspectiva muy distinta de la vida después de esas experiencias traumáticas. Después de haber estado cerca de perder su vida, muchos de ellos empiezan a apreciarla en grado sumo. Paladean cada instante y empiezan a apreciar muchas cosas que antes daban por sentadas. Pero no es necesario que experimentemos este tipo de traumas para comprender la naturaleza impermanente de la vida o disfrutarla plenamente.

Al inspirar, soy consciente de la naturaleza impermanente de mi
cuerpo.
Al espirar, sonrío a mi cuerpo y disfruto de estar vivo.

La mera contemplación del cuerpo puede conducirnos a la iluminación, porque el cuerpo contiene las otras tres funciones de la atención plena, así como todo el cosmos. Cuando observamos todas las condiciones que se reúnen para manifestar el cuerpo, no lo subestimamos ni lo tomamos a la ligera. Contemplar el cuerpo es lo mismo que contemplar a Buda.

A veces despreciamos y criticamos nuestro cuerpo, pero incluso las cosas negativas de nuestro cuerpo son maravillas. Como ocurre con un estanque de lotos, tendemos a aceptar el loto pero no el lodo del estanque. El loto es precioso, pero también lo es el lodo, porque sin el lodo no habría loto. Debemos atesorar todo lo que pertenece al cuerpo y no despreciarlo. Es nuestro vehículo para el despertar. Podemos encontrar todos los aspectos del camino a la iluminación en nuestro propio cuerpo. No podemos encontrar la iluminación o nirvana fuera del cuerpo; sólo puede encontrarse en nuestro cuerpo.

Estar en contacto con los diversos aspectos del cuerpo es uno de los objetivos principales de la observación meditativa, consciente, del cuerpo. No podemos desempeñarnos bien sin un cuerpo saludable. Con los ejercicios de atención plena ofrecidos aquí, podemos mantener la salud en nuestro cuerpo, mente y espíritu. Al actuar así nos liberamos del sufrimiento, lo que nos conduce al gozo y la felicidad. Al nutrir nuestro cuerpo con gozo y felicidad, podemos curar las heridas en nuestro interior, las heridas que con tanta frecuencia impiden que sigamos un estilo de vida que nos permita alcanzar un peso saludable.

La atención plena de las emociones
(observación de las emociones en las emociones)

Muchos de nosotros abordamos la pérdida de peso con el deseo de cambiar sólo lo que no nos gusta de nosotros mismos. Pero tomarse el tiempo para aumentar nuestro gozo y las virtudes saludables que hay en nosotros también puede ayudarnos a alcanzar el peso idóneo. Es muy importante ser consciente, no sólo de lo que no marcha bien en nosotros, sino también de lo que está bien. En cada momento, hay muchas cosas que podemos apreciar y disfrutar, cosas que alimentan nuestra felicidad. Están el cielo azul, las nubes blancas, la luz del sol, la tierra sólida bajo nuestros pies. Los pájaros que cantan, los árboles, la presencia de nuestros seres queridos, los alimentos a nuestra disposición y el hecho de estar vivos. La vida es un milagro, y ser conscientes de esto puede hacernos muy felices.

Resulta una práctica muy útil apuntar las condiciones actuales que nos procuran felicidad. Podemos apuntar las muchas cosas por las que estamos agradecidos y que damos por descontadas. ¡Al cepillarnos los dientes, puede hacernos felices el hecho de tener dientes que cepillar! Al ir al baño, nos puede hacer felices orinar y defecar por nuestros propios medios; no hemos perdido el control de nuestras funciones excretoras. Aún utilizamos los ojos, los oídos, el cuerpo y la mente. ¡Si nos paramos a pensar en todas estas cosas, la lista puede ser muy larga! La observación de las emociones implica sacar a relucir conscientemente nuestros sentimientos positivos. En la enseñanza de Buda de la plena conciencia de la respiración, lo primero que propone en lo que respecta a la conciencia de las emociones es alimentar nuestro gozo y felicidad. A fin de disponer de la fuerza y energía para acoger los sentimientos dolorosos, hemos de alimentar nuestras emociones positivas regularmente. Esta misma práctica aparece en la medicina moderna. Antes de someterlo a cirugía, el doctor evalúa si el paciente es lo suficientemente fuerte para resistir el proceso. Si no es así, se le ayuda a fortalecerse antes de operar.

Para muchas personas, el peso es un asunto emocional. Algunos comen como respuesta a emociones: felicidad, tristeza, ansiedad, incluso aburrimiento. Para otros, el exceso de peso puede originar una tensión emocional debido al estigma y prejuicio que afrontan por su volumen y apariencia. La atención plena puede ayudarnos a enfrentarnos a esas emociones y sentimientos.

En el budismo, hay cuatro tipos de sentimientos: agradables, desagradables, mixtos y neutros. Los sentimientos mixtos son agradables y desagradables a un tiempo. Los neutros no son ni agradables ni desagradables. Los cuatro son importantes y ninguno debería ser apartado. Cuando nos encontramos con un sentimiento desagradable, no deberíamos enterrarlo en el fondo de nuestra mente. En lugar de ello, necesitamos respirar conscientemente y observarlo.

> Al inspirar, sé que el sentimiento desagradable ha emergido en mí.
> Al espirar, sé que el sentimiento desagradable está presente en mí.

Cuando quiera que se presente un sentimiento agradable, desagradable, mixto o neutro, necesitamos practicar la observación consciente del mismo. Hemos de reconocerlo y saber que no existe separación entre nuestra emoción y nosotros. La emoción no nos ahoga ni agobia, ni la rechazamos. Es la manera más eficaz de estar en contacto con los sentimientos. Nuestra actitud de no aferrarnos ni rechazar nuestras emociones nos ayuda a evitar intensificarlas, y así iniciamos nuestro camino de transformación.

Nuestros sentimientos normalmente desempeñan un papel importante en el gobierno de nuestra mente y nuestros pensamientos. Al ser conscientes de nuestros sentimientos, la situación empieza a cambiar. Somos nuestros sentimientos, pero también somos algo más que ellos. Al aflorar la atención plena, hay una energía capaz de acoger nuestra emoción, y entonces la emoción deja de ser lo único presente en nuestro interior y puede ser transformada a la luz de nuestra conciencia. Con la atención plena, ya no seremos arrastrados por el río de nuestros sentimientos. Si se siente nervioso, en lugar de ir al frigorífico a por una barrita de helado, deténgase y realice conscientemente unas pocas inspiraciones y espiraciones, acogiendo su emoción mientras respira.

> Al inspirar, me siento ansioso.
> Al espirar, abrazo mi ansiedad.

Al aceptar nuestra ansiedad compasivamente, nos mostramos más capaces de comprender su naturaleza y de trascenderla. No nos dejaremos extraviar por nuestra ansiedad y la energía de la costumbre de comer un barrita de helado cada vez que esta emoción hace presa en nosotros. Nuestra energía de la atención plena nos lleva a comprender nuestro sentimiento y nos brinda lo que realmente necesitamos para apaciguarlo.

Todos nuestros sentimientos tienen una raíz fisiológica o psicológica. Por ejemplo, si le invade una emoción desagradable de irritabilidad porque ha comido compulsivamente y ahora padece una indigestión, esa emoción tiene una raíz fisiológica. Si le invade un desagradable sentimiento de frustración porque los vaqueros que compró el año pasado le quedan pequeños, la raíz de ese sentimiento es psicológica. Ser capaz de identificar las raíces de sus sentimientos consiste en observar profundamente a fin de comprender cómo y por qué surgió su irritabilidad o frustración y entender su verdadera naturaleza. ¿Qué experiencias pasadas le predisponen a mostrarse vulnerable y fácilmente irritado? Comprender una emoción no es sólo observar sus raíces, sino también su eclosión y sus frutos, y en qué se ha convertido. Al observar con atención, usted advertirá que la razón por la que los pantalones le quedan estrechos es porque dejó de hacer ejercicio, ya que su nuevo trabajo es tan exigente que no tiene tiempo para ello. Además, recuerda que siempre se ha sentido mejor y ha manejado el estrés con más habilidad gracias al ejercicio regular.

Cuando las aflicciones como la ira, la confusión, la envidia o la ansiedad surgen en nosotros, normalmente perturban cuerpo y mente. Perdemos nuestra paz, alegría y tranquilidad, y muchos nos aferramos a la comida, la televisión o Internet en busca de alivio. Sin embargo, para recuperar la paz, el gozo y la calma, tenemos que practicar, una vez más, la respiración consciente.

Al inspirar, sé que tengo una emoción desagradable.
Al espirar, estoy junto a la emoción desagradable.
Al inspirar, apaciguo la emoción.
Al espirar, apaciguo la emoción.

Hemos de afrontar nuestros sentimientos desagradables con cuidado, afecto y sin violencia. Deberíamos tratarlos como a amigos que pueden enseñarnos muchas cosas. Como una campana de atención plena, las emociones desagradables atraen nuestra atención sobre temas y situaciones que en nuestra vida no funcionan y necesitan nuestro cuidado. Al proceder con la observación consciente obtendremos perspectiva y comprensión de lo que necesita ser cambiado y cómo cambiarlo.

Con esta práctica, nuestra respiración se torna más ligera y sosegada. Como resultado de ello, nuestra mente y nuestro cuerpo se hacen lentamente más ligeros, serenos y despejados. Cada vez que comprendemos la sustancia, las raíces y los efectos de nuestras emociones, dejamos de estar sometidos a su control. Todo el carácter de nuestras emociones puede alterarse por la mera presencia de la energía de la atención plena.

También tenemos que practicar la acogida de nuestras emociones neutras. Si no se las atiende, las emociones neutras pueden transformarse, lentamente, en sentimientos desagradables. Sin embargo, si sabemos cómo controlarlas y les aplicamos la atención plena, pueden llegar a ser sentimientos agradables. Por ejemplo, tras ganar peso, puede invadirnos la desagradable emoción derivada de un aumento en los niveles de azúcar en sangre, un paso en el camino a la diabetes. Si pierde algo de peso, el nivel de azúcar volverá a la normalidad y se sentirá muy feliz. A medida que pase el tiempo dejará de sentir la intensidad de la emoción agradable asociada a un nivel normal de azúcar en sangre, con lo que puede convertirse en una emoción neutra ante un hecho que da por supuesto. Sin embargo, al ser plenamente conscientes, nuestro nivel de azúcar normal puede volver a ser una fuente de emociones agradables.

La atención plena de la mente
(la observación de la mente en la mente)

La mente es una entidad poderosa. Puede ayudarnos a conseguir cosas que una vez creímos imposibles. También puede, si así lo permitimos, entorpecer la consecución de nuestros objetivos. En lo que respecta a nuestro problema con el peso, la mente puede interferir en nuestro éxito.

Como comentamos en el capítulo anterior, los contenidos de la mente son los fenómenos psicológicos llamados formaciones o estados mentales, manifestaciones de semillas procedentes de la reserva de la conciencia.

Hay formaciones mentales positivas y saludables, como la atención plena, la compasión y la no violencia. Y hay formaciones mentales malsanas, como la ira, el odio y la confusión. También hay formaciones mentales que pueden ser saludables o malsanas dependiendo de las circunstancias, como el remordimiento, que es beneficioso cuando nos despierta y nos ayuda a no repetir nuestros errores, pero perjudicial si es prolongado y paralizante. Cada vez que se manifiesta una formación mental deberíamos poder reconocerla y llamarla por su verdadero nombre, del mismo modo que identificamos las hierbas para cocinar por su olor y apariencia.

El modo en que sentimos, percibimos y actuamos depende de cómo nuestra mente reacciona e interpreta las interacciones entre los órganos de los sentidos y los objetos de los sentidos. Por ejemplo, mientras conducimos de camino al trabajo en una mañana soleada, nuestra mente puede pasar de un pensamiento a otro: «Me duele el cuello y me siento incómodo [*inquietud*]... El sol es cálido y brillante [*alegría*]... Llego tarde a mi reunión [*ansiedad*]... ¿Por qué ese coche me ha cortado el paso? [*enfado*]».

La inquietud, alegría, ansiedad y enfado descritos aquí son ejemplos de formaciones mentales que emergen a partir de semillas enterradas en el nivel más profundo de nuestra mente, la reserva de la conciencia. Nuestra reserva de la conciencia es como un campo en el que se siembran todo tipo de semillas: semillas de compasión, alegría, esperanza y atención plena y también semillas de pena, miedo y desesperación. Cada día nuestros pensamientos, palabras y actos refuerzan ciertas semillas en la reserva de la conciencia. Cuando estas semillas germinan, lo que generan se convierte en la sustancia de nuestra vida. Nuestro cuerpo, nuestra mente y nuestro mundo son manifestaciones de las semillas que hemos elegido regar en la reserva de la conciencia.

Toda semilla que tiene la oportunidad de manifestarse en el nivel de la conciencia mental se hace más fuerte. Por ejemplo, si nos involucramos en una discusión, la semilla de la ira se manifestará en la mente como energía de la ira. Si no nos preocupamos de esta energía y aprendemos a amansarla mediante la atención plena, cuando nuestro enfado se apacigüe y regrese a la reserva de la conciencia en forma de semillas, esta semilla se hará más fuerte y brotará más fácil e intensamente la próxima vez que encontremos una situación frustrante. Como ocurre con todas las cosas, las semillas son interdependientes. La manifestación de una semilla influirá en todas las demás. La atención plena es, en realidad, una de estas semillas, y si la regamos a menudo se hará más fuerte. Ésta es la razón por la que queremos cultivar continuamente nuestra semilla de atención plena, para que se fortalezca todo el tiempo y arroje luz en todo lo que experimentamos.

Tomarnos el tiempo para observar la mente puede ayudarnos a ser más consciente de las formaciones mentales que nos impiden alcanzar un peso saludable y transformarlas en formaciones mentales positivas. El proceso es el mismo que el de observar el cuerpo y los sentimientos. Observamos con atención plena la aparición, presencia y desaparición de las formaciones mentales. Las reconocemos y observamos intensamente para comprender sus sustancias, sus raíces en el pasado y sus posibles frutos en el futuro, utilizando la respiración consciente mientras las observamos. Si nos tomamos el tiempo para hacerlo así —para exponer plenamente las formaciones mentales a la luz de la atención plena—, se transforman naturalmente en la dirección beneficiosa.

Por ejemplo, el deseo implica quedar atrapados en un anhelo malsano. En relación con el peso, el anhelo puede aplicarse a la comida o a pasar una perniciosa cantidad de tiempo frente al televisor. Cuando nuestra mente y pensamientos giran hacia tales deseos, en primer lugar hemos de reconocerlos: «Mi mente quiere que coma más de lo que debería». «Mi mente quiere que tome asiento y vea la televisión en lugar de salir a pasear». Admitir su existencia en lugar de luchar, resistirse o suprimirlos. Al actuar así, los deseos perderán la fuerza y el ascendiente que ejercen sobre usted.

Cuando estos deseos perniciosos no están presentes, también hemos de observarlo. Podemos practicar así: «En este momento, el deseo de querer comer compulsivamente no se ha presentado». La falta de deseo, la ausencia de anhelo por algo, es una de las formaciones mentales saludables. Permite la eclosión de sentimientos de alegría, libertad, paz y comodidad. Es la base de la verdadera felicidad, porque en la verdadera felicidad debe haber un elemento de paz, alegría y comodidad.

Controlar nuestra ira

Es muy importante aprender a observar nuestras emociones negativas. Una emoción negativa común es la ira, una compleja formación que se sitúa en el corazón del enfrentamiento de muchas personas con el peso, las relaciones y la vida en general. Identificar la presencia y la ausencia de la ira en nosotros reporta muchos beneficios. La ira es como una llama que estalla y consume nuestro autocontrol, haciéndonos pensar, decir y hacer cosas que probablemente lamentaremos más tarde. Por ejemplo, cuando nos enfadamos con nuestro cónyuge debido a su control sobre lo que podemos y no podemos comer, podemos decirle cosas desagradables. Más tarde lamentaremos haberlo herido. Si observamos la ira y la identificamos plenamente, perderá su naturaleza destructiva. La ira sólo se torna destructiva cuando estamos enfadados y no observamos esa emoción con atención plena. Cuando brota en nosotros, deberíamos seguir nuestra respiración de cerca mientras identificamos la ira y la observamos conscientemente. Al actuar así, la atención plena nace en nosotros y la ira ya no monopoliza nuestra mente. El conocimiento está al lado de la ira: «Al inspirar, sé que estoy enfadado». Este conocimiento es compañero de la ira. Nuestra observación consciente no consiste en suprimir o desviar la ira, sólo en velar por ella. Se trata de un principio muy importante. La observación consciente es como una lámpara que proyecta su luz. No es un juez. Ilumina nuestra ira y vela por ella de modo afectuoso y bondadoso, sin juzgarla, como una hermana mayor consolaría y cuidaría a su hermana pequeña.

Cuando nos enfadamos, nuestra ira es nuestro propio yo. Suprimir o expulsar nuestra ira equivale a suprimirnos o expulsarnos a nosotros mismos. Cuando nace la ira, podemos ser conscientes de que la ira es una energía que está en nosotros, y que podemos cambiarla por otro tipo de energía. Si queremos transformarla, en primer lugar tenemos que aprender a aceptarla.

También podemos transformar nuestra ira en algo beneficioso, del mismo modo que creamos un fertilizante nutritivo a partir de las sobras de comida. Si sabemos cómo aceptar nuestra ira, dejar de resistirnos a ella o combatirla, empezaremos a vislumbrar la paz y la dicha. Transformaremos la ira, gradual y completamente, en la energía de la comprensión y la compasión, que nos permitirá amar, cuidar y honrarnos a nosotros mismos.

A medida que atendamos a nuestra respiración y velemos por nuestra ira con atención plena, la situación se hará menos conflictiva. Aunque la ira sigue ahí, poco a poco pierde su fuerza porque empezamos a comprenderla y a comprender mejor el sufrimiento de la persona que desencadenó nuestra ira. Gracias a ese entendimiento podremos perdonar y olvidar. Podremos aceptar nuestra ira y hacer las paces con ella.

Al observar nuestra ira vemos sus raíces, y los malentendidos respecto a nosotros mismos y con los demás, nuestro dolor, la violencia y falta de bondad de nuestra sociedad, y el resentimiento silenciado a lo largo de muchas generaciones. Estas raíces pueden estar presentes tanto en nosotros como en la persona que desempeñó un papel principal a la hora de despertar nuestra ira. Cuando esta emoción se presenta, lo primero que debemos hacer es volver a nuestra respiración consciente y velar por nuestra ira con atención plena. Nos concentramos en nuestra respiración a fin de mantener la atención plena.

Al inspirar, sé que la ira me inunda.
Al espirar, sé que debo velar por mi ira.

Al inspirar, sé que la ira sigue aquí.
Al espirar, sé que la ira está en mí y que la atención plena también está en mí.

Al inspirar, sé que la ira es una emoción desagradable.
Al espirar, sé que esta emoción ha nacido y morirá.

Al inspirar, sé que puedo cuidar de mi ira.

Al espirar, apaciguo mi ira.

Adaptado de *Transformación y sanación*, de Thich Nhat Hanh[1]

La atención plena acoge la emoción, igual que una madre sostiene al niño que llora en sus brazos y le transmite todo su afecto y cuidado. Si la madre pone todo su corazón y su mente en cuidar al bebé, el pequeño sentirá la ternura de la madre y se calmará. Del mismo modo, podemos apaciguar el funcionamiento de nuestra mente. A fin de realizar el estado de no ira en nuestra mente consciente y subconsciente, tenemos que practicar la meditación en el amor y la compasión. La ira fomenta muchos de los problemas que provocan el aumento de peso; el amor y la compasión por los demás y nosotros mismos nos ayuda a gestionar mejor esos problemas.

La meditación para la bondad nos ayuda a desarrollar la mente del amor y la compasión, y es un buen antídoto contra la ira. La bondad es la capacidad para aportar paz y felicidad a nosotros mismos y a los demás. La compasión es la capacidad para eliminar el sufrimiento en nosotros y en los demás. El núcleo del amor y la compasión es la comprensión: la capacidad para reconocer el sufrimiento en uno y en los demás. Hemos de estar en contacto con el propio sufrimiento y el ajeno. Al establecer un profundo contacto con él, firmemente arraigado en la atención plena, de inmediato nace en nosotros un sentimiento de compasión. Debido a que la comprensión es el fundamento mismo del amor y la compasión, nuestras palabras y acciones serán aquellas que reducirán el sufrimiento en nosotros mismos y en los demás, disolverán nuestro resentimiento y traerán la felicidad a nuestro interior y a los demás al mismo tiempo.

Meditación del amor

Empezamos practicando la meditación del amor centrándonos en nosotros mismos: «Yo». Hasta que no seamos capaces de amarnos y cuidar de nosotros, no seremos de mucha ayuda a los demás. A continuación podemos practicar la meditación hacia los demás (sustituyendo el «yo» por «él/ella» o «ellos»), empezando con alguien a quien amamos; luego, alguien que nos gusta; después, alguien que nos resulta indiferente; y por último, alguien que nos ha hecho sufrir.

Que la paz, la felicidad y la luz de cuerpo y espíritu sean conmigo.
Que esté a salvo y libre de heridas.
Que esté libre de ira, aflicciones, temor y ansiedad.
Que aprenda a mirarme a mí mismo con los ojos de la comprensión y el amor.
Que sea capaz de reconocer las semillas del gozo y la felicidad en mí.
Que aprenda a identificar las fuentes de la ira, el anhelo y el engaño en mí.
Que sepa cómo nutrir las semillas del gozo en mí cada día.
Que pueda vivir fuerte, firme y libre.
Que esté libre del apego y la aversión, pero no sea indiferente.

Thich Nhat Hanh, *Teachings on Love*
Enseñanzas sobre el amor

Si sabemos cómo admitir y reconocer la presencia de cada formación mental, acogerla, apaciguarla y observarla en profundidad, nuestro conocimiento se verá reforzado. Cuando practicamos la observación de la mente, comprendemos mejor por qué sentimos y actuamos como lo hacemos. ¿Por qué adoptamos decisiones que debilitan nuestra salud? ¿Por qué nos rodeamos de personas que pueden no ser buenas para nosotros? Observar atentamente la interrelación de cuanto hay en nuestro interior y a nuestro alrededor nos guiará en el camino de la comprensión y la superación de los problemas con nuestro peso.

La atención plena de los objetos de la mente (observación de los objetos de la mente en los objetos de la mente)

La observación de los objetos de la mente incluye todo lo que puede percibirse como existente en formas, emociones y pensamientos, así como todos los fenómenos. Cuando hablamos de «atención plena» tenemos que especificar: ¿atención plena de qué? ¿Atención plena de la respiración? ¿Atención plena de caminar? ¿Atención plena de la ira? Hemos de ser conscientes de algo. Si ese algo no está ahí, la atención plena no es posible. Así pues, cuando hablamos de observar la mente en la mente, hablamos del sujeto de cognición, el sujeto de nuestras formaciones mentales, el sujeto de la atención plena, del odio, del amor, de la envidia. Y con cada sujeto debe haber un objeto. ¿Amar significa amar qué? ¿Amar a quién? ¿Odiar significa odiar qué? ¿Odiar a quién? A esto nos referimos al hablar de los objetos de la mente.

Observar los objetos de la mente significa comprender que ningún fenómeno tiene una existencia independiente, sino que surge debido a las numerosas condiciones que lo han llevado a ser. Como dijo Buda: «Esto es porque aquello es». Al observar en profundidad los objetos de la mente, vemos su aparición, su duración y su disolución. Pero también comprendemos que carecen de nacimiento y muerte al observar que están interrelacionados con todo lo demás y que carecen de identidad independiente. Ya estaban ahí en las condiciones que los crearon antes de aparecer y continúan existiendo en esas condiciones una vez que han desaparecido. Cuando observamos la fuente y la verdadera naturaleza de los objetos de la mente que estamos contemplando, éstos dejan de atarnos.

Desatando nuestros nudos internos

Al enseñar la observación de los objetos de la mente, Buda subrayó el conocimiento de nuestras formaciones internas, nudos o trabas mentales, nacidos de las energías de la costumbre y la tergiversación de la realidad. Al sumergirnos en determinado entorno, vivir con cierto grupo de personas o exponernos a ciertos medios, tendemos a desarrollar unos hábitos o comportamientos. Nuestros padres y nuestra sociedad influyen poderosamente en cómo pensamos, sentimos y vivimos. Nuestras energías de la costumbre derivan del modo en que hemos aprendido a responder a las percepciones sensoriales. Estas energías dejan huellas indelebles en nuestra mente, y forman nudos internos que habitan en lo más profundo de nuestra conciencia. Estos nudos son los bloques de tristeza y dolor profundamente arraigados en nuestra mente. Si nuestra madre nos recuerda que estamos gordos, que no deberíamos comer esto o aquello, poco a poco elaboramos la culpa y el resentimiento, formando complejos nudos de dolor.

Cuando las energías negativas de la costumbre afloran a nuestra mente, tienden a dominarnos y limitar nuestro horizonte, de modo que ya no podemos ver las cosas con claridad. Las energías de la costumbre como fumar, beber mucho y comer compulsivamente nos aportan sufrimiento, mientras que energías como el humor y la generosidad nos aportan alegría.

Podemos apegarnos fácilmente a nuestros deseos —como un insaciable anhelo de patatas fritas— y utilizarlos para afrontar nuestra hambre emocional. Si no somos capaces de satisfacer nuestros anhelos, los nudos de deseo se formarán en nuestra mente. No sólo el deseo de alimentos sino también el de alcohol, cigarrillos, drogas, sexo y alabanzas pueden llevar a la formación de nudos en nuestra mente. Una vez que hemos experimentado uno de estos sentimientos negativos —después de estar achispados, colocados, etc.—, el nudo queda establecido, y algo nos impulsa a repetir la experiencia una y otra vez. Debido a nuestro apego, a menudo somos presa de emociones desagradables cuando nuestros anhelos no se satisfacen, y esto origina la formación de otros nudos de sufrimiento en nuestra conciencia.

Cuando los nudos internos del deseo, la ira, el temor, la aflicción y la baja autoestima han sido enterrados y reprimidos en nuestra mente durante meses, años o décadas, influyen profundamente en nuestra salud física y mental. La represión puede ser el resultado de percepciones erróneas o de la presión de las normas sociales. Ya que resulta más fácil evitar el sufrimiento a corto plazo, tenemos mecanismos de defensa que empujan nuestros dolores psicológicos, penas y conflictos internos a la mente subconsciente y los entierra allí. Pero en ocasiones emergen y se presentan en nuestros pensamientos, discursos y actos, reflejando síntomas de perturbación física y psicológica.

Si permitimos que los nudos se formen y fortalezcan, acabarán por abrumarnos y será muy difícil desatarlos. Es importante practicar la observación consciente y estar atentos tan pronto como los nudos se formen en nosotros para encontrar el modo de transformarlos antes de que se vuelvan enormes y firmemente trabados.

El modo de trasformar estas aflicciones es observarlas profundamente. Para conseguirlo, necesitamos que afloren a la conciencia mediante la respiración consciente: así reconoceremos nuestras emociones, pensamientos, palabras y actos mientras surgen de las profundidades de nuestra mente.

Al entrar en un estado consciente a través de la respiración consciente, en esencia estamos cerrando las puertas de nuestros sentidos. Durante este tiempo, los nudos internos profundamente enterrados tendrán la oportunidad de emerger y revelarse en forma de imágenes o emociones en nuestra mente. Al salir a la superficie, tal vez no seamos capaces de comprender o ver la causa de estas emociones desagradables, pero si las iluminamos con la atención plena, tal vez podamos verlas con claridad. A veces, los sentimientos son demasiado intensos y desagradables, y queremos volver a enterrarlos. Pero cuando somos capaces de mantener y aumentar la energía de la atención plena, podemos superar nuestra aversión a las emociones dolorosas. Continuamos alimentando la atención plena a través de la respiración consciente e intentamos reconocer nuestros nudos y conflictos internos a medida que emergen. Aprendemos a recibirlos con el amor y la ternura de una madre que abraza a su bebé. Podemos decir: «La luz de la atención plena está aquí y brilla, y sé que tendré la fuerza suficiente para estar en contacto con los nudos que están emergiendo».

También puede suceder que necesitemos la ayuda de quienes están entrenados en la práctica del *mindfulness* y son capaces de sumergirse en el instante presente para ayudarnos a permanecer en nuestros sentimientos dolorosos. Podemos pedir a un amigo que tome asiento junto a nosotros y respire profundamente con nosotros mientras acogemos juntos la emoción. La energía colectiva de la atención plena y la compasión en un retiro o centro de práctica también es muy poderosa. Muchas personas son capaces de transformar un sufrimiento muy profundo y liberar nudos internos duraderos y fuertemente arraigados con ayuda de una comunidad espiritual de apoyo.

Hace algunos años, Thay (*thay* significa «maestro» en vietnamita, y con frecuencia los estudiantes se dirigen a Thich Nhat Hanh como «Maestro») ofreció un retiro para veteranos de la guerra de Vietnam. Muchos albergaban secretos y un terrible sufrimiento que nunca habían sido capaces de compartir con nadie y respecto al cual no encontraban alivio alguno. Nos sentamos en círculo, en actitud de escucha, y dejamos que cada veterano hablara de su sufrimiento. Con algunos de ellos, nos limitamos a sentarnos en silencio un largo rato antes de que fueran capaces de abrir su corazón y compartirlo con nosotros. Un veterano nos dijo que durante la guerra un día su unidad atacó a los guerrilleros. Los vencieron y llevaron a los heridos del Vietcong a su campamento como prisioneros. En su helicóptero transportaron a una guerrillera seriamente herida. Aferraba su hamaca. Los guerrilleros que vivían en la jungla dormían en hamacas y llevaban consigo sus escasas pertenencias. Ella miraba al veterano de guerra con ira y odio. En su mirada atormentada, él sentía que ella lo acusaba: «¿Por qué habéis venido a destruir mi país?». Antes de llegar a la base, la guerrillera murió en el helicóptero, sin dejar de mirarlo con dureza y frialdad. El veterano de guerra conservó la hamaca todos esos años y la trajo consigo al retiro.

En el retiro ofrecíamos enseñanzas para acoger nuestro sufrimiento y sostener con ternura nuestras emociones dolorosas. Todos nos entrenamos en el paseo y la respiración consciente, desarrollando nuestra calma y concentración. El veterano empezó a comprender que aunque había perpetrado actos terribles durante la guerra, ahora podía realizar actos muy positivos y curativos para sanar las heridas que había causado en el pasado. En el último día de retiro organizamos una hoguera para ayudar a los veteranos a liberarse del sufrimiento que arrastraban desde la guerra. Practicamos paseos meditativos alrededor de la hoguera y animamos a cada veterano a arrojar al fuego aquellos objetos o símbolos que representaran su sufrimiento. El hombre permaneció largo tiempo junto al fuego, apretando fuertemente la hamaca contra su pecho. Se negó a echarla al fuego.

Una de las monjas dijo al hombre: «Arroja la hamaca al fuego». Pero él se negó. Estaba apegado a su sufrimiento, a su culpa. Thay se acercó a él y amablemente le animó a soltarlo con estas palabras:

«Ahora eres una nueva persona y la compasión ha nacido en ti. No sigas apegándote a tu viejo sufrimiento, a tu culpa. Dame la hamaca». Por último, el hombre se la entregó a Thay. La monja y Thay la depositaron en las llamas. Y tuvo lugar una gran transformación en nuestro amigo. Se sintió mucho mejor: se sentía ligero y libre del peso que llevaba consigo, el complejo de culpa que había llevado con él y al que se había aferrado durante tantos años.

Al observar y reconocer nuestras emociones y pensamientos, sin juicio, culpa o crítica, emprendemos el camino de la liberación de nuestro sufrimiento. Si hay dolor, angustia o ira, tan sólo hemos de reconocer que sentimos el dolor, la angustia y la ira. Al admitir esos sentimientos con atención plena, impedimos que el dolor, la angustia y la ira se apoderen de nosotros y nos lleven por mal camino. En lugar de ello, intentamos apaciguarlos con ternura. Practicar de este modo aflojará nuestros nudos, y la práctica reiterada nos ayudará a comprender sus raíces identificando las fuentes de alimentación que les han permitido existir. Con esta perspectiva y comprensión, podremos detener el sufrimiento en sus raíces.

La práctica no consiste sólo en transformar nuestro intelecto. Día y noche hemos de regar la semilla de la comprensión en la reserva de la conciencia para que crezca y nos ayude a comprender la naturaleza de la interconexión de todo cuanto vemos y tocamos, lo que nos permitirá hacer las paces con nosotros mismos. Hemos de traer esta comprensión a nuestra vida cotidiana para, gracias a la atención plena, estar más atentos a nuestras emociones, reconocerlas y evitar que se transformen en nudos.

A menudo afrontamos sentimientos de miedo y remordimiento. Todos hemos tenido remordimientos y hemos deseado no haber hecho algo en el pasado. Si seguimos mirando hacia atrás con arrepentimiento, crearemos complejos de culpa que impedirán que seamos felices. Tal vez creamos que los errores ya están hechos y que no podemos volver al pasado y cambiar las cosas. Al observar profundamente la naturaleza relativa del tiempo, nos damos cuenta de que el pasado ha creado el presente. Si aprehendemos el momento presente con atención plena, entramos en contacto con el pasado. Podemos regresar al pasado si estamos firmemente arraigados en el instante presente, y curar de este modo el pasado. Nos perdonamos por nuestros errores, conscientes de que en aquel momento no tuvimos la suficiente sabiduría o las condiciones adecuadas para hacerlo mejor. Transformamos nuestros remordimientos presentes en compasión y comprensión, y así también cambiamos el pasado.

Además, puesto que somos la continuación de nuestros ancestros y estamos inextricablemente vinculados a ellos, así como a nuestros padres y hermanos, si podemos transformarnos a nosotros mismos, también podremos transformarlos a ellos y traer la paz y la felicidad a quienes amamos. Al arraigarnos en el presente, nos liberamos del sufrimiento y curamos el trauma o los errores que ocurrieron en el pasado.

Por ejemplo, una madre que ha abusado de la comida rápida, los refrescos y los dulces para recompensar el buen comportamiento de sus hijos tal vez se sienta culpable cuando éstos se conviertan en jóvenes obesos. Si la madre vive de acuerdo con la atención plena, comprenderá que aún existen muchas oportunidades para ayudar a sus hijos a controlar su peso. Es más, puede contribuir a que muchos otros niños no caigan en estas trampas de comportamiento poco saludable. Puede trabajar como voluntaria en escuelas y participar en sus consejos de salud y bienestar, trabajando conjuntamente con directores y profesores para asegurar que los hijos accedan a opciones alimentarias más sanas. Así, la madre podrá calmar su remordimiento y sentirse bien al saber que contribuye a la salud y bienestar de muchos niños.

Además de transformar nuestras semillas negativas y emociones desagradables, no olvidemos o minemos la fuerza y el asombro de nuestras semillas positivas. Tenemos semillas sanas y malsanas. Sin embargo, hemos de reconocer que cada semilla depende de todas las demás para su existencia. Esta naturaleza interdependiente significa que una semilla no saludable contiene elementos de las semillas sanas y viceversa. Podemos transformar las semillas malsanas sencillamente regando las sanas. Por lo tanto, al atravesar momentos difíciles en nuestras vidas, si tocamos y regamos las semillas de paz y alegría que ya están en nosotros, brotarán y nos aportarán los frutos de la paz y la felicidad. Su fuerte presencia superará y debilitará a las semillas malsanas. Además, es igualmente importante que de forma regular observemos aquellos objetos de la mente que nos conduzcan al bienestar y arrojen la luz de la atención plena en las semillas sanas para que éstas se fortalezcan en el campo de nuestra mente.

Practicar la atención plena en el siglo XXI

Al practicar estos cuatro fundamentos de la atención plena, seremos capaces de nutrirnos y protegernos a nosotros mismos, liberarnos del dolor y alcanzar la sabiduría. Mediante estas prácticas penetramos en la interrelación de nuestra experiencia física, fisiológica y psicológica. Además, comprendemos que cada uno de nosotros y el resto del mundo es interdependiente: que nosotros, en tanto observadores, y el mundo que percibimos, no están separados en el espacio y el tiempo. Ver la verdad, la naturaleza interrelacionada de nuestro cuerpo, sentimientos, mente y objetos de la mente, sienta la base para el bienestar y la felicidad.

Generar la energía de la atención plena es esencial para la transformación. Podemos vivir conscientemente cada momento de nuestras vidas. Al cocinar, cocinamos conscientemente. Al comer, comemos conscientemente. Al hacer ejercicio, movemos nuestros cuerpos conscientemente. Estar atentos a nuestra respiración bastará para conectarnos instantáneamente con lo que estamos haciendo. Al disfrutar de nuestra respiración en cualquier actividad que realicemos, producimos la energía de la atención plena, que nos ayuda a sentir y vivir la vida profundamente. Esta práctica nos permite transformar los desechos de nuestras aflicciones en las flores del bienestar.

Cada uno de nosotros puede convertirse en un buda. Un buda es alguien totalmente despierto. El príncipe Siddhartha Gautama fue un ser humano que se convirtió en un buda permanente después de años de práctica en la concentración. Todos podemos alcanzar la budeidad como budas a tiempo parcial cuando emprendemos el aprendizaje de la atención plena y el viaje hacia el logro de un peso saludable. Al practicar hemos de tener en mente que las enseñanzas del budismo no son un conjunto de dogmas rígidos que exigen una adhesión ciega. Son, simplemente, instrumentos para obtener un conocimiento que nos ayudará a eliminar los obstáculos para la correcta percepción.

Ser consciente no significa que hemos de sentarnos en un cojín de meditación, durante horas, en un retiro o monasterio. Hay muchas maneras de practicar el *mindfulness* completamente integradas en nuestra vida cotidiana. Junto a la respiración consciente podemos practicar la meditación andando, la meditación sentada, la sonrisa, la escucha consciente, el habla consciente y el trabajo consciente. Podemos practicar la concentración y observar profundamente en todas las actividades de nuestra vida diaria. Incluso caminando podemos practicar la atención. Podemos caminar de modo que atendamos a cada paso, en lugar de caminar para ir de un lugar a otro. Podemos caminar para disfrutar de cada paso. Si practicamos la atención plena mientras respondemos correos electrónicos, navegamos en Internet, acudimos a encuentros o citas, recogemos la colada, lavamos los platos o nos duchamos, estamos viviendo profundamente. Si no practicamos así, los días y los meses se sucederán sin que lo advirtamos, y perderemos muchos momentos preciosos de nuestra vida. Detenerse nos ayuda a vivir plenamente en el presente. Diariamente tenemos muchas oportunidades para contribuir a que nuestras semillas de gozo y felicidad prosperen.

En los capítulos 5, 6 y 7 compartiremos más prácticas cotidianas de *mindfulness* que usted podrá utilizar en su vida cotidiana e integrar prácticamente en todas las actividades que emprenda. Cada acto y cada momento de nuestra vida es una valiosa oportunidad para practicar el *mindfulness*.

A medida que ahondemos en nuestra práctica, una inspiración tras otra, un paso tras otro, descubriremos sus muchas maravillas. Nos ayudará a entablar un verdadero contacto con la vida, haciéndola más significativa. Al estar presentes, la vida también está presente. La práctica del *mindfulness* mejora nuestra capacidad de concentración. Si somos capaces de concentrarnos, comprendemos y observamos con mayor profundidad todo cuanto se presenta ante nosotros. En última instancia, la mirada profunda nos conduce al conocimiento y la comprensión, ayudándonos a liberarnos de nuestro temor, desesperación y sufrimiento para alcanzar el verdadero gozo y la paz. Con el *mindfulness*, podemos alcanzar y acoger nuestra vida en mayor profundidad. Saboreamos así los muchos dones que la vida nos ofrece cada día, lo que nos permite recibir alimento y curación para nosotros mismos y nuestros seres queridos.

Segunda parte

Planes para la acción consciente

ALIMENTACIÓN CONSCIENTE

Acabamos de aprender que la respiración consciente es una práctica esencial para unir cuerpo y mente, nutriendo el bienestar de ambos y fomentando nuestra conexión con todas las cosas. Y así como el aire que respiramos conscientemente sostiene nuestra vida física y espiritual, otro tanto puede decirse de los alimentos. La comida no sólo nos proporciona los nutrientes y la energía que necesitamos para sostener nuestros cuerpos físicos; la alimentación consciente también puede ayudarnos a comprender la naturaleza interdependiente de todas las cosas, y contribuir así a poner fin a nuestras dificultades con el peso.

Al observar profundamente los alimentos que tomamos, descubrimos que contienen la tierra, el aire, la lluvia, la luz del sol y el duro trabajo de los campesinos y de todos aquellos que los procesaron, transportaron y vendieron. Al comer con plena atención, progresivamente nos hacemos más conscientes de todos los elementos y el esfuerzo necesario para hacer de nuestros alimentos una realidad, y a su vez esto estimula nuestro aprecio por el constante apoyo que la naturaleza y los demás nos brindan. Cuando comemos o bebemos, podemos comprometer todos nuestros sentidos en la experiencia de comer y beber. Al comer y beber así, no sólo alimentamos nuestros cuerpos y salvaguardamos nuestra salud física, sino que también nutrimos nuestros sentimientos, nuestra mente y nuestra conciencia. Y podemos hacerlo en numerosas ocasiones a lo largo del día. La alimentación consciente empieza con nuestra decisión de qué comer y beber. Queremos elegir alimentos y bebidas que resulten beneficiosos para nuestra salud y sean buenos para el planeta, en las modestas raciones que nos ayudarán a controlar el peso. Sin embargo, hay tantos tipos de alimentos y bebidas, y tanta información sobre nutrición y dietas, que puede resultarnos harto difícil tomar las decisiones adecuadas. Una buena manera de superar este reto consiste en estar al corriente de los últimos consejos basados en la ciencia.

La base de una alimentación sana: ¿qué nutrientes hay en nuestros alimentos?

Los alimentos ofrecen al cuerpo los materiales brutos que necesita para desarrollar los procesos metabólicos de la vida. Todos los alimentos contienen uno, y a menudo dos o tres, de los así llamados macronutrientes: carbohidratos, proteínas y grasas. Estos macronutrientes nos aportan energía para alimentar nuestras actividades diarias. También desempeñan papeles únicos en el organismo. Los carbohidratos proporcionan la forma más rápida de energía, que todas las células pueden utilizar. Las proteínas ofrecen los bloques de construcción de nuestros tejidos y órganos: piel y músculos, hueso y sangre, hígado y corazón. También forman innumerables mecanismos celulares y mensajeros diminutos, como las enzimas que digieren los alimentos y los neurotransmisores que envían señales desde el cerebro a todas las partes del cuerpo. Las grasas se introducen en la membrana de las células, aíslan los nervios y sirven como precursoras de las hormonas que sostienen la vida. Los alimentos también nos proporcionan vitaminas y minerales, los así llamados micronutrientes —literalmente, nutrientes esenciales en cantidades minúsculas—, utilizados para catalizar reacciones químicas en el organismo.

La ciencia de la nutrición se centró, a principios del siglo xx, en comprender qué macro y micronutrientes necesitamos para prevenir enfermedades originadas por estados carenciales, como el kwashiorkor (carencia de proteínas) y el raquitismo (carencia de vitamina D). A mediados del siglo xx, la ciencia de la nutrición pasó a estudiar complejas enfermedades crónicas como la diabetes, las enfermedades coronarias y el cáncer, enfermedades que se desarrollan imperceptiblemente, con el tiempo, no son de fácil curación y ponen fin a la vida de forma prematura. Gracias a los muchos avances de la ciencia, ahora disponemos de ciertos conocimientos acerca de lo que comer y beber —y lo que *no* comer y beber— para prevenir esas enfermedades. Pero no necesitamos ser científicos para comer bien. Después de todo, los nutrientes están en los alimentos. Y en lo que a nutrición se refiere sólo necesitamos seguir unas pocas directrices fundamentales para mantener nuestra salud y bienestar.

Las recomendaciones alimentarias que siguen son para adultos y están adaptadas a partir de guías dietéticas elaboradas por expertos del departamento de nutrición de la Escuela de Salud Pública de Harvard.[1]

Carbohidratos, proteínas y grasas: elegir los más sanos

Los libros de dietas, desde la dieta Atkins hasta la dieta de la Zona, retratan a los carbohidratos como al enemigo. Otros gurús de la nutrición pregonan las dietas bajas en grasas y con un alto nivel de carbohidratos para perder peso y prevenir enfermedades, o invocan las dietas altas en proteínas como el medio para lograr una buena salud y un peso saludable. Sin embargo, la verdad acerca de los macronutrientes y la salud es que el tipo de carbohidrato, proteína y grasa que escogemos es mucho más importante que sus cantidades relativas en nuestra dieta.

Tomemos el caso de los carbohidratos. Están en una gran cantidad de productos integrales y procesados —desde las manzanas a la pasta ziti—, pero no todos los carbohidratos se producen igual. Los más saludables proceden de los cereales integrales, legumbres, frutas y verduras. Los carbohidratos menos saludables proceden del pan blanco, el arroz blanco, la pasta y otros cereales refinados, los alimentos y bebidas azucarados, y las patatas. Más adelante en este mismo capítulo nos referiremos a las razones para limitar estos carbohidratos menos saludables. Ahora centrémonos en lo positivo: los cereales integrales, las verduras, las frutas y las legumbres son buenas opciones en tanto carbohidratos, y también son ricos en vitaminas, minerales y fibra. Los alimentos compuestos por cereales integrales

—como el pan blanco integral, la avena y el arroz integral, el mijo, la cebada, la quinoa, etc.— merecen una especial atención, porque cada vez existen más investigaciones que señalan los beneficios de introducir los cereales integrales como parte de la dieta cotidiana. Estudios a largo plazo han descubierto que las personas que toman una media de dos a tres raciones diarias de cereales integrales tienen un riesgo entre un 20 y un 30 % menor de padecer diabetes o una enfermedad coronaria, en comparación con las personas que rara vez toman cereales integrales.[2] Tomar cereales integrales también ofrece cierta protección contra el cáncer de colon, pero se necesita más investigación para confirmar esta relación entre la dieta y la enfermedad.[3]

¿Por qué los cereales integrales son tan buenos para la salud?

Exactamente el modo en que los cereales integrales nos protegen de la diabetes y las enfermedades coronarias sigue siendo una cuestión abierta a la investigación. Lo que sabemos es que los cereales integrales contienen fibra que ralentiza su digestión y hace que el aumento de glucosa después de la comida sea más suave; la fibra soluble en los cereales integrales, especialmente la que se encuentra en la avena, también ayuda a bajar el nivel de la lipoproteína de baja densidad (LBD), el colesterol «malo». El germen de los cereales integrales contiene folato y vitamina E, y los cereales integrales también son una fuente de magnesio y selenio, vitaminas y minerales que pueden contribuir a protegernos de la diabetes, las enfermedades del corazón y algunos tipos de cáncer. Sin embargo, algunos estudios han descubierto que los beneficios de los cereales integrales van más allá de lo que puede atribuirse a cualquiera de los nutrientes individuales que contienen. Parece probable que los beneficios que reportan para la salud se incrementan por su especial combinación de nutrientes.[4] El todo es ciertamente mayor que la suma de sus partes: un aspecto de la naturaleza interdependiente.

Con las proteínas ocurre algo parecido. Tanto los animales como los vegetales pueden proporcionar al ser humano las proteínas que necesita. Pero al elegir alimentos con un alto nivel de proteínas, debemos prestar atención a los otros nutrientes que viajan con la proteína. Las fuentes más saludables de proteína vegetal —alubias, nueces, semillas, cereales integrales y los alimentos derivados de ellos— también contienen fibra, vitaminas, minerales, grasas saludables, además de ser una elección que cuida el medio ambiente. Entre las fuentes animales de proteína, algunas contienen grasas saludables (pescado) o presentan un nivel relativamente bajo de grasas perniciosas (pollo, huevos). (Para más información a la hora de elegir grasas saludables, véase la tabla 5.1 en la pág. 119.) Sin embargo, la carne roja y los productos lácteos con toda su materia grasa contienen un alto nivel de grasa nociva para el corazón; además, como observaremos más adelante en este capítulo, consumir carne roja, carne procesada y productos lácteos puede incrementar el riesgo de algunos tipos de cáncer. La carne roja y los productos lácteos también ejercen un gran impacto en el medio ambiente. Por lo tanto, para seleccionar las fuentes más saludables de proteína, tanto para su propio bienestar como para el del planeta, elija la proteína vegetal de las nueces, legumbres, semillas y alubias. Si tiene que consumir productos animales, decántese por el pescado y el pollo. Si tiene que comer carne roja, es mejor limitarse a no hacerlo más de una o dos veces a la semana. Los huevos ecológicos pueden ser una fuente de proteínas sana pero deberían consumirse con moderación, ya que tomar uno o más huevos al día aumenta el riesgo de diabetes y el riesgo de dolencias coronarias en quienes ya tienen diabetes;[5] si padece de diabetes o del corazón, debería tomar menos de esa cantidad a la semana.

Los vegetarianos y las proteínas: la variedad es esencial para una buena salud

Existe una diferencia entre las proteínas animales y vegetales que es importante que comprendamos, especialmente los vegetarianos. Nuestro organismo toma la proteína de los alimentos animales y vegetales y la descompone en elementos más pequeños llamados aminoácidos, que utiliza entonces para construir y restaurar los tejidos y realizar una multitud de funciones. Algunos aminoácidos son «esenciales», lo que significa que el cuerpo no puede sintetizarlos y debe obtenerlos de los alimentos. Otros no son esenciales y el cuerpo puede sintetizarlos combinando los aminoácidos esenciales. Las proteínas de origen animal reciben el nombre de «proteínas completas», lo que significa que contienen todos los aminoácidos esenciales. Las proteínas de origen vegetal se conocen como «proteínas incompletas», lo que quiere decir que tienden a mostrar un bajo nivel en uno o más aminoácidos esenciales. Aun así, las proteínas vegetales pueden cubrir sus necesidades proteínicas diarias a condición de que su alimentación vegetal sea variada e ingiera el número suficiente de calorías al día. Por lo tanto, los vegetarianos deberían tener el cuidado de tomar alimentos vegetales ricos en proteínas todos los días —alubias (incluyendo el tofu), nueces, semillas y cereales integrales— para asegurarse de obtener todos los aminoácidos esenciales.[6]

El mismo mensaje, «la calidad importa más que la cantidad», también se aplica a las grasas. Algunas grasas son tan beneficiosas que podemos tomarlas a diario, mientras que otras son tan perjudiciales que deberíamos restringirlas severamente o evitarlas del todo. Hay una manera muy sencilla de distinguir las grasas saludables de las nocivas. La mayorías de las grasas saludables —las grasas monoinsaturadas y poliinsaturadas— proceden de plantas y son líquidas a temperatura ambiente. El aceite de oliva virgen, el aceite de girasol, el aceite que sube a la parte superior de una jarra de mantequilla de nueces natural, y los aceites procedentes de pescados grasos son ejemplos de grasas saludables no saturadas. Las grasas nocivas —grasas saturadas— y las grasas muy nocivas —grasas trans— tienden a ser sólidas a temperatura ambiente, como las vetas de grasa de un filete o las que encontramos en la mantequilla o margarina. La carne y los productos lácteos con toda su materia grasa son las mayores fuentes de grasa saturada en la dieta occidental; los aceites de palma y coco también presentan un alto nivel de grasa saturada. Las grasas trans de la dieta occidental proceden principalmente de aceites vegetales parcialmente hidrogenados, un procedimiento químico que hace que el aceite sea más sólido y estable a temperatura ambiente y lo convierte en extremadamente dañino para nuestra salud.

¿Qué efecto en la salud tienen estos diferentes tipos de grasa? Numerosos estudios han descubierto que cuando las personas sustituyen los carbohidratos de su dieta por grasas monoinsaturadas y poliinsaturadas, su nivel de colesterol mejora: el colesterol LBD, que daña el corazón, desciende, y el colesterol protector, o lipoproteína de alta densidad (LAD), aumenta.[7] Mientras tanto, las grasas saturadas hacen que el LAD y el LBD aumenten, por lo que las grasas saturadas son una mejor opción para cuidar la salud. Las grasas trans son las peores de todas, son dañinas incluso en pequeñas cantidades.[8] Rebajan el LAD protector y aumentan el dañino LBD, y dañan las células que revisten nuestras arterias. La investigación también sugiere que las grasas trans provocan inflamación,[9] una alerta roja en nuestro sistema inmunitario que señala la presencia de cierto número de enfermedades mortales, entre ellas los trastornos del corazón, el derrame cerebral y posiblemente la diabetes. Las dietas con un alto contenido en grasas trans fomentan el aumento de peso,[10] aunque es necesaria más investigación para establecer la relación entre las grasas trans y la obesidad. Además, una dieta baja en grasas trans y rica en grasas saludables puede disminuir el riesgo de degeneración macular relacionada con la edad.[11]

Ahora es un poco más fácil evitar las grasas trans: desde que la palabra salió a la luz en virtud de sus efectos perjudiciales —y desde que los fabricantes se han visto obligados a consignarlas en las etiquetas de ingredientes en Estados Unidos—, muchos fabricantes y restaurantes han empezado a eliminarlas de sus productos. Sin embargo, es prácticamente imposible eliminar todas las grasas saturadas, ya que incluso las fuentes saludables de grasas no saturadas —como los cacahuetes y el aceite de oliva— incluyen pequeñas cantidades de grasas saturadas. Así pues, para mantener una buena salud, disfrute de las grasas saludables, limite las saturadas y evite las grasas trans. (Véase la tabla 5.1.)

Omega-3, una grasa especialmente saludable

Al elegir las grasas saludables, ponga un especial esfuerzo en incluir omega-3, grasas poliinsaturadas extremadamente beneficiosas para el corazón. Parece que las grasas omega-3 protegen contra las arritmias cardíacas que pueden causar una muerte repentina.[12] También pueden resultar beneficiosas para quienes padecen enfermedades inflamatorias como la artritis reumatoide.[13] Las omega-3 son grasas esenciales, es decir, nuestro organismo no puede sintetizarlas y debemos obtenerlas de la alimentación o suplementos alimentarios. Por lo tanto, es una buena idea disfrutar de al menos una comida rica en omega-3 al día.

Una fuente ecológica de omega-3 son los alimentos de origen vegetal que contienen ácido alfa linolénico (AAL), principalmente nueces, canola y aceites de soja, semillas de lino y aceite de semillas de lino, verduras de hoja oscura y semillas de chía (también conocida como salvia). Para aquellos que consumen pescado, el pescado graso —como el salmón, el atún, el pescado azul y la caballa— es rico en dos tipos de grasas omega-3, el ácido eicosapentaenoico (AEP) y el ácido docosahexaenoico (ADH), también conocido como grasas omega-3 de cadena larga. Buena parte de la investigación del omega-3 y las enfermedades coronarias se han centrado en el consumo de pescado o suplementos de aceite de pescado.[14] Nuestro organismo puede convertir la forma vegetal del omega-3 en la forma de cadena larga, pero lo hace lentamente, y ha habido un gran debate científico acerca de si estas diversas formas de grasas omega-3 aportan los mismos beneficios. Sin embargo, los vegetarianos tienen razones para animarse: nuevas investigaciones han demostrado que el omega-3 de origen vegetal también desempeña un papel importante en la protección del corazón, especialmente en personas que no consumen pescado con regularidad.[15]

Tabla 5.1. GRASAS BENEFICIOSAS, GRASAS NOCIVAS
Y GRASAS MUY NOCIVAS

¿Qué tipo de grasa es?	¿Qué alimentos la contienen?	¿Cómo debería consumirla?
Monoinsaturada	Aceites de oliva, canola, cacahuete y sésamo; cacahuetes, semillas de sésamo, aguacate, mantequillas de frutos secos	Disfrútelos
Poliinsaturada	Aceites de cártamo, girasol, maíz, soja; semillas de girasol, nueces, semillas de lino; aceite de semillas de lino, pescado, atún	Disfrútelos
Saturadas	Productos animales, especialmente carne roja; productos lácteos con toda su materia grasa como leche, queso, mantequilla y helado; aceites tropicales (palma, coco)*	Restrínjalos
Trans	Aceites vegetales parcialmente hidrogenados (en algunas margarinas** duras y blandas, alimentos precocinados, frituras, comida rápida y de algunos restaurantes)	Evítelos

* El aceite de coco es menos nocivo que otras formas de grasa saturada, ya que incrementa el LAD (colesterol «bueno»), por lo que es adecuado incluir una pequeña cantidad de aceite de coco en la dieta.

** La margarina puede aportar una grasa saludable a condición de que no contenga grasas trans ni aceites parcialmente hidrogenados, por lo que conviene comprobar la etiqueta nutricional para asegurarse de que el producto no contiene grasas trans y la lista de ingredientes para asegurarse de que no hay rastro de aceite parcialmente hidrogenado.

Para controlar su peso, las calorías son importantes

Mientras que existe una creciente evidencia acerca de las mejores opciones para la salud en lo que respecta a los carbohidratos, proteínas y grasas, hay un debate en curso acerca del resto de las opciones para perder peso. Evidentemente, para adelgazar es necesario ingerir menos calorías de las que se queman. La gran cuestión ha sido si las cantidades relativas de carbohidratos, proteínas y grasa suponen una ventaja particular para controlar las calorías y perder peso. Algunos científicos abogan por una dieta baja en grasas, mientras que otros defienden un planteamiento dietético bajo en carbohidratos, o un plan de alimentación que siga las líneas de la cocina mediterránea, con una cantidad moderada de grasas saludables y muchas frutas, verduras y fibra. Dos estudios clínicos bien planteados, con cientos de participantes que ponen a prueba estos estilos dietéticos rivales, han llegado a conclusiones similares: se puede perder peso utilizando cualquiera de estas estrategias siempre y cuando se reduzca el número de calorías consumidas; y disponer de apoyo social para llevar a cabo estos cambios en la conducta contribuye a tener éxito.[16]

Así pues, para alcanzar un peso más saludable, la clave es encontrar una dieta baja en calorías que uno pueda seguir —y que nos permita tomar alimentos que nos gustan— y encontrar algún apoyo para hacerlo. Algunos encontrarán ese apoyo en un programa formal de pérdida de peso; otros, en una comunidad on-line; algunos preferirán crear ese apoyo en sus familias o círculos de amigos, uniéndose o formando una *sangha* de vida con atención plena, o trabajando con los compañeros para que la carta de la cafetería de la empresa incluya comida sana. (Para encontrar una *sangha* de vida con atención plena en su región, visite www.iamhome.org.)

Se preguntará cuántas calorías debería consumir al día para mantener su peso y cuántas debe eliminar para perderlo. No hay una respuesta a esta pregunta, ya que las necesidades calóricas varían en función de la edad, el sexo, el tamaño corporal y el nivel de actividad física. Algunas personas sólo necesitarán entre 2.000 y 2.500 calorías diarias para mantener su peso, y un poco menos para perderlo, mientras que otras, con un volumen corporal mayor o una intensa actividad física, podrán tomar más calorías y sin embargo perder peso. A medida que se pierde peso, las necesidades calóricas diarias descienden. Hay muchas páginas web que ofrecen calculadoras para las necesidades calóricas en función del peso actual y los objetivos de pérdida de peso; también resulta útil consultar a un profesional de la salud, especialmente a un dietista acreditado. Como guía práctica, una restricción de 250 a 500 calorías al día puede traducirse en uno o dos kilos de pérdida de peso al mes, y una forma segura de producir este desequilibrio energético consiste en reducir moderadamente el consumo de calorías y aumentar la actividad física. Esto implica eliminar al menos una lata de refresco al día y añadir un paseo enérgico diario. (Véase el capítulo 6 para más consejos relativos a la actividad física y la pérdida de peso.)

Coma y beba por su salud y nuestro mundo: guías prácticas

Más allá de las palabras técnicas *carbohidratos, proteínas y grasas,* hay unos pocos consejos prácticos que conducirán sus hábitos alimentarios en una dirección más sana a fin de controlar el peso y ayudarle a disminuir el riesgo de enfermedades.

Vía libre a los vegetales

Una dieta consciente para perder peso debería, en primer lugar, ser una dieta saludable, tanto para usted como para el planeta. Y el primer y más esencial principio para una alimentación sana es pasarse a una dieta basada en una mayor proporción de productos de origen vegetal. Los asiáticos han practicado el vegetarianismo durante miles de años. Como dijimos en el capítulo 3, los argumentos éticos y medioambientales para una dieta basada en los vegetales son más poderosos que nunca. Los beneficios que reporta a la salud este tipo de dieta son igualmente destacables.

Décadas de investigación en cientos de miles de hombres y mujeres han demostrado que seguir una dieta rica en frutas, verduras, cereales integrales, grasas saludables y pobre en cereales refinados y grasas nocivas disminuye el riesgo de diabetes y enfermedades coronarias.[17] Algunas investigaciones sugieren incluso que quienes comen poca o ninguna carne presentan una longevidad mayor que quienes siguen una dieta basada en carnes[18] (aunque la ciencia no se ha pronunciado definitivamente en este asunto y no todos lo estudios muestran ese beneficio).[19] Los vegetarianos y veganos tienden a pesar menos y a tener una presión sanguínea más baja, un colesterol más bajo y, en consecuencia, un riesgo inferior de enfermedad coronaria que aquellos cuya dieta incluye algunos o todos los tipos de productos animales disponibles;[20] quizá también presenten un riesgo menor de padecer algunos tipos de cáncer, aunque los estudios son contradictorios y es necesaria una investigación adicional.[21] (Evidentemente, para una salud óptima, los veganos deben procurarse unas cantidades adecuadas de vitamina B12, vitamina D y otros nutrientes que tal vez no reciban debido a su rechazo a todo producto animal.)[22]

También existe una poderosa evidencia de los peligros para la salud asociados al consumo de alimentos de origen animal. El Centro para la Ciencia en Interés Público considera que las grasas saturadas y el colesterol presentes en la carne roja, las aves de corral, los productos lácteos y los huevos provoca, en Estados Unidos, 63.000 muertes al año por enfermedades relacionadas con el corazón y otras 1.100 muertes por envenenamiento alimentario.[23] Las personas que comen carne y carne procesada presentan un riesgo mayor de diabetes que los individuos que siguen una dieta vegetariana.[24] Los niveles elevados de consumo de carne roja, y cualquier nivel de consumo de carne procesada, incrementan el riesgo de cáncer de colon,[25] y comer carne, en especial si está cocinada a altas temperaturas, aumenta el riesgo de cáncer de páncreas.[26] Entretanto, el Nurse's Health Study II realizó un seguimiento a casi 40.000 mujeres durante siete años para determinar la relación entre el consumo de carne roja y el riesgo de padecer un temprano cáncer de pecho. Se descubrió que por cada 85 gramos de carne roja adicional consumida al día —una porción equivalente al tamaño de una hamburguesa mediana—, el riesgo de cáncer de pecho premenopáusico aumentaba en un 20 %.[27]

No es necesario convertirse en un vegetariano al cien por cien para disfrutar de los beneficios de una dieta basada en productos vegetales. Muchos estudios han demostrado que seguir un patrón dietético «prudente» —rico en verduras, frutas, cereales integrales y grasas saludables pero que incluye pescado y aves— en lugar de una dieta basada en carnes pesadas disminuye el riesgo de muchas enfermedades mortales y discapacitadoras, entre ellas la diabetes,[28] la enfermedad cardíaca,[29] el derrame cerebral[30] y la enfermedad pulmonar obstructiva,[31] y también disminuye el riesgo de morir de una enfermedad coronaria, cáncer u otras causas.[32] Una línea similar de investigación ha encontrado evidencia de que seguir una dieta de estilo mediterráneo, basada en productos de origen vegetal pero que incluya pescado y lácteos, puede disminuir el riesgo de enfermedad coronaria, derrame cerebral, Parkinson, Alzheimer y cáncer, así como el riesgo de morir de un ataque al corazón, cáncer u otra causa.[33] Usted podrá beneficiarse incluso si pasa a ser un vegetariano a tiempo parcial.

Llene su plato con verduras de todos los colores, y disfrute de la fruta entera

En lo que respecta a las frutas y verduras, el mensaje básico se expresa en dos palabras: coma más. Las personas que siguen una dieta rica en verduras y frutas enteras pueden hacer bajar su presión sanguínea así como el riesgo de enfermedad coronaria, diabetes y posiblemente algunos tipos de cáncer.[34] Las dietas ricas en verduras y frutas pueden limitar el riesgo de cataratas y degeneración macular,[35] y por lo tanto contribuir a proteger su visión a medida que se haga mayor.

Los beneficios de tomar fruta y verdura entera sin duda derivan de los nutrientes que contienen, así como a la ausencia de otros alimentos menos sanos y más calóricos, a los que sustituyen. Las frutas y las verduras están llenas de vitaminas, como la vitamina C, que estimula el sistema inmunitario y también actúa como un poderoso antioxidante, previniendo el daño celular ocasionado por los radicales libres; la vitamina K para huesos fuertes; y el betacaroteno, un precursor de la vitamina A y también antioxidante. Son ricos en minerales, entre ellos el potasio, que ayuda a bajar la presión sanguínea, y el magnesio, que ayuda a controlar el nivel de glucosa en sangre. También constituyen una gran fuente de carbohidratos saludables, incluyendo la fibra. Ciertos productos químicos especiales que se encuentran en las plantas, también conocidos como fitoquímicos, que proporcionan a frutas y verduras sus brillantes colores, también pueden desempeñar un papel beneficioso en la protección contra la enfermedad. El licopeno, por ejemplo, un pigmento que da a tomates y sandías su coloración rojo brillante, puede proteger contra el cáncer de próstata. La luteína y la zeaxantina, otros miembros de la familia de los carotenoides, contribuyen a prevenir la degeneración macular relacionada con la edad.

Para obtener los beneficios de todos estos nutrientes protectores, haga un esfuerzo por elegir verduras y frutas en un arco iris de colores. Incluya verduras de hoja verde, como brócoli, col, col de Bruselas y berza; amarillo-naranja, como patata dulce y albaricoques, zanahoria y melón; rojos, como tomates, sandía, fresas y pimientos rojos; blancos, como cebolla, ajo y coliflor; y azul púrpura, como repollo rojo, remolacha y arándanos. Establezca como objetivo tomar al menos cinco raciones diarias de fruta y verdura, ya que muchos estudios han descubierto que los beneficios para la salud del corazón empiezan a ser notables en ese nivel.[36] Más es, ciertamente, mejor. Una ración puede consistir en una media taza de verduras hervidas o fruta troceada, o una taza de lechuga. Para que le resulte más fácil medir la ración, dedique la mitad de su plato a las verduras y las frutas en cada comida.

Recuerde tomar la fruta entera, no en forma de gran vaso de zumo. El zumo de fruta —aunque sea cien por cien fruta— contiene un alto nivel de azúcar de digestión rápida. Un vaso de zumo de naranja tiene tanto azúcar y calorías como uno de coca-cola. El zumo de fruta no tiene la fibra de la fruta entera. De hecho, el Nurses' Health Study descubrió que las mujeres que tomaban un vaso o más de zumo de fruta al día tenían un riesgo de padecer diabetes entre un 40 y un 50 % más elevado que las mujeres que tomaban menos de un zumo al mes. Comer la fruta entera, sin embargo, se asoció a un riesgo menor de diabetes.[37]

Para extender los beneficios de frutas y verduras más allá de su propia salud, cómprelas en un mercado local o adquiera una participación en una granja comunitaria. Apoyará así la economía local, disfrutará de frutas y verduras lo más frescas posible, y los productos consumirán menos combustibles fósiles desde la granja al plato. (Véase el Apéndice con información para localizar granjas comunitarias.)

Limite las patatas, los cereales refinados y los dulces

Ya se habrá dado cuenta de que hay una verdura visiblemente ausente de la lista de verduras con los colores del arco iris: la patata. Mientras que múltiples estudios han demostrado los beneficios de comer frutas y verduras, las patatas no parecen desempeñar un papel entre los efectos protectores observados. Esto es porque las patatas —tanto si su piel es marrón, roja, amarilla o púrpura— tienen más en común con el pan y el arroz blanco que con el brócoli o los pimientos. Las patatas contienen una gran cantidad de fécula de rápida digestión.

Tomar una gran ración de féculas puede hacer que el azúcar en sangre se comporte como en una montaña rusa. En primer lugar, cuando el organismo convierte rápidamente la fécula en glucosa y absorbe esta última sustancia, los niveles de azúcar en sangre aumentan considerablemente; el páncreas bombea insulina para aliviar la glucosa en la sangre, pero puede pasarse un poco, con lo que el nivel de azúcar puede bajar más de la cuenta. Esta secuencia de acontecimientos puede llevarle a sentir hambre de nuevo poco después de haber comido. Con el tiempo, las dietas ricas en féculas de digestión rápida pueden aumentar el riesgo de enfermedades coronarias y diabetes,[38] y existe evidencia de que limitar este tipo de alimentos en la dieta ayuda a perder peso.[39] Por lo tanto, recurra a este alimento con moderación, si lo consume, y cuando lo haga no lo cuente como parte de las cinco raciones de verduras al día.

Comer grandes cantidades de dulces y cereales refinados, al igual que ocurre si se toman muchas patatas, puede causar un rápido aumento del nivel de azúcar en sangre, con picos de insulina, y luego una escarpada bajada de la glucosa sanguínea. Además, los cereales refinados de los estantes de nuestros supermercados —arroz blanco, pan blanco, pasta blanca y todo lo que esté hecho con harina blanca— son sustitutos nutricionalmente en quiebra de los cereales integrales. El proceso de refinado de los cereales desprende el salvado y el germen, eliminando prácticamente toda la fibra y muchas de las beneficiosas vitaminas y minerales. Lo que queda es la parte rígida o endosperma. Los fabricantes de alimentos deben añadir, por ley, algunos de los nutrientes perdidos a los cereales refinados, pero no sustituyen todo lo que ha sido eliminado.

La Asociación Americana del Corazón (AAC) ha recomendado a los estadounidenses un recorte drástico en el consumo de azúcar añadido, a fin de limitar las epidemias de obesidad y enfermedades coronarias.[40] El umbral de azúcar añadido sugerido por la AAC no supera las 100 calorías diarias (unas 6 cucharaditas o 24 gramos de azúcar) para la mayor parte de las mujeres, y no más de 150 calorías diarias (unas 9 cucharaditas o 36 gramos de azúcar) para la mayoría de los hombres. Tenga presente, sin embargo, que su organismo no necesita obtener ningún carbohidrato del azúcar añadido. Un buen principio es evitar los productos con azúcar añadido en la parte superior de la lista de ingredientes o con muchas fuentes de azúcar añadido dispersas en la misma.

Tome una cápsula diaria de multivitaminas con extra de vitamina D para disponer de una red de seguridad nutricional

Si vive en las latitudes más altas, pasa mucho tiempo en casa, su piel es oscura, es obeso o tiene sobrepeso, es posible que padezca un estado carencial de vitamina D sin saberlo. Los veganos y otros, que limitan conscientemente la ingestión de productos animales, también pueden carecer de otros nutrientes, como la vitamina B12. Es la razón por la que los expertos de la Escuela de Salud Pública de Harvard recomiendan a los adultos tomar una cápsula diaria de multivitaminas como un «seguro de nutrición».

No es necesario comprar un suplemento muy elaborado. Incluso un suplemento estándar tendrá las vitaminas y minerales básicos que usted necesita. Tampoco es necesario tomar un suplemento que proporcione más del cien por cien de las necesidades diarias de vitaminas y minerales, con excepción de la vitamina D, un nutriente esencial para la salud ósea y que los científicos consideran que desempeña un papel en la prevención de enfermedades como las dolencias coronarias, algunos tipos de cáncer, enfermedades infecciosas y esclerosis múltiple.[41] Se cree que unos mil millones de personas en el mundo presentan estados carenciales en vitamina D, y hoy en día los científicos creen que nuestras necesidades diarias de esta vitamina son muy superiores a lo que una vez se pensó.[42] Pocos alimentos son naturalmente ricos en vitamina D, e incluso aquellos que han sido enriquecidos con ella (como la leche en Estados Unidos) no aportan la suficiente. Además, durante los meses de invierno, los organismos de las personas que viven en latitudes elevadas no pueden sintetizar la suficiente vitamina D por la exposición al sol. Ésa es la razón por la que muchas personas se beneficiarían tomando un suplemento de vitamina D de unas 1.000 a 2.000 unidades internacionales (UI) al día. Ya que una cápsula de multivitamina estándar sólo proporciona unas 400 UI, tal vez le convenga consultar a su médico para valorar si necesita un suplemento de vitamina D además de su multivitamina.

Por último, asegúrese de procurarse una cápsula de multivitamina que obtenga la mayor parte, si no toda, de la vitamina A del betacaroteno y no del retinol. Consumir altos niveles de retinol puede aumentar el riesgo de fracturas; las mujeres embarazadas deberían evitar niveles elevados de esta sustancia, que podría provocar malformaciones en el embrión.[43]

Limite el sodio

El sodio es un nutriente esencial, pero la mayoría de nosotros tomamos una cantidad diaria muy superior a la que necesitamos. Las dietas ricas en sodio pueden agravar una elevada presión sanguínea en algunos individuos. Reducir el sodio puede disminuir la presión sanguínea y, a largo plazo, limitar el riesgo de ataque al corazón y otros problemas cardíacos.[44] Es mejor limitar el sodio a menos de 2.300 miligramos al día, cantidad equivalente a una cucharadita de sal de mesa. Las personas con una elevada presión sanguínea o con riesgo elevado de presión sanguínea (incluyendo a personas mayores de cuarenta años, afroamericanos o personas que padecen hipertensión) deberían limitarlo aún más, no más de 1.500 miligramos al día. De hecho, la AAC recomienda a la mayor parte de los adultos limitar el sodio a 1.500 miligramos diarios, ya que nuevas investigaciones consideran que el 70 % de los adultos estadounidenses se incluyen en este grupo de alto riesgo y sensible a la sal.[45]

Una manera de reducir el sodio en su dieta es reducir los alimentos procesados. La industria alimentaria añade una gran cantidad de sodio a las comidas congeladas, sopas, condimentos, queso, pan y patatas fritas para satisfacer nuestro gusto por lo salado, pero también para mejorar la textura y aumentar el tiempo de exposición antes de la venta. Los restaurantes convencionales y los establecimientos de comida rápida también ofrecen comidas excepcionalmente saladas; el Centro para la Ciencia en Interés Público, por ejemplo, ha descubierto que algunos aperitivos y entrantes de ciertos restaurantes norteamericanos contienen más de la cantidad diaria recomendada de sodio.[46]

Limitar los alimentos procesados o servidos en restaurantes también le ayudará a limitar la cantidad de otro aditivo alimentario alto en sodio, el potenciador del sabor conocido como glutamato monosódico (GMS); una reciente investigación sugiere que el consumo de GMS podría estar relacionado con el aumento de peso. Un pequeño estudio realizado en China descubrió que las personas con un consumo más elevado de GMS presentaban una probabilidad de tener sobrepeso tres veces mayor que las personas con un consumo de GMS más bajo.[47] Estas conclusiones son preliminares, y los investigadores aún tienen que esclarecer el modo en que el GMS se relaciona con el peso. Es posible que el sabor potenciado de los alimentos con GMS incite a la gente a comer más; también es posible que el GMS produzca un efecto en las hormonas o centros cerebrales que controlan el hambre.[48]

Tomar el calcio suficiente, pero teniendo en cuenta la fuente

El calcio —el mineral esencial para huesos y dientes fuertes, el latido regular del corazón y otras innumerables funciones corporales— ha sido el centro de un intenso debate científico. El gobierno de Estados Unidos recomienda consumir 1.000 miligramos de calcio al día, mientras que el Reino Unido recomienda sólo 700 miligramos diarios. Algunos críticos insinúan que las recomendaciones de Estados Unidos están conformadas más por la presión de la poderosa industria láctea que por la evidencia científica.[49]

También existe un debate acerca del mejor modo de obtener calcio. El Departamento de Salud y Servicios Humanos y las Guías Dietéticas para Americanos del Departamento de Agricultura de Estados Unidos recomiendan que los adultos consuman tres vasos de leche al día. Sin embargo, la leche y los productos lácteos presentan un alto contenido en grasa saturada. Incluso la leche desnatada tiene unas 80 calorías por vaso, y tres vasos pueden romper los objetivos calóricos de alguien que intenta perder peso.

Este debate sobre la leche se complica aún más cuando consideramos las relaciones entre leche, calcio y enfermedad crónica. Un consumo moderado de lácteos puede proteger contra el cáncer de colon;[50] sin embargo, altos niveles de consumo no parecen ofrecer protección contra las fracturas en las últimas etapas de la vida.[51] Que no exista ningún elemento perjudicial en el hecho de consumir grandes cantidades de calcio y productos lácteos es un debate puramente académico. Sin embargo, hay estudios que plantean la inquietante posibilidad de que un consumo elevado de leche o calcio se asocie al incremento en el riesgo de cáncer de próstata en hombres, y que niveles elevados de lactosa estén relacionados con el incremento del riesgo de cáncer de ovario en las mujeres.[52]

La producción de leche también ejerce un enorme impacto medioambiental, como hemos descrito en el capítulo 3. Y hay una implicación ética en el consumo de leche, ya que el tratamiento de las vacas en las granjas lecheras no suele ser muy compasivo y las vacas que dejan de producir leche son sacrificadas. Las industrias cárnica y láctea están estrechamente relacionadas, de modo que aunque no consumamos carne de vaca y vistamos prendas confeccionadas con cuero, otros lo hacen.

Así pues, ¿cuál es la mejor manera de obtener calcio? Si planeamos nuestra dieta cuidadosamente, podremos obtener el suficiente calcio de fuentes no lácteas, entre otras, las verduras de hoja verde, el tofu con calcio y el tahini. Quienes siguen una dieta vegana pueden considerar tomar suplementos de calcio o consumir bebidas de soja, cereales o frutos secos enriquecidas con calcio, un vasito de zumo con calcio o cereales enriquecidos con esta sustancia. Si queremos consumir productos lácteos, una modesta cantidad —no más de una o dos raciones al día— y una dieta saludable rica en verduras y legumbres también puede proporcionar el calcio adecuado. Un beneficio adicional de tomar suplementos de calcio es que a menudo vienen enriquecidos con vitamina D, que ayuda a la absorción del calcio.

Elija bebidas saludables

El agua es la mejor opción para la salud y la pérdida de peso. Las bebidas azucaradas son la peor opción, ya que consumirlas en exceso contribuye al riesgo de obesidad, diabetes y posiblemente incluso dolencias coronarias.[53] A veces, sin embargo, no resulta tan obvio que una bebida tenga un contenido tan alto en azúcar y calorías. Si leemos atentamente los valores nutricionales de un «zumo cien por cien de frutas» descubriremos que tiene tantas calorías y azúcar como un refresco. Los zumos de uva y arándano tiene *más* azúcar y calorías que un refresco con gas. Si le gusta el zumo, disfrute de un vasito al día, del tamaño de los antiguos «vasos de zumo» (de 110 a 170 gramos). Las bebidas energéticas y para deportistas también contienen una gran cantidad de azúcar, aunque a menudo sus fabricantes intentan disfrazarlas como «sanas» alardeando de las vitaminas, electrolitos, antioxidantes y hierbas que contienen. No se deje engañar. Tenga presente que hay diferentes tipos de azúcar añadido a las bebidas —azúcar de caña, miel, sirope de maíz con un elevado nivel de fructosa, concentrados de zumo de frutas—, pero para el cuerpo no dejan de ser fuentes extra de calorías y azúcar. Las bebidas dietéticas, endulzadas con sustancias artificiales, pueden no ser la mejor alternativa, ya que sus efectos en el peso y la salud no están claros a largo plazo.

El Departamento de Nutrición de la Escuela de Salud Pública de Harvard ha desarrollado un sistema «de semáforo» para clasificar las bebidas (véase la figura 5.1.).[54] Aquellas con un mayor contenido en azúcar —refrescos azucarados, zumos de frutas, batidos y bebidas energéticas— se incluyen en la categoría «rojo»: «tomar con moderación y con poca frecuencia, si se toman». Las bebidas ligera-

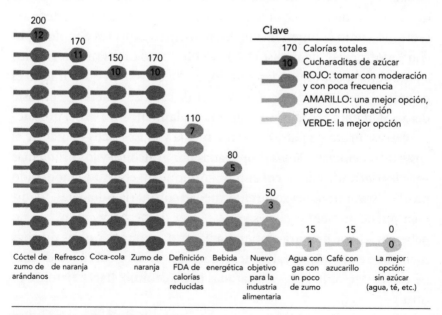

Figura 5.1. ¿Cuán dulce es?
Calorías y cucharaditas de azúcar en 340 gramos de cada bebida

Copyright © 2009. Universidad de Harvard. Para más información, véase la Fuente de Nutrición, Departamento de Nutrición, Escuela de Salud Pública de Harvard, http://www.thenutritionsource.com

mente dulces —las que no tienen más de 1 gramo de azúcar por cada 100 gramos y están libres de edulcorantes artificiales— se incluyen en la categoría «amarillo»: «una opción mejor, pero con moderación». Las bebidas «verdes» son la mejor opción: bebidas que de forma natural no tienen azúcar, como el agua y el agua con gas. El té y el café pueden ser una opción beneficiosa para la mayoría de las personas, tomados con moderación (hasta tres o cuatro tazas al día) e incluso pueden arrojar algunos beneficios para la salud.[55] Evite el azúcar y la crema para mantener esas bebidas en una línea sana y baja en calorías. Las mujeres embarazadas deberían limitar la cafeína; las personas nerviosas o con problemas de sueño también deberían limitar su consumo.

Atención al consumo de alcohol

Desde la perspectiva de la salud, habría que limitar el alcohol, si es que lo consume. Beber mucho aumenta el riesgo de enfermedades crónicas, como la hipertensión, la cirrosis, los cánceres de colon, pecho y esófago y el alcoholismo.[56] El alcoholismo causa muchos daños a las familias, comunidades y naciones. Se considera que en todo el mundo el consumo de alcohol causa 1 de cada 25 muertes, y el coste del alcohol para la sociedad —aproximadamente un 1% del producto interior bruto en países de renta media y países ricos— incluye el coste de las enfermedades propiciadas por el alcohol y los problemas sociales derivados de su consumo.[57] Aunque un consumo moderado puede disminuir el riesgo de enfermedad coronaria y diabetes,[58] también puede aumentar el riesgo de cáncer de pecho y colon.[59] Si no bebe, no hay razón para empezar a hacerlo, ya que hay otras muchas maneras de mejorar la salud de su corazón y rebajar el riesgo de diabetes. (Evitar las bebidas azucaradas es un camino; hacer ejercicio es otro.)

Científicamente, beber con moderación se define como tomar no más de una bebida al día en el caso de las mujeres y no más de dos al día para los hombres, y hasta la mediana edad, los riesgos pesan más que los beneficios.[60] Sin embargo, incluso beber moderadamente puede suponer el principio del alcoholismo para algunas personas. Aunque usted esté en guardia para no convertirse en adicto al alcohol y tomar tranquilamente un vaso de vino ocasionalmente sin excederse, esto no es el caso de sus hijos, nietos y otros seres queridos. Cada vez que beba delante de ellos, aumentará la probabilidad de que ellos beban en el futuro. Y pueden hacerse mayores y dependientes del alcohol. Al abstenerse completamente del alcohol, usted pasará a ser un modelo para ellos y les ayudará a evitar que conviertan el alcohol en un hábito o que recurran a él en tiempos de estrés y dificultades. El alcohol es una sustancia adictiva.[61] Un primer vaso puede llevar a un segundo y un tercero. En una sociedad en la que el uso del alcohol nos pone en gran peligro, abstenerse del primer vaso de vino es una manifestación de nuestra iluminación. Lo hacemos por el interés de todos.

Hemos de estar profundamente atentos para advertir que cuando practicamos el consumo consciente lo hacemos para nosotros mismos y para los demás. El modo en que vivimos nuestra vida es para nuestros antepasados, para las futuras generaciones y para el conjunto de la sociedad. Aun cuando nos abstengamos de toda bebida, todavía podemos morir a manos de un conductor borracho, por lo que ayudar a una persona a que deje de beber es hacer del mundo un lugar más seguro para todos. Si nos liberamos de la concha de nuestro pequeño yo y observamos nuestra interconexión con todos y todo, comprendemos que nuestros actos están vinculados con toda la humanidad, con todo el cosmos. Mantenernos saludables es ser amables con nuestros antepasados, nuestros padres, las futuras generaciones y también la sociedad.

Desde el punto de vista de la compasión y la atención plena, le animamos a abstenerse del alcohol. Como en el caso del consumo de carne, reducir el consumo de alcohol puede ejercer un impacto en el hambre en el mundo, pues los cereales y alimentos utilizados en su producción podrían usarse para el consumo humano directo. Si es incapaz de dejar de beber, reduzca al menos la cantidad de alcohol a la mitad, en un tercio, en dos tercios. Nadie, ni siquiera Buda, puede practicar perfectamente. Incluso los platos vegetarianos no son enteramente vegetarianos. Hervir las verduras mata las bacterias que viven en ellas. Aunque no podemos ser perfectos, deberíamos reducir o detener completamente nuestro consumo de alcohol en virtud del peligro real que plantea a nuestra sociedad, al destruir muchas familias y causar un intenso sufrimiento. Hemos de vivir de modo que evitemos la tragedia originada por el abuso de alcohol. Es la razón por la que, aunque puede resultar saludable tomar un vaso de vino a la semana, le alentamos a observar profundamente los efectos nocivos del alcohol en nuestra sociedad y hacer cuanto pueda para minimizar su consumo. Al beber alcohol, pregúntese: ¿de verdad quiero beber esto? Y si se dispone a beber, hágalo conscientemente.

La práctica de la alimentación consciente

Ahora que hemos recorrido los aspectos básicos de la alimentación sana, centrémonos en cómo comer conscientemente a fin de disfrutar de verdad y alimentarnos con comprensión y compasión. La alimentación consciente implica sencillamente comer y beber siendo conscientes de cada bocado o sorbo. Podemos practicarlo en cada comida, tanto si estamos solos en la cocina como si estamos con otras personas en un concurrido restaurante. Podemos practicar la bebida consciente incluso al hacer una pausa para tomar un sorbo de agua en el despacho. La alimentación consciente nos permite apreciar plenamente el placer sensorial de comer y ser más conscientes de la cantidad y naturaleza de cuanto comemos y bebemos. Al llevarla a su máxima expresión, la alimentación consciente transforma una simple comida en una experiencia espiritual, ofreciéndonos una profunda apreciación de todo lo que ha concurrido en la creación del alimento, así como una profunda comprensión de la relación entre la comida en nuestra mesa, nuestra propia salud y la salud del planeta.

Comprometernos con la alimentación consciente, aun sólo por unos pocos minutos, puede ayudarnos a reconocer en qué sentido la práctica del *mindfulness* abarca todas las esferas y actividades, incluyendo las tareas ordinarias. Tomemos como ejemplo beber un vaso de agua: si estamos plenamente atentos al hecho de beber agua y no pensamos en nada más, bebemos con todo nuestro cuerpo y nuestra mente. Mientras comemos, también podemos ser conscientes de cómo nos sentimos y cómo consumimos, si tenemos verdadera hambre o si hemos tomado las mejores decisiones, tanto para nuestra salud como para la salud del planeta.

La alimentación consciente concibe cada comida como representativa de todo el cosmos. Recuerde la meditación de la manzana en el capítulo 2. Observe de cerca una manzana y verá una nube a su alrededor, así como la lluvia, la tierra y la luz del sol que hizo que el manzano floreciera y diera fruto. Reconozca que esta manzana contiene el universo. Al morder la manzana, ¿es plenamente consciente de que se trata de un milagro del universo que acaba de entrar en su boca? Dese cuenta de que al masticar no hay nada más en su boca, ninguna preocupación o ansiedad. Al masticar la manzana, limítese a masticarla, no rumie sus planes futuros o su malestar. Debe masticar con total conciencia y concentración. Cuando sea capaz de estar al cien por cien con la manzana, se sentirá conectado a la tierra, al campesino que la hizo crecer y también a la persona que la trajo hasta su mesa. Al comer así, sentirá que la fuerza, la libertad y el placer están al alcance de la mano. Esta comida ha alimentado no sólo su cuerpo sino también su mente, todo su ser. Veamos ahora cómo un cocinero consciente aplicaría estas prácticas a la cocina y en la mesa del comedor.

El chef Sati le invita a cenar

El chef Sati —un chef y maestro budista— nos invitó a cenar para introducirnos en el arte de la cocina y la alimentación consciente. Nos prometió que sus platos iluminarían nuestros sentidos y que la tarde sería una oportunidad para disfrutar del gozo de vivir, pero que tendríamos que desempeñar un papel activo en la comida.

Colocó una serie de verduras coloridas, cereales integrales y especias en el mostrador. Mientras lavaba las verduras, dijo: «En estas verduras veo el sol, la tierra, las nubes, la lluvia y otros muchos fenómenos, incluyendo el duro trabajo de los campesinos. Estas verduras frescas son regalos del universo. Al lavarlas, sabemos que también

estamos lavando el sol, la tierra, el cielo y a los campesinos». Al estar
atentos a lo que estábamos haciendo, tocamos la naturaleza interdependiente que hace posible la vida y sentimos un profundo gozo al
vivir en el momento presente.

El anfitrión hizo una maravillosa sopa con champiñones; una
ensalada que era una explosión de rojos, amarillos, naranjas, verdes y
borgoñas; pan fresco integral con nueces; y, junto a otros platos, lo
que parecía ser un plato de pollo con una salsa estupenda, decorado
con cilantro y cebollas verdes. La cocina se llenó con los colores brillantes y las finas texturas de varios ingredientes, los aromas de diferentes hierbas y especias, y una música burbujeante y crepitante procedente del horno: todo ello se resolvió en los apetitosos platos tan
hábilmente preparados. Todos nuestros sentidos volvieron a la vida.
Trabajando juntos, preparamos todos los platos en un santiamén.

Al tomar asiento alrededor de la mesa del comedor, observamos
los platos vacíos frente a nosotros, listos para acoger la deliciosa comida que el chef Sati había dispuesto en el centro de la mesa. A continuación dijo amablemente: «Es maravilloso estar juntos; estoy muy
agradecido de poder compartir esta cena porque en muchas otras
partes del mundo, nuestros platos vacíos seguirían vacíos por mucho
tiempo. Comer es una práctica muy profunda. Aprendamos a hacerlo
con compasión y comprensión». Había muchos alimentos en la mesa,
pero sugirió que empezáramos tomando tan sólo una pequeña ración. Siguiendo sus indicaciones, antes de servirnos nos sonreímos,
miramos la comida y le sonreímos con gratitud. Al tomar nuestro
pedazo de pan, no lo devoramos inmediatamente. Detrás de la suavidad y el aroma apetecible del pan, intentamos mirar profundamente
en él: ver la luz del sol dentro, la nube dentro, la tierra dentro. También vimos todas las generaciones pasadas de plantas de trigo que han
llevado al trigo de nuestra época, así como las muchas generaciones
de campesinos y científicos que contribuyeron a la evolución del trigo
y la industria panificadora. El pan llevaba en sí el amor y el cuidado de
mucha gente, incluyendo a nuestro anfitrión. Tras observar con ecuanimidad el pedazo de pan, lo llevamos a la boca y lo masticamos conscientemente: masticando y saboreando sólo el pan, y no las preocupaciones de nuestra mente. Así, lo disfrutamos plenamente y lo recibimos

como un don del universo. El pedazo de pan en nuestra boca fue un milagro, cada uno de nosotros era un milagro, y el momento presente de estar juntos también era un milagro.

A medida que tomábamos lentamente el pan, la sopa, la ensalada y los otros platos, nos hicimos plenamente conscientes de cada bocado, despertando todos nuestros sentidos. Empezamos a profundizar en nuestra relación con los alimentos y a sentir hasta qué punto estábamos conectados de una forma milagrosa.

Conociendo la larga historia del vegetarianismo en el budismo, preguntamos a nuestro anfitrión por el plato de pollo. Él respondió: «Esto tal vez os resulte una sorpresa, pero el plato de pollo no está preparado con carne de pollo. Está hecho de soja y gluten de trigo; se hierve la proteína de gluten con especias y salsas para simular el sabor y la textura del pollo. Incluí este plato para asegurarme de que habría bastantes proteínas en la comida». El plato era tan sabroso como parecía. Además, añadió: «No utilizo verdadera carne de pollo u otras carnes o productos animales porque daña el medio ambiente y no es compasivo hacia esos seres». La intensidad del plato de pollo era asombrosa, y disfrutamos cada bocado del mismo. Nos sentimos afortunados de sentarnos y disfrutar de una comida tal, estando presentes y con nuestros amigos.

Tras finalizar la comida y comentar lo magnífico que resultaba comer de esta manera tan pacífica y consciente, nuestro anfitrión nos pidió, impertérrito, que le ayudáramos a fregar los platos. Evidentemente, sabíamos que se acercaba otra valiosa experiencia de atención plena. La idea de lavar los platos no era exactamente divertida. Pero una vez que él se situó delante del fregadero y limpió los platos con tanta ternura, alegría y cuidado como los había cocinado, nos arremangamos y nos pusimos a fregar por turnos. Nos explicó que debíamos ser conscientes de cuanto hacíamos, incluso de algo tan trivial como lavar los platos. Debíamos ser plenamente conscientes de los platos, el agua, la cantidad de detergente, y de cada movimiento de la mano con la esponja. Podíamos lavar cada plato con el mismo cuidado que pondríamos al bañar a un bebé. Teníamos que prestar una plena atención a la tarea. Cualquier distracción que nos alejara de los platos nos impediría experimentar el momento presente, el valioso momento en que entablamos una relación con los platos. Como una brisa, añadió: «Deberíamos fregar los platos y sólo fregarlos. Deberíamos vivir plenamente el momento en que los fregamos, y no pensar en el postre o en el momento de volver a casa. De otro modo, nos perdemos una importante cita con la vida».

Tras colocar alegremente los platos en su sitio, hicimos un té ligero y fragante para acompañar el postre, una combinación de melón verde, amarillo y rojo cuidadosamente cortado en porciones triangulares y hermosamente presentado en cada plato. El chef Sati nos enseñó a beber el té. Sostuvo la taza de té en sus manos, aspiró conscientemente su fragancia varias veces y dijo: «La respiración consciente unirá cuerpo y mente. Cuando mente y cuerpo sean uno, nos arraigaremos en el presente y estaremos plenamente concentrados en el té. Al beberlo, debemos ser completamente conscientes de que lo bebemos. Al encontrarnos con el té en el momento presente, nos sentimos vivos. Sólo entonces vivimos realmente nuestra vida». Tras unos pocos sorbos atentos, todos experimentamos que beber el té había pasado a ser la experiencia más importante en ese momento. El ligero té verde y los deliciosos melones se complementaron perfectamente.

Mientras nos relajábamos en la noche, nos sentimos alimentados, no sólo física sino también espiritualmente. No nos sentíamos llenos sino perfectamente satisfechos, contentos, afortunados y tranquilos.

Comer conscientemente cada día

No todos tenemos la oportunidad de cenar con un chef Sati, pero deberíamos intentar seguir su valioso ejemplo en la medida de lo posible.

En casa, reserve un tiempo para la cena. Apague el televisor; aparte los periódicos, revistas, el correo y el trabajo. Si come con otros, preparen juntos la cena. Cada uno puede colaborar lavando las verduras, cocinando o preparando la mesa. Cuando toda la comida esté servida, tomen asiento y practiquen la respiración consciente para unir cuerpo y mente y recuperarse de un duro día de trabajo. Concéntrense en los demás y en los alimentos de la mesa.

Tras unas pocas inspiraciones conscientes, obsérvense unos a otros con una amable sonrisa y reconozcan la presencia de los demás. Si come solo, no olvide sonreírse a sí mismo. Respirar y sonreír es algo muy sencillo, y sin embargo sus efectos son muy poderosos a la hora de ayudarnos a sentirnos a gusto. Al mirar los alimentos en ese momento de paz, los alimentos se tornan reales y revelan nuestra conexión con ellos y con todo lo demás. El alcance de nuestra interrelación con la comida depende de la profundidad de nuestra práctica de *mindfulness*. No siempre podremos ver y saborear todo el universo cuando comemos, pero sí podemos hacer cuanto podamos para alimentarnos conscientemente.

Al observar los alimentos en la mesa, es útil llamarlos por su nombre: «sopa de guisantes», «ensalada», etc. Llamar a algo por su nombre nos ayuda a sentirlo profundamente y comprender su verdadera naturaleza. Y el *mindfulness* nos revela la presencia o ausencia de toxinas en cada plato, de modo que podemos dejar de comer algo que no es bueno para nosotros. Los niños disfrutan nombrando y reconociendo los alimentos cuando les mostramos cómo hacerlo.

Estar con nuestra familia y amigos para disfrutar de la comida es algo precioso. Muchas personas están hambrientas y no tienen familia. Al comer conscientemente, nuestro corazón alimenta la compasión hacia ellos. Con compasión y comprensión, podemos reforzar nuestro compromiso de ayudar a alimentar a las personas hambrientas y solitarias que hay a nuestro alrededor. La alimentación consciente es una buena educación. Si la practica durante un tiempo, descubrirá que come con más cuidado, y su práctica de alimentación consciente se convertirá en un ejemplo para los demás. Comer de modo que la atención plena ingrese en nuestra vida es un arte.

Las siete prácticas del comensal consciente

Una forma de incorporar el *mindfulness* a nuestras comidas consiste en utilizar la respiración. Antes de comer, relájese. Inspire y espire unas cuantas veces para ser uno con la comida que se dispone a tomar. La alimentación consciente exige dedicación, y hay siete prácti-

cas que usted puede aplicar para ayudarse a comer conscientemente
y mejorar su salud.

1. HONRE LOS ALIMENTOS. Empiece la comida con las cinco
   meditaciones, o con cualquier oración de su gusto para expresar su gratitud.

Las cinco meditaciones
1. Estos alimentos son el regalo de todo el universo: la tierra, el
   cielo, los numerosos seres vivos y mucho trabajo intenso y
   cariñoso.
2. Comamos con atención plena y gratitud, para merecer recibirlos.
3. Reconozcamos y transformemos nuestras formaciones mentales malsanas, en especial nuestra avaricia, y aprendamos a
   comer con moderación.
4. Mantengamos viva la compasión comiendo de forma que re-
   duzcamos el sufrimiento de los seres vivos, preservemos el
   planeta y revirtamos el proceso del calentamiento global.
5. Aceptemos estos alimentos para nutrir nuestra hermandad
   y fraternidad, reforzar nuestra comunidad y alentar nuestro
   ideal de servir a todos los seres vivos.

Si come con otros, dirija la conversación hacia los alimentos: agradezca al campesino local que cultivara la lechuga y los
tomates, dé las gracias a quien preparó la ensalada; o hable de
otros temas que ayuden a nutrir su gratitud y conexión con los
alimentos y con los demás. Absténgase de enredarse con el trabajo o con las últimas atrocidades de las noticias. Evite discu-
tir. Esto le ayudará a asegurarse de que sólo mastica su comida,
no sus frustraciones. En Vietnam existe la costumbre de no
regañar nunca a quien está comiendo para no perturbar su
deglución y digestión. Podemos aprender de esta sabiduría
popular. Al comer así tenemos la oportunidad de tomar asien-

to con personas que amamos y saborear una comida preciosa, algo con frecuencia tan difícil para muchas personas en el mundo.

En todos los centros de prácticas Plum Village, guardamos silencio durante los primeros veinte minutos de la comida, para sumergirnos plenamente en la experiencia. Le animamos a probar una comida silenciosa en casa, incluso una taza de té en silencio. Sin embargo, no es preciso hacer todas las comidas en silencio para convertirse en un comensal consciente. Usted puede empezar desconectándose de las distracciones diarias durante la comida: apagar la televisión, el ordenador, el teléfono móvil, de forma que no haya observación, ni navegación ni escritura de textos.

2. INVOLUCRE LOS SEIS SENTIDOS. Cuando sirva y pruebe la comida, advierta los sonidos, colores, olores y texturas así como su respuesta mental a los mismos, y no sólo el sabor. Al dar el primer bocado, haga una pausa breve antes de masticar y sienta el sabor como si fuera la primera vez que lo prueba. Con la práctica involucrará a todos sus sentidos y advertirá que sus gustos cambian, lo que aumentará su placer ante lo que una vez consideró alimentos «aburridos».

3. SÍRVASE RACIONES MODESTAS. La moderación es un componente esencial de la alimentación consciente. Hacer un esfuerzo consciente para disponer raciones más pequeñas no sólo ayuda a evitar la alimentación excesiva y el aumento de peso; también supone un ahorro en el presupuesto de alimentación del hogar y no despilfarra los recursos del planeta. Utilizar un plato pequeño, de no más de 22 centímetros de diámetro, y servirse sólo una vez ayudará a comer con moderación.

4. PALADEE BOCADOS PEQUEÑOS Y MASTIQUE METICULOSAMENTE. Elegir conscientemente los bocados más pequeños y masticarlos bien puede reducir la velocidad de nuestra comida y permitirnos experimentar plenamente su sabor. También contribuirá a mejorar la digestión, ya que el proceso de descomposición de los alimentos empieza con las enzimas de la boca. Mastique cada bocado hasta que el alimento se licue en

su boca; tendrá que masticar entre veinte y cuarenta veces en función del alimento. Masticar bien permite a su lengua y paladar saborear mejor el alimento. Una vez tragado el bocado, aún podrá paladear el maravilloso sabor que el alimento le ofrece.

5. COMA LENTAMENTE PARA EVITAR COMER DE MÁS. Comer lentamente le ayudará a sentir cuándo está agradablemente satisfecho y así poder parar antes de haber comido demasiado. Hay una diferencia entre sentir que ha comido lo suficiente y sentirse como si hubiera comido *todo* lo que puede comer. Los comensales conscientes practican la primera modalidad para no agotar sus cuerpos —o los recursos del planeta— consumiendo más alimentos de los que necesitan. En la medicina china, se recomienda comer sólo hasta estar lleno en un 80 % y nunca «atiborrar la tripa», porque eso debilita el poder digestivo del estómago e intestinos, sometiéndolos a un gran estrés a largo plazo. Hay investigación científica en curso acerca de los efectos de la restricción calórica sobre la longevidad, aunque los resultados distan mucho de ser concluyentes en humanos.[62] Evidentemente, evitar comer en exceso es la mitad del secreto del control del peso. (Realizar ejercicio suficiente es la otra mitad, y en ello ahondaremos en el capítulo 6.)

Una manera de ralentizar el ritmo de la comida consiste en dejar los cubiertos en la mesa entre bocados. Sea consciente de su cuerpo mientras come. Al comer conscientemente, estamos relajados y tranquilos. No hay que apresurarse a atender otras tareas; no hay prisa. Sólo existe el momento presente. Para ayudarle a practicar así, permítase el tiempo suficiente para disfrutar de la comida. Si su tiempo es limitado —por ejemplo, durante la pausa del almuerzo en el trabajo—, planee una comida sencilla en lugar de atiborrarse con una comida opípara y hacerlo a toda velocidad.

6. NO SE SALTE LAS COMIDAS. Saltarse las comidas puede hacer que resulte más difícil realizar elecciones conscientes. Cuando el hambre nos consume, las poderosas fuerzas de la energía de la costumbre nos inducirán a aferrar cualquier alimento a

nuestro alcance —tanto de una máquina expendedora como de un establecimiento de comida rápida— y esa comida no fomentará nuestros objetivos de pérdida de peso o alimentación sana. *Picar* —pasar de un alimento a otro, unos bocados aquí, otros allá, sin sentarse en una comida regular— también puede contrariar nuestros objetivos de peso y salud, porque podemos consumir más alimentos de los necesarios sin quedar plenamente satisfechos. Concédase la oportunidad de adoptar decisiones conscientes a lo largo del día; planee comidas regulares y, si le conviene, snacks saludables entre ellas. También es bueno tomar las comidas según un horario regular, a fin de ayudar al organismo a adoptar un ritmo constante. Y dese el tiempo suficiente para saborear sus alimentos para ser consciente de todas las delicias sensoriales que la comida tiene que ofrecerle.

7. SIGA UNA DIETA BASADA EN LOS VEGETALES, POR SU SALUD Y POR EL PLANETA. Cuando los comensales conscientes miran profundamente la comida que están a punto de tomar, ven más allá del borde del plato. Ven el daño que ciertos alimentos de origen animal pueden causar en sus organismos: el elevado riesgo de cáncer de colon derivado de la ingestión de carne roja o carnes procesadas, por ejemplo, o el alto riesgo de enfermedades cardiovasculares que provoca la grasa saturada que encontramos en la carne y los productos lácteos. Y también tienen presente la peligrosa influencia destructiva que la producción de carne y la industria láctea ejercen en el medio ambiente. Investigadores de la Universidad de Chicago consideran que, sumados todos los factores, el estadounidense medio haría más por reducir las emisiones que afectan al calentamiento global haciéndose vegetariano que cambiando un Toyota Camry por uno Prius.[63] Incluso pasar de la carne roja y los lácteos al pollo y los huevos un día a la semana podría tener un impacto mensurable en el calentamiento global, y un mayor impacto medioambiental que la selección de alimentos de procedencia local.[64]

Atención a las trampas mecánicas

Hemos hablado de qué comer y cómo disfrutar nuestras comidas. Todos querríamos comer de forma saludable, pero también tenemos nuestros propios nudos, las poderosas energías de la costumbre que nos distraen de practicar el *mindfulness*. Es más probable que las personas coman saludablemente si creen que son capaces de hacerlo; si creen que al actuar así obtendrán beneficios para la salud; si tienen el apoyo de su familia y amigos; y si la alimentación saludable es la norma de la mayor parte de los miembros de la familia o compañeros de trabajo.[65] También es más probable que las personas coman bien si su comunidad o lugar de trabajo facilita esa tarea; si, por ejemplo, viven cerca de supermercados o si las cafeterías de su trabajo y las máquinas expendedoras ofrecen productos sanos.[66]

Asimismo, pueden existir barreras a la alimentación saludable dentro de la persona o en su entorno. No querer renunciar a la comida predilecta, no gustar del sabor de los alimentos sanos, no confiar en los consejos dietéticos de los expertos, aparentemente mudables: todo esto puede poner obstáculos a nuestros esfuerzos para conservar la salud. Quienes viven en «desiertos alimentarios» con un difícil acceso a un supermercado tendrán más problemas para comer frutas y verduras frescas, y a quienes viven en barrios cercados por establecimientos de comida rápida les resultará más tentador elegir alimentos altos en calorías y bajos en principios nutritivos.[67] Los precios de los alimentos también pueden constituir un impedimento: los alimentos bajos en calorías y más nutritivos, como la fruta, la verdura y el pescado, tienen un coste mayor por caloría que la comida alta en calorías y pobre en principios nutritivos, como los cereales refinados y los dulces.[68] Las políticas agrícolas, las etiquetas de los alimentos y los anuncios de comida pueden influir en la valoración de los alimentos que encontramos en los supermercados o restaurantes, en si somos conscientes de sus beneficios nutritivos (o sus perjuicios) y si decidimos comerlos.

En los próximos capítulos abordaremos cómo construir una fuerza de apoyo social para la alimentación saludable, así como qué pasos hay que dar para abogar por un entorno alimentario más sano.

Aquí nos centraremos en la perspectiva personal: ¿cuáles son algunos de los hábitos alimentarios más comunes que se interponen en el camino hacia una alimentación sana y a un peso idóneo, y algunos consejos para cambiarlos? Una vez identificadas estas barreras personales a la alimentación sana, podremos empezar a superarlas y hacer que cada comida sea una comida más sana.

¿Se salta el desayuno u otras comidas?

En Estados Unidos, pocas personas empiezan el día con el desayuno,[69] y nuestra creciente incapacidad para «romper con las prisas» cada mañana tal vez esté contribuyendo a la epidemia de obesidad. La investigación sugiere que quienes se saltan el desayuno tienden a pesar más y a ganar más peso con el tiempo que quienes sí lo toman.[70] El Registro Nacional de Control del Peso reunió información acerca de los hábitos de desayuno de casi 3.000 personas que habían perdido y no recuperado cantidades significativas de peso, y descubrió que aproximadamente el 80% dijo tomar el desayuno todos los días, mientras que sólo un 4% afirmaba saltárselo.[71] Los científicos aún están dilucidando la naturaleza de la relación entre el desayuno y el peso. Es posible que tomar el desayuno contribuya a frenar nuestra hambre más tarde, durante el día, y el número de calorías que tomamos, especialmente si el desayuno incluye fibra o proteína como la que se encuentra en las frutas y cereales integrales.[72]

Los libros de dietas ofrecen todo tipo de consejos acerca de cuándo efectuar las comidas: tomar seis comidas al día, mantener las tres comidas y renunciar a los snacks, no comer después de las ocho de la tarde, y así sucesivamente. La verdad es que no existe un patrón alimentario «perfecto» que se ajuste al estilo de vida de todos o que garantice la pérdida de peso. Un buen planteamiento, sin embargo, consiste en distribuir el consumo de alimentos a lo largo del día.[73] Esto puede significar tres comidas (una de ellas el desayuno) y uno o dos tentempiés, o cuatro «minicomidas».

Si saltarse el desayuno u otras comidas se ha convertido en una costumbre, considere estas sugerencias para cambiarlas:

- PREPARE SU DESAYUNO O EMPAQUETE SU ALMUERZO LA NO-CHE ANTERIOR. Si descubre que se salta el desayuno o el almuerzo porque no tiene tiempo suficiente para prepararlo por la mañana, disponga desayunos y almuerzos que puedan confeccionarse antes de ir a dormir. Para el almuerzo, aparte algunas sobras de la cena en un recipiente, añada un bollo de trigo integral y una pieza de fruta o algunas zanahorias menudas, y guárdelo en un tupper en el frigorífico, de manera que a la mañana siguiente sólo haya que cogerlo de camino a la puerta.
- AMPLÍE SU CONCEPTO DE DESAYUNO. Algunas personas se saltan esta comida sencillamente porque no les gusta el desayuno tradicional norteamericano, formado por leche y cereales o huevos y tostadas. No hay razón para limitarse a un paladar tan limitado. Pruebe los cereales integrales calientes, combinando los cereales integrales y semillas como sésamo, copos de avena, centeno, cebada, mijo, quinoa y trigo sarraceno, todo ello integral. Para mayor comodidad, puede cocinar una cantidad para varios días. O pruebe el desayuno asiático, con tofu o pescado, verduras y arroz integral. Prepare un burrito de desayuno con alubias, salsa y una tortilla de maíz molido en piedra. Incluso las sobras de la noche anterior pueden constituir un desayuno nutritivo y satisfactorio.
- ASEGÚRESE DE QUE TIENE APETITO PARA EL DESAYUNO. Comer más de la cuenta por la noche puede inhibir el hambre por la mañana. Si pica durante la noche y tiene poco apetito por la mañana, puede intentar frenar el picoteo nocturno y comprobar si eso mejora su apetencia de desayuno por la mañana. En casos extremos, comer de noche puede llegar a definirse como «síndrome de alimentación nocturna», del que hablaremos más tarde en este capítulo.

¿Come muy rápido?

Ha llegado a ser un consejo común de los dietistas: «Coma lentamente y mastique bien». Ciertamente, esto obedece a un sentido intuitivo.

La teoría, popularizada hace casi cuarenta años,[74] es que a nuestro cerebro le lleva unos veinte minutos registrar que nuestro estómago está lleno, y que cuando comemos muy deprisa, superamos la velocidad de las señales de *stop* físicas y hormonales y comemos más de la cuenta. Comer más lentamente también nos reporta un placer mayor al saborear cada bocado. Muchos, muchos investigadores han puesto a prueba esta idea, a veces con resultados conflictivos,[75] pero un pequeño estudio de la Universidad de Rhode Island ha confirmado recientemente esta teoría.[76] Los investigadores pidieron a 30 mujeres que tomaran una comida rápidamente y, varios días más tarde, que tomaran otra lentamente (o viceversa), y midieron la cantidad de alimento ingerido y el nivel de satisfacción al final de cada comida. Al comer lentamente, las mujeres ingirieron menos calorías y bebieron más agua que al comer deprisa. Después de la comida lenta, informaron de una saciedad mayor que tras comer rápidamente. Así pues, aunque comieron menos que en la comida más rápida, se sintieron más llenas y satisfechas. Es interesante señalar que los estudios japoneses sobre la velocidad en la alimentación y el control de peso han descubierto que las personas que afirman comer rápidamente pesan más y tienen más probabilidades de ser obesas que quienes afirman comer con lentitud.[77]

Si comer rápido se ha convertido en una costumbre, tenga presentes estos consejos para ralentizarse y paladear la comida:

- QUE EL PRIMER BOCADO, Y TODOS LOS DEMÁS, SEA UN BOCADO CONSCIENTE. ¿Recuerda la meditación de la manzana en el capítulo 2, donde le pedimos prestar atención, sentir el peso de la manzana en su mano, advertir su color y olor y pensar en todas las fuerzas naturales y humanas que se habían conjugado para llevarla desde la tierra hasta su mano? Sugerimos que haga otro tanto antes de empezar todas y cada una de sus comidas.
- DÉ BOCADOS PEQUEÑOS, MASTIQUE METICULOSAMENTE Y DEJE EN LA MESA LOS CUBIERTOS DESPUÉS DE CADA BOCADO. Éste es un consejo estándar para todos aquellos que quieren perder peso. Y el estudio de la Universidad de Rhode Island, que pidió a los participantes que utilizaran estas técnicas du-

rante la comida lenta, mostró que dar estos pasos ayudaba a la lentitud de la ingestión de alimentos. Las comidas de los participantes del estudio duraban una media de treinta minutos: unos veinte minutos más que sus comidas rápidas. Utilizar cucharas y tenedores más pequeños o palillos (en especial si no está acostumbrado a ellos) puede contribuir a habituarlo a dar bocados más pequeños.

¿Tiende a comer grandes raciones de forma mecánica?

A menudo la gente come más de la cuenta sin ser consciente de ello. Comen demasiado porque pican de una enorme bolsa de patatas fritas, les han servido un inmenso plato de comida, ven la televisión mientras comen o debido a determinado número de elementos externos que nada tienen que ver con el hambre. El doctor Brian Wansink, de la Universidad de Cornell, llama a esta forma de comer «alimentación mecánica», y él y otros investigadores han demostrado las muchas formas en que nuestro entorno puede inducirnos a comer más de lo debido.[78] Ciertamente, hay muchas oportunidades para comer de más: en las últimas décadas, las raciones han adquirido proporciones colosales en los restaurantes, en las tiendas de comestibles y en los hogares, incluso en el clásico libro de cocina típicamente americano *Joy of Cooking*.[79] Estas enormes raciones nos llevan a redefinir inconscientemente el tamaño «normal» de una ración, y también hace más difícil estimar la cantidad que estamos comiendo.[80] Tener alimentos tentadores a la vista, que una revista nos distraiga o que nos ofrezcan una gran variedad de alimentos, todo ello puede conducir a una alimentación mecánica.[81]

Si ha adquirido el hábito de comer con los ojos en lugar de con el estómago, tenga presentes estos consejos que le ayudarán a controlar conscientemente el tamaño de sus raciones:[82]

- UTILICE PLATOS Y CUBIERTOS MÁS PEQUEÑOS. Reducir el tamaño de los platos, cuencos y cucharas de servir puede ayudarle a limitar sus raciones.

- EVITE LAS DISTRACCIONES MIENTRAS COME. Es de lógica comprender que ver la televisión durante las comidas puede llevar a prestar menos atención a lo que comemos y a la sensación de saciedad, y contribuir, por lo tanto, a una alimentación mecánica. Otras distracciones —una película, una reunión social o las exigencias del entorno laboral— podrían tener un efecto similar. Así pues, separe la comida de la televisión y otras actividades. Cuando se sumerge en una actividad agradablemente evasiva que guarda relación con la comida —como una cena con invitados— tenga presente que necesitará prestar una mayor atención a lo que pone en el plato y se lleva a la boca. Realice inspiraciones profundas y regulares a lo largo de la comida: le ayudarán a volver a su cuerpo y recuperar el contacto con su estómago. Relajar todo el organismo con la respiración consciente mientras come es una buena manera para mantenerse en sintonía con uno mismo y con la comida y evitar la alimentación excesiva.

- PREGÚNTESE: «¿ESTOY SEGURO DE QUE ESTO ES SANO?». Nuestra creencia de que un producto es sano o que un restaurante sirve comida saludable —lo que Wansink y sus colegas llaman una «aureola de salud»— puede hacernos errar en lo que se refiere a las raciones moderadas. La gente tiende a subestimar el número de calorías de una comida en Subway en mayor medida que otra en McDonald's, en virtud quizá de la masiva campaña de marketing de la cadena de sándwiches, que la presenta como una opción «sana», con sus conocidos anuncios que reflejan la pérdida de peso de un cliente famoso.[83] Antes de pedir, deténgase, respire hondo, y no pierda su perspectiva consciente sólo porque un alimento ha sido etiquetado como «saludable». Las comidas sanas tienen calorías, y controlar las calorías es la clave para controlar el peso.

¿Come mucho por la noche?

Se trata de una queja común en quienes se esfuerzan en comer saludablemente: «Lo hago muy bien durante el día, pero después de la cena no puedo parar de picar». Para algunas personas, las comidas nocturnas significan masticar mecánicamente una bolsa de patatas fritas mientras ven la televisión o servirse un bol de helado como recompensa a un día estresante. Para otros, el así llamado síndrome de la alimentación nocturna es un desorden mucho más serio de sus ritmos circadianos, según el cual consumen al menos el 25 % de sus calorías diarias después de la cena o se levantan en mitad de la noche para comer, lo que limita su apetito en el desayuno.[84] Aunque el síndrome de alimentación nocturna aún no ha sido técnicamente clasificado como un trastorno alimentario, se considera que lo padecen entre el 6 y el 16 % de las personas implicadas en programas de reducción de peso[85] y que puede interferir con el intento de perder peso.[86] Quizá usted no padezca el síndrome de alimentación nocturna en una fase avanzada (si cree que es así, consulte a un profesional), pero si descubre que la noche es sinónimo de un espacio para picar de forma poco sana, tenga presentes estos consejos:

- OCUPE SUS MANOS EN OTRA COSA. Teja, confeccione un álbum de recortes, lea un cuento en voz alta a sus hijos, juegue al ajedrez; haga algo para mantener sus manos ocupadas y la mente concentrada para alejar la tentación de la comida.
- APAGUE EL TELEVISOR. Como veremos, la gente tiende a comer de forma mecánica mientras ve la televisión, y tienden a comer *lo que* ven en los anuncios, en su mayor parte snacks poco sanos. Apagar el televisor y encontrar otra actividad nocturna puede ayudar a romper la costumbre de «comer y mirar».
- SEA CONSCIENTE DE DÓNDE TRABAJA. Revisar su correo electrónico en la mesa de la cocina después de la cena significa estar muy cerca de los snacks tentadores. Vaya a otra habitación. Si tiene que trabajar en la cocina, mantenga fuera de la vista los alimentos más tentadores.[87]
- REDUZCA EL ESTRÉS. Hay evidencia de que el estrés puede desencadenar el síndrome de alimentación nocturna y que limitar el estrés puede contribuir a frenarlo: en un pequeño estudio de una semana, los comensales nocturnos que escuchaban una cinta de relajación muscular de veinte minutos de duración to-

das las noches antes de ir a dormir dijeron tener menos hambre y comer menos durante la noche, y padecer un estrés menor, que los comensales nocturnos que no realizaron ninguna actividad desestresante.[88] Es un buen momento para probar las meditaciones que se ofrecen a lo largo de estas páginas y en la guía de las páginas web de este libro. O bien pruebe otras actividades relajantes, como escuchar música suave, leer un libro o tomar un baño.

- VÁYASE A DORMIR ANTES. Como señalamos en el capítulo 1, las personas que duermen menos tienden a pesar más que quienes disfrutan de un sueño reparador, y una de las razones puede ser sencillamente que trasnochar dilata el tiempo para comer. Dormir lo suficiente también puede ayudar a mitigar el hambre durante el día.

- SI PICA DURANTE LA NOCHE, ELIJA FRUTAS Y VERDURAS. Si decide conscientemente responder a la exigencia de su cuerpo de picar durante la noche, hágalo con frutas y verduras frescas. Llevan fibra, producen una pronta saciedad y no tienen tantas calorías.

¿Toma comida rápida o va a restaurantes a menudo?

Los estadounidenses gastan más del 40 % de sus presupuestos de alimentación en comidas fuera de casa,[89] y la investigación ha demostrado que las comidas preparadas fuera de casa tienden a ser menos sanas que las que cocinamos en nuestras propias cocinas.[90] Lo mejor que puede hacerse cuando se intenta perder peso es eliminar completamente la comida rápida. Incluso las opciones «sanas» no suelen serlo tanto. Tenga presente estos consejos para tomar las decisiones más saludables en los restaurantes convencionales o de comida rápida:

- INDAGUE PREVIAMENTE. En la actualidad muchos restaurantes tienen información nutricional on-line que podrá sorprenderle. En algunos establecimientos de comida rápida, por ejemplo,

un pequeño sándwich puede tener menos calorías que una ensalada con queso y salsas.

- PIDA RACIONES MÁS PEQUEÑAS. Cuando comemos en un restaurante es muy probable que tomemos los alimentos una vez
que están en el plato: cuanto mayores sean las raciones, más
comeremos. Por lo tanto, pida un aperitivo en lugar de un plato
principal, comparta el plato principal con su acompañante o
pida al camarero un recipiente «para llevar» para colocar en él
la mitad de la ración antes de cometer un exceso. Y prescinda
de los extras —pan y mantequilla, bebidas ilimitadamente azucaradas— a fin de reservar su apetito y calorías para alimentos
más nutritivos y satisfactorios.

- NO TOME LOS «MENÚS» DE COMIDA RÁPIDA. Ir a la carta en un
establecimiento de comida rápida puede ser un poco más caro,
incluso comprando menos comida, pero ¿quién necesita ser
tentado por 1.500 calorías en un menú completo con patatas
fritas grandes, una hamburguesa inmensa y un refresco extra
grande? Le sorprenderá hasta qué punto puede saciarnos un
pequeño sándwich y unas pocas patatas fritas, especialmente si
las come y las saborea lentamente.

- DESPUÉS DE LA COMIDA, PIDA CAFÉ O TÉ EN LUGAR DE POS-
TRE. Wansink señala que la atmósfera relajante de un restaurante alumbrado por velas puede hacer que la comida sea
más agradable, pero también induce a permanecer más tiempo en la mesa y a comer más.[91] Su sugerencia: recréese con
una taza de café en lugar de con un postre con un alto valor
calórico.

¿No tiene tiempo para preparar comidas sanas?

La presión del tiempo en el trabajo y en la familia puede atarnos las
manos, y la falta de tiempo para preparar la comida se concibe como
una barrera para una alimentación saludable.[92] Sin embargo, con una
planificación cuidadosa, una alimentación sana no tiene por qué llevar más tiempo que salir a buscar comida preparada o introducir una

pizza congelada en el horno. Tenga presentes las siguientes indicaciones:

- REPARTA LAS TAREAS DE LA CENA. Implique a los miembros de su familia o a sus compañeros de habitación en la preparación de la comida; incluso los niños pequeños pueden ayudar. Si vive solo, piense en hacer un almuerzo sano o intercambiar cenas con cuatro compañeros de trabajo: pida a cada uno que prepare un plato saludable para cinco el fin de semana, y divida las raciones en recipientes portátiles. El lunes podrán intercambiarlos, y así tendrán almuerzos o cenas para toda la semana.
- TENGA MUCHO CUIDADO CON LOS PLATO PREPARADOS. Quizá opte por los platos preparados para ahorrarse el tiempo de hacer la comida, pero este tipo de alimentos también tiene sus inconvenientes. Algunas comidas procesadas están cargadas de sal o azúcar o presentan un alto contenido en grasas malsanas. Busque platos congelados con menos de 300 miligramos de sodio, menos de 2 gramos de grasa saturada, 0 gramos de grasas trans y que tenga al menos unos pocos gramos de fibra por ración; añada fruta fresca o ensalada para poner el broche a su comida. O bien prepare su propia comida «sana» preparada: cocine una gran cantidad de cereales integrales, alubias secas o verduras asadas el domingo y utilícelos en las comidas a lo largo de la semana o congélelos en pequeñas porciones para facilitarle algunos almuerzos o cenas.

¿Come más los fines de semana que durante la semana?

Los fines de semana son el momento de relajarse y socializar y, para muchos de nosotros, comer más de lo debido, y esas pequeñas indulgencias pueden hacer que quienes están a dieta ganen peso o disminuyan el ritmo al que lo pierden. El Registro Nacional de Control del Peso ha descubierto que las personas que durante los fines de semana, festivos o durante las vacaciones mantienen el mismo patrón de alimentación que durante la semana tienden a tener mayor éxito en la continuidad de su pérdida de peso.[93]

Si descubre que los fines de semana falla en sus planes para una alimentación sana, considere estas sugerencias para mantenerse fiel a su propósito:

- ESCRIBA UN DIARIO DIETÉTICO. La investigación sugiere que quienes consignan lo que comen pueden tener más éxito en la pérdida de peso y en evitar su recuperación, ya que la autosupervisión es un elemento clave de la autorregulación.[94] Anote todo lo que come en su calendario, su teléfono móvil o en una de las muchas webs que ofrecen diarios dietéticos gratuitos y on-line. Puede incluso intentar tomas fotos digitales de lo que come: una imagen vale más que mil palabras, y existe evidencia de que hacer fotos de lo que comemos nos hace más conscientes de nuestras opciones alimentarias.[95] No se atormente con los detalles: si sus apuntes son breves, serán igualmente eficaces para la pérdida de peso.[96]
- PLANIFIQUE SUS COMIDAS SI VA A ESTAR FUERA. Si va a estar fuera todo el día, prepare algunos alimentos sanos en una nevera portátil para darse la oportunidad de un almuerzo consciente. Si va a tomar un almuerzo en una cadena de restaurantes, visite la web del establecimiento antes de ir; la mayoría ofrecen información nutricional que le ayudará a seleccionar las opciones más saludables.
- CONVIERTA SU TIEMPO SOCIAL EN TIEMPO ACTIVO, NO EN TIEMPO PARA COMER. En lugar de reunirse con un amigo para tomar un café azucarado, quede con él para dar un paseo intenso. O vaya a bailar el sábado por la noche en lugar de salir a cenar. (Para más ideas para estar activo, véase el capítulo 6.)

¿Come cuando está enfadado, triste, aburrido o estresado?

La relación entre la comida y las emociones es complicada. En un lado del espectro tenemos a alguien que ha tenido un día estresante en el trabajo y encuentra placer en una chocolatina de camino a casa. En el otro extremo se encuentra quien lucha contra la anorexia, la bulimia, los atracones u otro tipo de trastornos alimentarios. El estrés y otras muchas emociones pueden incitar a alguien a recurrir a la comida para encontrar consuelo; entre esas emociones tenemos la ira, la ansiedad, el aburrimiento, la soledad y la tristeza.[97] Existe una variedad de técnicas para cambiar el comportamiento o alterar los procesos de pensamiento para hacer frente a la alimentación emocional.[98] Si piensa que la compulsión de comer inducida por factores emocionales está haciendo descarrilar sus intentos por comer saludablemente, tenga presentes estos consejos para ayudarle a evitar utilizar la comida para gestionar sus sentimientos:

- UTILICE LA ATENCIÓN PLENA PARA RECONOCER LA DIFEREN-CIA ENTRE EL HAMBRE FÍSICA Y EMOCIONAL. Antes de ir al frigorífico o acercarse al estante de snacks del supermercado, deténgase, realice una inspiración lenta y profunda, y al espirar formúlese esta pregunta: ¿tengo hambre de veras, o estos alimentos reconfortantes me apetecen para aliviar mi estrés u otra emoción? Si escribe un diario dietético, anotar su estado de ánimo y su nivel de hambre al comer le ayudará a identificar si, y cuándo, sus emociones le inducen a comer en exceso.
- BUSQUE VÍAS ALTERNATIVAS PARA AFRONTAR EL ESTRÉS Y LAS EMOCIONES. El paseo, el yoga, la meditación de la atención plena, cantar siguiendo su reproductor de MP3, practicar la jardinería, tomar un baño perfumado de hierbas, una conversación telefónica con un amigo: he aquí algunas de las muchas actividades que puede elegir para aliviar el estrés y procurarse una alternativa para canalizar sus emociones al margen de la comida.
- ALEJE LOS ALIMENTOS TENTADORES DE LAS ZONAS DE ESTRÉS ELEVADO. Si en el trabajo está bajo una gran presión, sustituya el bote de caramelos de su escritorio por una pelota antiestrés o una fuente zen de sobremesa.
- CONSULTE CON UN PROFESIONAL ESPECIALIZADO EN ALIMENTACIÓN EMOCIONAL. Si no puede reducir su alimentación emocional por sus propios medios, tal vez prefiera buscar

un psiquiatra o terapeuta especializado en trastornos alimentarios. Su médico o el programa de asistencia para empleados en su trabajo podrán derivarlo a un especialista. La Asociación Nacional para los Trastornos Alimentarios tiene un número de información gratuito, así como un directorio de proveedores y grupos de apoyo en su página web: http://www.nationalea tingdisorders.org/get-help-today/.

Traducir el conocimiento en acción: su estrategia de alimentación-*aquí*

Le hemos ofrecido un menú de opciones para realizar cambios saludables en su dieta cotidiana. Hemos repasado las mejores opciones alimentarias para la salud, los impedimentos más comunes a una alimentación saludable. Ahora es el momento de unirlo todo y crear una estrategia práctica que le permita disfrutar del *mindfulness* en cada comida, y acercarse a su objetivo de alcanzar un peso saludable. Lo llamamos su estrategia de alimentación-*aquí*, donde *aquí* significa concentrarse en el momento presente. Con su estrategia de alimentación-*aquí*, podrá establecer sus objetivos para una alimentación sana y consciente, y para evitar comer en exceso, discernir modos de sortear las barreras que le impiden alcanzar sus objetivos y preparar los pasos que le llevarán a la consecución de los mismos. Esta estrategia de alimentación-*aquí* se incluirá en su exhaustivo Plan de vida consciente del capítulo 7.

Como hemos señalado, la alimentación consciente abarca lo que comemos y cómo comemos: una serie de hábitos profundamente arraigados y que exigen un continuado esfuerzo para ser cambiados. Aunque existen muchos posibles cambios que operar en cualquiera de estas dimensiones de la alimentación consciente, sólo usted puede decidir cuáles son más importantes y factibles. Para ayudarle a identificar sus objetivos de alimentación-*aquí*, lo que le ayudará a alcanzarlos y las barreras con que se enfrentará, reflexione en la serie de preguntas que le presentamos a continuación. Llevar un diario le ayudará a pensar las respuestas y diseñar su estrategia.

Utilice sus reflexiones para elegir los objetivos más importantes y factibles en su caso, y cree su propia práctica de alimentación-*aquí*, como el ejemplo de la tabla 7.1. Una vez que haya logrado cambiar un hábito, refuerce el cambio a fin de realizar cambios ulteriores. Llevar un diario del progreso de la alimentación-*aquí* le será de ayuda en la consecución de sus objetivos.

Como todos los planes orientados a la acción, la estrategia de alimentación-*aquí* no tiene por qué ser un documento estático. A medida que gane experiencia con la alimentación sana y consciente y afronte los obstáculos, sus objetivos y las indicaciones para superar las barreras también pueden cambiar. Tenga en mente la naturaleza impermanente de todo lo que hacemos. No tema ajustar las cosas siempre y cuando se asegure de comprometerse y trabajar hacia su objetivo último: escoger alimentos deliciosos y saludables en cada comida, hacer de cada bocado un bocado consciente y perder peso y no recuperarlo.

¿Por qué quiere comer más sana y conscientemente?

Piense en las razones que le inducen a elegir alimentos más sanos y raciones más pequeñas. Y piense en todas las razones por las que quiere aplicar el *mindfulness* a sus comidas. Esas razones pueden atravesar todos los aspectos de su vida. Sería útil anotarlas en un diario para reflexionar en ellas más tarde.

Ejemplos: *Quiero sentirme mejor conmigo mismo. Quiero perder peso. Quiero rebajar mi colesterol malo. Quiero reducir el riesgo de diabetes. Quiero disminuir los carbohidratos en mis comidas. Quiero vivir a un ritmo más lento para disfrutar la comida.*

¿Qué hay de malo en tomar alimentos que resultan dañinos para su salud y el planeta? ¿Qué hay de malo en comer mucho o en hacerlo mecánicamente?

Piense en las desventajas de elegir alimentos poco sanos —para la propia salud y para el medio ambiente— y en los inconvenientes de comer más de lo que su organismo necesita. Piense en las desventajas de no prestar atención al acto de comer o de ignorar todas las implicaciones de sus decisiones alimentarias. Una vez más, pueden condicionar todas las facetas de su vida.

Ejemplos: *Seguiré estando gordo. No me sentiré bien conmigo mismo. Mi colesterol seguirá subiendo. Gastaré dinero y agotaré los recursos del planeta comiendo más de lo que necesito.*

¿Qué comidas sanas le gustan? ¿Qué alimentos sanos le gustaría probar? ¿Qué prácticas de alimentación consciente querría poner en práctica?

Piense en los alimentos saludables que le dan alegría. Piense en los alimentos saludables que en la actualidad no consume, pero que podría considerar en incorporar a sus comidas. Anótelos, así como las razones por las que quiere que formen parte de su alimentación. A continuación, piense en las prácticas de los comensales conscientes y en cuáles querría seguir y por qué.

Ejemplos de comida: *verduras de hoja verde, porque aportarán calcio y vitamina K a mis huesos. Proteína vegetal como la de las nueces y lentejas, ya que son mejores para el planeta y tienen nutrientes beneficiosos para mi organismo. Frutas de colores brillantes como fresas y arándanos, porque su dulzura natural satisfará mi necesidad del sabor dulce sin disparar el nivel de azúcar en sangre.*

Ejemplos de práctica alimentaria consciente: *Concentrarme en los alimentos me aportará un mayor gozo durante las comidas. Escoger raciones más pequeñas será mejor para el planeta y me ayudará a frenar la ingestión diaria de calorías.*

¿Qué alimentos poco saludables podría abandonar por otros sanos? ¿Qué costumbres mecánicas se dejarán atrás más fácilmente?

Piense en los alimentos que consume y que no son necesarios para la nutrición, pero que pueden estar dañando su salud: bebidas azucaradas, cereales refinados, carnes procesadas, snacks salados. Haga una lista y apunte cómo podría sustituirlos por alimentos más sanos. Piense en los hábitos que mantiene y que no contribuyen a su deseo de estar plenamente presente en el acto de comer.

Ejemplos de cambios de alimentos: *Puedo tomar té helado sin azúcar en lugar de refresco de soda. Puedo picar verduras crujientes en lugar de patatas fritas. Puedo comprar pasta de trigo integral en lugar de pasta blanca. Puedo aliñar las verduras con aceite de oliva en lugar de con mantequilla.*

Ejemplos de hábitos alimentarios conscientes: *Por la mañana, puedo tomar una taza de té en silencio en lugar de llamar a mi amigo desde el móvil. Puedo decirle a mi supervisor que me tomaré media hora para el almuerzo en lugar de devorarlo en mi escritorio y recuperar el tiempo más tarde.*

¿En qué comida diaria le resultaría más sencillo sustituir los alimentos poco sanos por los sanos? ¿En qué comida diaria le resultaría más fácil incorporar uno o más de los siete principios del comensal consciente?

Su objetivo último es hacer de cada comida una comida saludable y consciente. Pero para algunas personas puede ser abrumador tratar de cambiarlo todo a la vez. Puede resultarle más sencillo empezar con una comida al día: tal vez aquella en la que el control sobre las decisiones culinarias es mayor, aquella en la que dispone de más tiempo y menos distracciones.

Ejemplos: *Puedo hacer cambios en:*

- *el desayuno, ya que es la comida que siempre tomo en casa*
- *el almuerzo, porque hay un gran bufé de ensaladas en la cafetería*
- *en el centro comercial, porque el establecimiento que vende burritos tiene arroz integral*
- *el gimnasio, porque puedo llenar mi botella de agua en lugar de comprar una bebida energética*
- *la cena del domingo, porque compro en el mercado rural por la mañana y por la noche cocino una cena vegetariana para toda la familia*
- *el tentempié de la tarde, porque puedo tomar fruta en lugar de galletas*

Ejemplos de práctica alimentaria consciente: *Puedo incorporar una nueva práctica alimentaria consciente en:*

- *el desayuno, ya que normalmente como solo*
- *el almuerzo, pues hay un gran restaurante vegetariano en el centro comercial, donde puedo utilizar palillos y experimentar tomando bocados más pequeños*
- *la cena, ya que puedo utilizar un plato más pequeño para ayudarme a tomar raciones más pequeñas*

¿Cuáles son los dos o tres obstáculos que pueden hacerle difícil la elección de alimentos más sanos y raciones moderadas? ¿Qué obstáculos dificultan una alimentación más consciente? ¿De qué modo podemos superarlos?

Encontrar el modo de sortear los obstáculos que se interponen en el camino a una alimentación más sana es una parte necesaria del proceso, y esto se aplica a todos, desde el nutricionista profesional a la persona que acaba de empezar a adoptar decisiones en beneficio de su salud. Piense en algunos de los elementos clave que le impiden adoptar costumbres más sanas en lo que se refiere a la alimentación o que le inducen a comer en exceso. Tal vez formen parte de la lista de obstáculos y hábitos que repasamos anteriormente en este capítulo, o puede tratarse de algo completamente distinto. Una vez localizados los dos o tres principales, anótelos, y a continuación busque el modo de superarlos. Ésta será su lista de deberes cuando las cosas se pongan difíciles y busque razones para volver a sus viejos hábitos de alimentación.

Ejemplos:

Obstáculo: No tengo tiempo suficiente para tomar el desayuno.

Mi solución: Dejaré preparados los cereales y las pasas en el mostrador la noche anterior. O bien me levantaré quince minutos antes para tener tiempo de desayunar en la cafetería del trabajo antes de sentarme en mi escritorio.

Obstáculo: Pico de forma mecánica mientras veo la televisión por la noche.

Mi solución: Puedo controlar el tiempo que dedico a la televisión y asegurarme de que es menos de una hora a la noche. Puedo hacer un pacto con un amigo para llamarnos uno al otro y recordarnos apagar la televisión a una hora prefijada y desearnos un buen descanso; a fin de ayudarnos a ver los programas con más atención plena, mi amigo y yo también podemos compartir el programa que hemos visto y hablar de las semillas que ha regado en nosotros. Antes de ir al frigorífico durante la noche o abrir una bolsa de patatas fritas, puedo preguntarme si de verdad tengo hambre. También puedo acostarme antes.

Conclusión

La alimentación consciente es una forma de incorporar el *mindfulness* a una de las actividades más fundamentales de nuestra existencia. Es un modo de alimentar nuestros cuerpos y nuestras mentes. Es una manera de ayudarnos a lograr un peso más saludable y de apreciar la relación entre los alimentos en nuestra mesa, nuestra salud y la salud del planeta. Es una forma de hacer crecer nuestra compasión por todos los seres vivos y venerar la vida en cada bocado.

A pesar de todos los aspectos positivos, no nos resulta un camino fácil. Al vivir, como vivimos, en una sociedad que invierte tanto tiempo y dinero en promover la comida malsana y la alimentación mecánica, y limitar el acceso a los alimentos sanos, se nos exige un esfuerzo consciente, abnegado, para concentrarnos y elegir los mejores alimentos para nuestro organismo y nuestro planeta. Los pasos descritos en este capítulo le proporcionan las herramientas que necesita para escuchar su cuerpo, vivir en el instante presente y convertirse en un verdadero comensal sano y consciente.

6

MOVIMIENTO CONSCIENTE

Estar activo es uno de los milagros de la vida. Nos permite jugar con nuestros hijos, subir al pico de una montaña o dar un paseo relajante por nuestro barrio con nuestra familia y amigos. También nos permite centrar nuestra mente y ponerla en contacto con nuestros sentidos, y es una de las mejores y más sencillas formas de practicar el *mindfulness* en nuestra vida cotidiana. La naturaleza sistemática y deliberada del ejercicio —tanto si se trata de pasear, correr o hacer yoga— nos arraiga en el momento y nos conecta con nuestros pensamientos y con aquello que estamos viendo, oyendo y sintiendo. La actividad física puede ser un pilar del *mindfulness* en nuestra vida, y también es uno de los mejores caminos para perder peso.

Éstas son las buenas noticias. Las malas noticias, que todos conocemos, es que puede ser difícil hacer el ejercicio necesario para mantenernos sanos y mantener nuestro peso. Es más fácil quedarse en el sofá que atarse los cordones para salir a pasear. Nuestra mente inventa excusas con facilidad, y si esto se aplica en su caso, piense que no está solo: más de la mitad de los adultos en Estados Unidos no realizan la cantidad mínima de actividad física que deberían hacer.[1]

Pero no desespere. Nuestros cuerpos anhelan estar activos. Fueron hechos para eso. Todo lo que tenemos que hacer es desatar ese estado natural de actividad que todos tenemos en nosotros y que ha sido encerrado en el mundo automático, vertiginoso y sin embargo sedentario en que vivimos. No estar activos, no explorar nuestra identidad física y la conexión con nuestros sentidos es negarnos un tesoro de bienestar y la oportunidad de la trascendencia personal.

Como hemos dicho en capítulos anteriores, vivimos en un mundo frenético a menudo tan saturado de estímulos externos que pasamos la mayor parte del día desconectados de nuestro yo interior. Nos perdemos en correos electrónicos, Internet, BlackBerries, televisión, o bien saltamos de un acontecimiento social a otro. El ejercicio, especialmente el que realizamos con atención plena, rompe con todo esto y nos trae de regreso a nosotros mismos y a nuestros sentidos. Llamémoslo *movimiento consciente*.

Cuando consumimos alimentos, incorporamos energía y la almacenamos fisiológicamente en nuestro organismo. Parte de la energía se utiliza en sostener los procesos químicos y fisiológicos esenciales del organismo, principalmente a través del duro trabajo de nuestros músculos. Al respirar, el medio es el aire; al comer, el medio es la comida; al desplazarnos, el medio es la energía. Al caminar, nuestros músculos queman la energía acumulada y la transforman en energía cinética para nuestras extremidades, lo que nos permite movernos. Este intercambio de energía es el milagro de la vida. Cuando observamos profundamente la naturaleza de nuestra energía física, nos damos cuenta de que sus fuentes son el sol, la lluvia, el aire, la tierra y nuestros alimentos. Como la respiración y la alimentación consciente, el movimiento consciente también puede llevarnos a la comprensión de que todas las cosas dependen de todo.

El movimiento consciente no es el mero ejercicio en sí mismo. Es una expresión de nuestra práctica de *mindfulness* que nos ayuda a aprehender la paz interior, nuestro tesoro, y dar verdaderos pasos para mejorar nuestra salud y bienestar.

Empecemos nuestro viaje hacia el movimiento consciente echando un vistazo hacia la fundada ciencia que respalda los vínculos entre actividad física, salud y bienestar. Haremos preguntas como las siguientes: ¿por qué necesito estar activo? ¿Cuáles son los beneficios? ¿Qué grado de actividad física necesito al día? ¿Qué tipos de actividad física me resultan más convenientes?

Beneficios del ejercicio

En lo que respecta a la salud y el bienestar, el ejercicio regular es lo que más se acerca a una poción mágica. En la *2008 Physical Activity Guidelines for Americans*, la lista de beneficios del ejercicio es tan dilatada que ocupa casi una página (véase la tabla 6.1.).[2] La evidencia demuestra que la actividad regular disminuye el riesgo de muchas dolencias crónicas, incluyendo la diabetes, las enfermedades coronarias, una elevada presión sanguínea y el colesterol nocivo, así como la osteoporosis y ciertos tipos de cáncer. Se ha demostrado que estimula el ánimo, mejora la calidad de vida y ayuda a la gente a gestionar el estrés de la vida. También ayuda a prevenir el estrés y la obesidad y ayuda a mantener la pérdida de peso. Y como culminación, se ha demostrado que aumenta la longevidad. De hecho, lo único que estimula la salud más que el ejercicio es no fumar.

Además de los muchos beneficios físicos del ejercicio, los estudios han demostrado que hacer ejercicio tiene un profundo impacto en el funcionamiento cerebral, aun cuando se practique en una fase avanzada de la vida. El doctor Kenneth Cooper —el padre del aeróbic— y su hijo el doctor Tyler Cooper escribieron en su libro *Start Strong, Finish Strong: Prescriptions for a Lifetime of Great Health* que las personas que a los cuarenta caminan intensamente tres horas a la semana pueden «detener la pérdida de zonas cerebrales relacionadas con la memoria y la cognición superior».[3] También explican que el ejercicio se asocia a mejoras de la memoria verbal y la atención.

El doctor John Ratey, autor del libro *Spark: The Revolutionary New Science of Exercice and the Brain*, también habla de los muchos beneficios mentales y emocionales relacionados con la actividad física regular.[4] Según Ratey, el ejercicio es esencial para dilatar las neuronas, fomentar el aprendizaje y disminuir el estrés, la ansiedad y la depresión. También declara que el ejercicio puede ayudar a gestionar los trastornos de déficit de atención y las conductas adictivas, así como aliviar buena parte de los síntomas desagradables de la menopausia. La plasticidad neuronal es un campo de investigación activa que se centra en el modo de cambiar las actividades neurales y fomentar cambios estructurales en el cerebro.[5] En su libro *The Mindful*

Tabla 6.1. BENEFICIOS PARA LA SALUD ASOCIADOS A UNA ACTIVIDAD FÍSICA REGULAR

Niños y adolescentes

Gran evidencia
- Más capacidad muscular y cardiorrespiratoria
- Mejora la salud ósea
- Mejora los biomarcadores metabólicos y cardiovasculares
- Composición corporal favorable

Evidencia moderada
- Limita los síntomas de depresión

Adultos y ancianos

Gran evidencia
- Riesgo inferior de muerte prematura
- Riesgo inferior de enfermedad coronaria
- Riesgo inferior de derrame cerebral
- Riesgo inferior de elevada presión sanguínea
- Riesgo inferior de perfil adverso de lípidos en sangre
- Riesgo inferior de diabetes tipo 2
- Riesgo inferior de síndrome metabólico
- Riesgo inferior de cáncer de colon
- Riesgo inferior de cáncer de pecho
- Prevención del aumento de peso
- Pérdida de peso, especialmente cuando se combina con reducción calórica
- Más capacidad muscular y cardiorrespiratoria
- Prevención de caídas
- Limita la depresión
- Mejora la función cognitiva (en ancianos)

Evidencia moderada a grande
- Mejora la salud funcional (en ancianos)
- Reduce la obesidad abdominal

Evidencia moderada
- Riesgo inferior de fractura de cadera
- Riesgo inferior de cáncer de pulmón
- Riesgo inferior de cáncer de endometrio
- Mantenimiento del peso tras la pérdida de peso
- Aumento de la densidad ósea
- Mejora la calidad del sueño

Brain, el psiquiatra Daniel Siegel señala que tanto el ejercicio aeróbico como la práctica del *mindfulness* pueden estimular la plasticidad neural.[6]

Y lo que resulta más importante para el tema que examinamos, la actividad regular es un aspecto fundamental de todos los planes para perder peso. Un informe científico de 2009, realizado a partir de más de cuarenta estudios sobre la pérdida de peso, descubrió que el ejercicio físico regular influye directamente en la pérdida de peso siempre y cuando el gasto de energía no se una a un mayor consumo calórico.[7] Al combinarse con un menor aporte calórico, la pérdida de peso es aún mayor. Y tal como era de esperar, cuanto más duro y prolongado es el ejercicio, mayor es la pérdida de peso.

¿Cuál debería ser mi nivel de actividad?

Ésta es la pregunta más común, todo un reto, para la mayoría de las personas con agendas apretadas y sin planes para unirse al equipo olímpico de maratón. En términos generales, una respuesta rápida es que cualquier actividad es mejor que ninguna, y como norma general, cuanto más activos, mejor. Pero no es necesario dejar nuestro trabajo y dedicar nuestra vida al gimnasio para disfrutar de los beneficios. Según el doctor Kenneth Cooper, pasar de la ausencia de actividad física a un paseo intenso de 1.200 metros cinco días a la semana puede disminuir drásticamente el riesgo de elevada presión sanguínea y dolencias cardiovasculares, a la vez que estimula la salud mental y emocional y ayuda a controlar el estrés.[8] Aumente la intensidad con actividades más vigorosas, como hacer *footing*, *step* aeróbico o ciclismo, y obtendrá los mismos beneficios en sólo veinte minutos de ejercicio tres días a la semana.

Estos niveles de actividad normalmente se corresponden con los de las guías federales estadounidenses para optimizar los beneficios de la salud mediante el ejercicio. Actualmente se recomienda a los adultos dos horas y media a la semana de ejercicio aeróbico moderado-intenso (como un paseo intenso, aeróbic acuático o baile de salón) o una hora y quince minutos de actividad física enérgica (hacer

footing o correr, circuito de natación o saltar a la comba; véase la tabla 6.2.).[9] Añadir más actividad a las rutinas diarias tendrá aún mayores recompensas en términos de salud. Para quienes quieran procurarse más beneficios, las guías recomiendan cinco horas a la semana
de actividad aeróbica moderada-intensa o dos horas y media a la semana de ejercicio enérgico. Además, animan encarecidamente a realizar actividades que refuercen los músculos, como levantamiento
de pesas, flexiones y abdominales dos días a la semana.[10]

No olvide la fuerza y la flexibilidad

Aunque las principales actividades en el control de peso tienen que
ver con caminar y hacer *footing*, es importante no olvidar los ejercicios de fuerza y flexibilidad. Y esto es especialmente importante a
medida que nos hacemos mayores. Juntos, los ejercicios de fuerza y
elasticidad construyen los músculos, mejoran la agilidad y el equilibrio, y ayudan a evitar las lesiones durante las actividades aeróbicas.
Debería hacer ejercicios de fuerza y estiramiento además de las actividades aeróbicas (véase la tabla 6.3.).

Como la mayor parte de las actividades, el entrenamiento de
fuerza puede hacerse tan simple o complejo como uno quiera. Su
modalidad más básica son dos o tres días a la semana, con días de
descanso entre cada sesión. Idealmente, los ejercicios deberían hacer
trabajar las partes principales del cuerpo. E independientemente del
tipo de ejercicio, conviene hacer muchas repeticiones de cada uno de
ellos. Como norma general, los entrenadores recomiendan de ocho a
doce repeticiones para cada uno, pero para algunos individuos pueden ser adecuadas tres o veinte repeticiones. Algunos entrenadores
recomiendan hacer dos o tres grupos de ejercicios, pero la investigación sugiere que se pueden obtener beneficios similares con un único
grupo de ejercicios, y es más probable que perseveremos en una sesión más corta y de un solo grupo.[11]

Si se apunta a un gimnasio, un entrenador podrá iniciarlo en una
rutina individualizada. Si prefiere hacerlo en casa, hay muchos libros
que le ayudarán a crear una rutina con utensilios disponibles en el

hogar. O puede comprar una banda de resistencia y seguir las sencillas rutinas detalladas en las instrucciones.

El entrenamiento para la flexibilidad debería efectuarse más a menudo que el centrado en la fuerza. Realícelo la mayoría de los días de la semana, incluso diariamente. No lleva mucho tiempo. Conviene calentar un poco antes; a continuación realice una serie de estiramientos de las principales partes del cuerpo. Hay muchos libros y sitios en Internet que podrán serle de ayuda. *Mindful Movements: Ten Exercise for Well-Being*, de Thich Nhat Hanh, puede resultar especialmente útil, ya que combina actividades centradas en la fuerza, la flexibilidad, la agilidad y la atención plena.[12]

Si busca algo más formal o una actividad grupal y fuera de casa, el taichi, el yoga, Pilates o una clase de aeróbic que incluya el estiramiento como parte del calentamiento o el relajamiento son buenas alternativas.[13]

Breves tandas de ejercicios durante el día —por ejemplo, múltiples sesiones de diez a quince minutos— pueden ser una buena manera de introducir el ejercicio en la rutina diaria, especialmente al principio. Aunque combinar breves tandas de ejercicios puede no ser el mejor camino hacia la pérdida de peso, puede ayudar a evitar su aumento.[14] Lo importante es moverse con regularidad. Si esto implica ensartar pequeños grupos de actividad a lo largo del día, entonces es lo que debería hacer, y hay evidencia de sus muchos beneficios.[15]

Recomendaciones de ejercicios para perder peso

Para las personas con sobrepeso, la actividad recomendada es un poco mayor que para quienes tan sólo pretenden mejorar su salud. La *2008 Physical Activity Guidelines for Americans* sugiere que la mayor parte de las personas que pretenden perder peso necesitan al menos cinco horas de actividad moderada a la semana.

Esto puede parecer mucho, sobre todo si en el presente no hace apenas ejercicio. Tranquilo: estos niveles no han de alcanzarse de la noche a la mañana. Debería proceder lentamente, empezando con un objetivo inicial de dos horas y media y acabar con cinco horas o más a la semana. Al principio puede parecer abrumador, pero proceder con lentitud le ayuda a forjarse una rutina, y antes de que se dé cuenta sentirá que algo le falta a su día si no hace ejercicio.

Aunque existe cierto debate acerca de si el ejercicio, por sí solo, procura una pérdida de peso significativa —algunos investigadores concluyen que es así[16] y otros que no—,[17] hay una cosa clara: la manera más eficaz de perder peso consiste en combinar un incremento de actividad con una dieta saludable que reduzca las calorías. El Instituto Americano de Medicina Deportiva (IAMD) recomienda a aquellos que intentan perder peso aumentar su actividad y reducir las calorías a fin de crear un déficit calórico de 500 a 1.000 calorías diarias.[18] Esto se traduciría en una pérdida de medio a un kilo a la semana. ¿Cómo se aplica esto? Es muy sencillo. Para crear un déficit global de 500 calorías al día, podemos quemar unas 300 calorías en un paseo de unos 5 kilómetros (1 kilómetro y medio equivale a 100 calorías) y recortar las calorías prescindiendo de la bolsa de patatas fritas y el refresco azucarado.

Evidentemente, pueden hacerse otras combinaciones. Para alcanzar un déficit de 1.000 calorías diarias, basta con aumentar ambos lados de la ecuación: una actividad mayor y un mayor recorte calórico. Independientemente de cómo se haga, es importante ser prudente. La pérdida de peso no es una carrera; es un viaje continuo. Aunque es necesario hacer cambios que marquen la diferencia, han de ser cambios que puedan mantenerse a largo plazo. No querrá empezar acudiendo al gimnasio tres horas al día para agotarse y no aparecer por allí en los próximos dos años. Tómeselo con calma. Aumente gradualmente la actividad y prescinda de ciertas calorías procedentes de la comida basura para alcanzar la meta prudente de un déficit calórico de 500 a 1.000 calorías diarias, y manténgalo.[19] Aunque los kilos no se desvanecerán como por arte de magia en los primeros días, debe confiar en que disminuirán, y al hacer las cosas correctamente se multiplicarán las posibilidades de que no regresen.

La guía del IAMD anima a quienes quieren perder peso a procurarse un objetivo inicial de 150 minutos (dos horas y media) de ejercicio moderado-intenso (como un paseo intenso, baile de salón o ciclismo) a la semana o 20 minutos de ejercicio intenso-vigoroso (como hacer *footing*, aeróbic, tenis, salto de cuerda o natación) tres veces a la semana, una cantidad similar a las recomendaciones de la *2008 Physical Activity Guidelines for Americans* para la optimización de los beneficios para la salud. Tras alcanzar y mantener este nivel de ejercicio, habría que aumentar el gasto de energía al menos en 200 o 300 minutos de ejercicio a la semana. Esto equivale a 40 o 60 minutos diarios, en una o varias fases, cinco días a la semana.

Evitar recuperar el peso

Evidentemente, es tan importante perder peso como evitar ganarlo de nuevo. Y la actividad física regular continúa siendo una clave a la

Tabla 6.2. EJEMPLOS DE DIFERENTES ACTIVIDADES E INTENSIDADES FÍSICAS AERÓBICAS

Intensidad moderada
• Paseo enérgico (2 kilómetros por hora o más rápido, pero no velocidad de marcha)
• Ejercicios aeróbicos en el agua
• Ciclismo, a una velocidad inferior a 16 kilómetros por hora
• Tenis (dobles)
• Baile de salón
• Jardinería

Intensidad vigorosa
• Marcha, *footing* o carrera
• Natación
• Tenis (individuales)
• Ciclismo a 16 kilómetros por hora o velocidad superior
• Baile aeróbico
• Saltar a la comba
• Jardinería intensiva (cavar y trabajar con el azadón, con un aumento del ritmo cardíaco)
• Excursión en pendiente con una mochila pesada

Fuente: Departamento de Salud y Servicios Humanos de Estados Unidos, *2008 Physical Activity Guidelines for Americans* (Washington, D.C., Departamento de Salud y Servicios Humanos, 2008).

hora de mantener el peso. Tanto la *2008 Physical Activity Guidelines* como las guías del IAMD recomiendan entre 200 y 300 minutos de actividad semanal para evitar recuperar el peso a largo plazo. Hay evidencias que apuntan una cantidad aún mayor. Los datos del Registro Nacional de Control del Peso, que ha realizado un seguimiento de casi 4.000 personas con una significativa pérdida de peso, descubrieron que se tiene más éxito en el mantenimiento del peso si se realiza una actividad diaria moderada-intensa entre 60 y 75 minutos como un paseo intenso, o de 35 a 40 minutos de una actividad más vigorosa como hacer *footing*.[20] Se trata de cantidades medias de actividad, ya que hay una gran variabilidad en la cantidad de actividad requerida; algunas personas necesitaron más para mantenerse en un peso saludable, y otras menos. Se trata de algo muy individualizado, y usted tendrá que determinarlo por sí mismo. Si toma la misma cantidad de alimentos y su peso sigue subiendo, tendrá que hacer más ejercicio.

Televisión, peso y salud

Para muchos de nosotros, la televisión se ha convertido en una compañera diaria. Nos mantiene informados de lo que ocurre en la ciudad y en el mundo. Nos alerta de las inclemencias del tiempo y otros acontecimientos importantes. Y se la considera una fuente de entretenimiento y relajación.

Por desgracia, muchos de nosotros hemos llevado al extremo la práctica de ver la televisión, con lo que ha pasado a desempeñar un papel considerable en nuestras vidas. Según Nielsen Media, el estadounidense medio vio una media de 4 horas y 49 minutos de televisión al día en la temporada 2008-2009, y las tendencias actuales sugieren que esta cifra seguirá aumentando cada año.[21] Los niños pasan más tiempo viendo la televisión y jugando a los videojuegos que en la escuela, y el tiempo semanal de exposición a la pantalla de los adultos no está lejos de ser equivalente al tiempo de un trabajo de jornada completa.

Es fácil de comprender: las empresas gastan miles de millones de

Tabla 6.3. ¿CUÁL DEBERÍA SER MI NIVEL DE ACTIVIDAD?

	Para mejorar la salud	Para perder peso y mejorar la salud	Para no recuperar el peso y mejorar la salud
Actividad aeróbica moderada-intensa	150 min./sem.	200-300 min./sem.	200-300 min./sem.
Entrenamiento de fuerza (pesas, flexiones, bandas elásticas, etc.)	2-3 días/sem.	2-3 días/sem.	2-3 días/sem.
Entrenamiento de flexibilidad/ estiramiento	4-7 días/sem.	4-7 días/sem.	4-7 días/sem.

Fuentes: Instituto Americano de Medicina Deportiva, *ACSM's Guidelines for Exercise Testing and Prescription*, Filadelfia, Lippincott Williams & Wilkins, 2006; J. E. Donnelly y otros, «American College of Sports Medicine position stand: Appropriate physical activity intervention strategies for weight loss and prevention of weight regain for adults», *Medicine & Science in Sports & Exercise 41*, 2009, págs. 459-471; Departamento de Salud y Servicios Públicos de Estados Unidos, *2008 Physical Activity Guidelines for Americans*, Washington, D.C., Departamento de Salud y Servicios Humanos de Estados Unidos, 2008.

dólares para tentarlo a ver sus programas y anuncios y así comprar sus productos, y volver luego a ver aún más anuncios. Y son muy buenos en su trabajo. Sin embargo, si permitimos que nuestros hijos y nosotros mismos quedemos atrapados en este círculo vicioso, nuestra salud mental y física sufrirá las consecuencias.

Como se mencionó en el capítulo 1, el tiempo que se pasa viendo la televisión está directamente correlacionado con los niveles de obesidad. Los estudios han demostrado que los hombres que veían tres o más horas de televisión al día, y las mujeres que veían cuatro o más horas, tenían dos veces más probabilidades de estar obesos que quienes veían menos de una hora al día.[22] El Nurses' Health Study, un estudio a largo plazo y gran escala, demostró que el riesgo de obesidad en las mujeres aumentaba en aproximadamente un 25 % por cada período de 2 horas de consumo de televisión al día.[23] Incluso aquéllas físicamente activas no podían escapar del todo al riesgo de obesidad relacionado con un gran consumo de televisión.

Y las desventajas de ver la televisión no se detienen en el aumento de peso. Constituye un peligro que también aumenta el riesgo de diabetes, al igual que los factores de riesgo de enfermedad cardiovascular, como una elevada glucosa en sangre, una alta presión sanguínea, niveles elevados de triglicéridos y un bajo nivel de colesterol «bueno» (LAD).[24]

Así pues, ¿cómo es posible que la televisión resulte tan perjudicial, incluso en aquellos que se mantienen físicamente activos? Hay muchas posibles razones. El tiempo que pasamos viendo la televisión es un tiempo en el que no estamos activos, aun cuando deambulemos por la casa haciendo otras cosas. Esto quiere decir que se queman menos calorías, lo que puede conducir al aumento de peso y a una multitud de factores de riesgo para la salud. Además, algunos investigadores sostienen que ver la televisión se asocia poderosamente al consumo mecánico de bebidas y snacks nocivos y de alto contenido calórico, ya que muchas personas tienden a picar mientras ven la televisión. Un buen ejemplo es un estudio de 2006 que descubrió que los sujetos que veían la televisión ingerían una cantidad de comida significativamente superior a un grupo similar que escuchaba música clásica.[25] Llevando esta idea un paso más allá, los investigadores sospechan que los anuncios de comida en televisión aumentan el consumo, no sólo durante el visionado de la misma, sino a lo largo del día. Un estudio demostró que quienes veían más televisión tenían más probabilidades de cenar en establecimientos de comida rápida.[26] Y otro estudio demostró que quienes veían dos o más horas de televisión al día presentaban el mayor consumo de calorías al día, mientras que quienes veían menos de una hora presentaban el más bajo.[27] El resultado de este estilo de vida sedentario y el incremento en el consumo de calorías nocivas es una mezcla tóxica que no sólo estimula el aumento de peso, sino que también dispara los factores de riesgo de diabetes, embolias y dolencias cardiovasculares.

Debido a todos estos factores, es importante ser consciente de cuánta televisión consumimos. Buena parte de las recomendaciones afirman que los adultos y los niños no deberían verla más de dos horas al día. Y cuanto más se acerque a cero esta cifra, mejor. Es algo que puede resultar difícil para muchos de nosotros, pero aquí es donde la práctica del *mindfulness* puede resultar útil a la hora de cambiar nuestros hábitos de consumo televisivo.

Meditación a la hora de ver la televisión

Cuando se descubra a sí mismo buscando el mando del televisor, deténgase y realice unas cuantas inspiraciones y espiraciones.

Al inspirar, el control remoto está en mi mano.
Al espirar, ¿por qué estoy viendo la televisión?

Al hacer una pausa y respirar, rompemos la arraigada costumbre automática de ver la televisión cuando estamos cansados, aburridos, inquietos o queremos relajarnos. Inspirar y espirar nos ayuda conscientemente a recuperar el contacto con el actual estado de nuestros pensamientos y sentimientos. Ser consciente le ayudará a estar en contacto con aquello que resulta verdaderamente útil para afrontar el estado físico y emocional específico en que se encuentra. Advertirá entonces que la televisión no es el antídoto para el actual estado de su cuerpo y su mente. Si está cansado, las imágenes y sonidos de la televisión estimularán sus sentidos en lugar de ayudarle a descansar y relajarse. Inspirar y espirar le ayudará a comprender que una solución más óptima para su cansancio consiste en adoptar una posición cómoda, cerrar los ojos y concentrarse en su respiración a fin de permitir a su cuerpo relajarse y descansar de verdad. O si se siente triste, la atención plena le hará advertir que es mejor llamar a su mejor amigo y conversar acerca de aquello que le preocupa en lugar de permitir que una serie de sonidos e imágenes de televisión camuflen una emoción que necesita ser atendida. Le invitamos a explorar el Apéndice D, que ofrece más de cincuenta alternativas creativas a ver la televisión, muchas de las cuales implican actividad física.

Barreras y desafíos que impiden la actividad física

Ahora que hemos repasado algunos de los beneficios de la actividad y en qué grado la necesitamos para permanecer sanos y mantener un peso idóneo, es el momento de comprender cómo llevarlo a la práctica. Para unas pocas personas es tan sencillo como decidir estar más activos, comprar un buen par de zapatillas deportivas y salir a la calle en busca de una nueva vida más activa. Para la mayoría de nosotros, en cambio, es un poco más difícil. Hay muchas cosas en la vida que pueden impedirnos realizar la actividad que necesitamos. Puede tratarse de barreras mentales, físicas, sociales o cualquier otro conjunto de cosas que operen contra nuestro deseo de salir a realizar una sesión de ejercicio.

Para nuestra salud y felicidad hemos de encontrar un modo de sortear esas barreras y esculpir un espacio permanente, destinado a la actividad, en nuestra vida. Una vez hecho esto, y antes de darnos cuenta, la actividad se convertirá en una parte indispensable de nuestra rutina diaria que nos mantendrá en al camino de la buena forma física, una buena salud y la atención plena.

Si preguntara a la mayor parte de la gente si estar físicamente más activo sería bueno para su salud y bienestar mental, la mayoría respondería afirmativamente, y sin embargo, según los últimos datos, más de la mitad de los adultos en Estados Unidos no hacen el suficiente ejercicio físico, y el 25% no hacen ningún ejercicio en absoluto.[28] Existen muchas razones para esta desconexión entre el conocimiento y la acción; algunas existen en nuestro interior y otras son externas. Aun así, con raras excepciones es posible sortear y superar estas barreras y descubrir el propio camino hacia una vida más activa.

¿Qué es lo que hace que las personas activas sean activas y las sedentarias, sedentarias? Muchos estudios han intentado responder a esta pregunta, y las respuestas no resultan muy sorprendentes: es más probable que las personas se muestren activas si creen que tendrán éxito en ello, si piensan que podrán hacerlo con regularidad, que no se sentirán demasiado cansadas, si podrán hacerlo sin sentirse mal o avergonzadas.[29] Es más probable que las personas se muestren activas si creen que obtendrán beneficios, que se sentirán mejor, perderán peso y reducirán el riesgo de enfermedad cardiovascular.[30] Es más probable que se muestren activas si su entorno físico y social apoya un estilo de vida activo: si viven en barrios seguros, tienen acceso a parques y paseos y tienen amigos y familiares que les animan a ello.[31]

La otra cara de estas fuerzas positivas que facilitan el ejercicio son las barreras que nos impiden llevar una vida activa. Liderando la lista de la mayoría de nosotros: la falta de tiempo. Pero muchos otros obstáculos pueden interponerse en nuestro camino a la actividad, como el miedo a no lograr nuestros objetivos, el miedo a lesionarnos, a resultar ridículos, no tener dinero para el equipamiento adecuado o para apuntarse a un gimnasio, o simplemente el hecho de que no nos gusta hacer ejercicio.

Todas ellas son preocupaciones legítimas, pero con un poco de creatividad y previsión no será necesario renunciar al viaje hacia la vida activa antes de empezarlo. ¿Cómo superar estas barreras? Tan sólo hace falta trazar un plan. Establezca qué quiere hacer y cómo conseguirlo. Incluso la persona para la que el ejercicio parece una segunda naturaleza tiene que esforzarse continuamente para superar las barreras y permanecer activo.

La piedra angular de todo plan es el compromiso: el compromiso de estar activo, el compromiso de perder peso y el compromiso hacia el propio plan. Aunque esto suene un poco severo, no lo es. Nuestras vidas son entidades dinámicas: nuestras agendas cambian, nuestras actitudes cambian, nuestras relaciones evolucionan. Por lo tanto, todo plan tiene que ser lo suficientemente flexible para trabajar todos estos factores, y más. Pero el compromiso de estar más activo —y el objetivo de *encontrar una vía* para estarlo— es esencial. Y es más fácil de lo que cree, aunque no ocurre por ensalmo.

Tenga presente que cuando se intenta adoptar una nueva costumbre, es natural reincidir un poco. Si no logra mantener su plan de ejercicio un día, una semana o incluso un mes, no se juzgue severamente ni lo considere un fracaso. Empiece de nuevo. Cada día es un nuevo día, la oportunidad de un nuevo comienzo. Puede empezar otra vez a cada momento. Empiece lentamente, con pasos de bebé, y antes de que se dé cuenta la actividad física formará parte de usted en la misma medida que dormir o cepillarse los dientes.

Repasemos ahora algunas de las barreras más comunes a la hora de hacer ejercicio, y los pasos que pueden darse para superarlas.

«No tengo tiempo»

Si hubiera un premio para la razón más común que aleja a la gente del ejercicio, el ganador absoluto sería: «No tengo tiempo». Y ciertamente se trata de una razón legítima. Las agendas están apretadas: trabajo, familia, tareas domésticas, partidos de fútbol, funciones escolares, clubes de lectura, etc. El tiempo es precioso y difícil de conseguir. Pero eso no quiere decir que podamos labrarnos un espacio para la actividad regular, en especial si pensamos en la mejora de la salud que nos reportará y hasta qué punto nos ayudará a mantener un peso idóneo. Intente hacer del ejercicio una rutina tan esencial como comer o dormir. Al principio será difícil encajarlo, pero después de un tiempo, el día no parecerá completo si no hacemos ejercicio. Echará en falta la renovación y el gozo que el ejercicio le procura.

Considere las siguientes vías para evitar esa barrera:

- LEVÁNTESE TEMPRANO. Cuando el día avanza a todo tren, puede ser difícil encontrar tiempo para hacer ejercicio. Levántese temprano y haga yoga en el salón, salga a la calle para dar un paseo intenso y disfrutar del aire fresco de la mañana, o diríjase al gimnasio antes de que los demás habitantes de la casa se levanten y requieran su ayuda o compañía.
- TOME UN ALMUERZO ENERGÉTICO. Después de tomar conscientemente su almuerzo, reúna a algunos amigos y dé un paseo antes de dirigirse al trabajo o a lo que tenga que hacer. Incluso un paseo de quince minutos después del almuerzo le ayudará a recuperar la energía durante el mediodía.
- PREPARE SU ROPA Y CALZADO DE DEPORTE LA NOCHE ANTERIOR. Así lo tendrá todo listo para partir: tanto por la mañana

para una temprana sesión de ejercicio o más tarde, durante el día, cuando exista la posibilidad de hacerlo.

- HAGA UN POCO DE EJERCICIO AQUÍ, UN POCO DE EJERCICIO ALLÁ. Si no puede encajar un bloque sólido de ejercicio, trate de juntar varias tandas: un paseo de 20 minutos por la mañana; un paseo de 25 minutos durante la hora del almuerzo, y otro de 15 minutos de camino a casa, desde la tienda, después del trabajo. De este modo, habrá alcanzado un total de 60 minutos al día.
- DESCUBRA ACTIVIDADES FÍSICAS CON LAS QUE DISFRUTE. Explore diferentes tipos de actividad física: ciclismo, danza, *frisbee*, excursionismo, ping-pong, natación, taichi, escalada en roca, golf, yoga, etc. Descubra aquellas con las que disfrute verdaderamente. Es más fácil perseverar en una rutina física cuando practicarla resulta divertido.

«Estoy demasiado cansado»

No se deje arrastrar por la excusa del «cansancio». Es fácil recurrir a ella, y todos podemos invocarla. Nuestras vidas están llenas de muchas, muchas responsabilidades que consumen buena parte de nuestra energía, y cuando finalmente encontramos un momento libre para nosotros mismos a menudo queremos estirar las piernas y relajarnos en lugar de ponernos las zapatillas y salir a pasear.

Y, evidentemente, hay ocasiones en las que estamos tan cansados que sólo podemos arrastrarnos hasta la cama en cuanto tenemos la oportunidad. Pero si piensa en ello y analiza cómo se siente en ese momento, descubrirá que esas ocasiones se dan rara vez. En la mayoría de los casos, hacer un poco de ejercicio es lo que necesitamos para despejar la mente de los problemas diarios, sentirnos reforzados y atribuirnos un impulso energético que nos ayudará a pasar el resto del día.

Tenga presentes los modos de sortear esta barrera:

- HAGA EJERCICIO CUANDO GOCE DE LA PLENITUD DE SUS FUERZAS. Todos tenemos momentos del día en que nos sentimos mejor. A ciertas personas les ocurre por la mañana. A otras por la tarde. Otras son personas de mediodía. Independientemente del grupo a que pertenezca, programe su ejercicio en la franja horaria en que normalmente se siente mejor.

- APAGUE EL TELEVISOR. No hay nada que agote nuestra fuerza tanto como la televisión. Tanto si el programa es bueno como si es malo, una vez que nos sentamos ante el aparato será mucho menos probable que nos incorporemos para realizar el ejercicio que nos es necesario. Así pues, antes de decidir sentarnos a ver nuestros programas favoritos, salga a la calle y dé un paseo enérgico, dese una vuelta en bici o enceste algunas canastas. Quizá el ejercicio le revigorizará hasta el punto de que decidirá hacer algo más productivo con su tiempo libre, en lugar de ver la televisión.

- PROGRAME EJERCICIO CON AMIGOS. Nada ayuda tanto a mantener la constancia en el ejercicio —aun cuando se esté cansado— que el apoyo de los amigos. Reúna a un grupo de amigos y establezca una hora para encontrarse e ir al gimnasio o a una buena sesión de *footing*. Ellos le harán perseverar —y no rendirse a menudo por estar demasiado cansado—, y usted hará otro tanto con ellos.

- ESCRIBA UN DIARIO DE EJERCICIO. Tanto si lo hace on-line como en una libreta, escribir un diario donde consignar la actividad física puede constituir una gran motivación y ayudarle a salir de casa. Descubrirá lo fácil que resulta desprenderse de su cansancio y salir a la calle cuando se enfrente a una entrada en la que tenga que consignar cero minutos de ejercicio en un día entero.

«No quiero parecer ridículo»

Casi todos los que han ido a un gimnasio se han sentido incómodos comparados con los entusiastas del mantenimiento físico en las máquinas de pesas, con sus tríceps tonificados y sus físicos delgados. Es natural que así ocurra, especialmente en personas con sobrepeso o que no se sienten muy cómodas con sus cuerpos. Pero no hay razón para dejar que esos sentimientos le detengan. Su salud y su peso son prioridades importantes frente a lo que la gente piense o no piense de usted. Ésta es otra oportunidad de practicar el *mindfulness* sumergiéndose completamente en el momento presente, sin juicios previos. Concéntrese en su cuerpo y en el ejercicio, el movimiento de brazos y piernas, y no en la gente de su alrededor. Cuanto más ejercicio haga, cuanto más tiempo pase en el gimnasio o corriendo por el carril bici, más cómodo se sentirá.

Tenga presentes estos consejos para superar esta barrera:

- HAGA EJERCICIO EN CASA EN PRIMER LUGAR. Si realmente le cohíbe hacer ejercicio en público, busque un vídeo o un programa de ejercicios que sea de su agrado y practique en la comodidad de su salón. Esto le ayudará a sentirse más confiado y competente y le demostrará que merece correr fuera o ir al gimnasio, como todos los demás.
- CONCIERTE UNA CITA CON UN ENTRENADOR. La mayoría de los gimnasios ofrecen sesiones gratuitas o muy económicas para aquellos que quieren empezar. Un entrenador le mostrará cómo funcionan las máquinas y le ayudará a diseñar un plan de ejercicio personalizado en función de sus propias condiciones y objetivos. Esto disipará parte del misterio y reforzará su confianza.

Si sigue creyendo que tiene un problema de imagen, tal vez prefiera buscar la ayuda de un psicoterapeuta o psicólogo profesional especializado en imagen corporal. La web del gobierno healthfinder.gov dispone de muchos vínculos a páginas que ofrecen información y referencias profesionales relacionadas con la imagen corporal y los trastornos alimentarios.

«Es demasiado; no sé por dónde empezar»

Es fácil sentirse abrumado por estos pensamientos negativos: «He intentado muchas veces perder peso, comer bien y hacer más ejercicio, y no voy a ninguna parte». Vivir con atención plena significa que no habitamos en el pasado. El pasado ya se ha ido. Tenemos el poder de no repetir los hábitos pasados que no funcionaron. Tenemos la oportunidad de seguir un camino diferente, otra forma de vivir acorde con nuestros propósitos. Es posible que ahora sea consciente de por qué fracasó en sus intentos previos. Respire profundamente, relájese y advierta que no tiene que hacerlo todo de una sola vez. Un pequeño cambio aquí y allá se suman con el tiempo.

Considere esta sugerencia:

- ESTABLEZCA METAS PROGRESIVAS, Y REALICE UN SEGUIMIENTO DE SU PROGRESO. Necesita empezar en algún lugar, por lo que para empezar lo mejor es establecer una meta razonable y partir de ahí. Si su objetivo último es dar 10.000 pasos al día, empiece por 3.000. Realice un seguimiento diario de su progreso, apuntando en su diario de ejercicios los pasos que ha caminado; aumente la meta a 6.000 pasos y después vuelva a subir. Puede comprobar su meta y progresos utilizando una libreta y un bolígrafo o una de las muchas herramientas on-line, en función de sus preferencias. Lo importante es perseverar en la actividad y en el seguimiento.

«Hacer ejercicio es demasiado caro»

Del mismo modo que no necesita correr maratones para obtener los beneficios de hacer ejercicio, tampoco necesita gastar una millonada en ropa, equipo y cuotas de gimnasio para realizar la actividad que necesita. En este sentido, lo único que realmente necesita es un buen par de zapatillas deportivas.

Tenga presentes estos consejos para superar esta barrera:

- EXPLORE LOS CENTROS SOCIALES. Aunque no necesita la tarjeta de un gimnasio para hacer el ejercicio necesario, está bien tener acceso al equipo, las clases y los entrenadores. Algunos clubes son extremadamente caros, pero hay muchos que no lo son. Los gimnasios municipales suelen tener unas cuotas muy razonables, así como los gimnasios de los centros sociales, y a menudo estas instalaciones ofrecen una escala flexible de pagos en función de lo que la gente puede permitirse.

· INVIERTA EN EL CALZADO. Puede gastarse mucho dinero en ropa y equipo deportivo, pero en realidad no los necesita. Una ropa cómoda y que permita transpirar está bien, pero no tienen que ser cara, y no necesitará un atuendo diferente para cada día del mes. En lo que no puede economizar es en las zapatillas deportivas. Sostienen sus pies y contribuyen al bienestar de sus articulaciones. Compruebe con su red de amigos o compañeros de trabajo qué marca le conviene para el tipo de ejercicio que necesita.

«No hay lugar para hacer ejercicio en mi barrio»

Éste es un problema que todos hemos afrontado en algún momento de nuestra vida, tal vez incluso durante toda nuestra vida: falta de aceras y espacios abiertos; ausencia de gimnasios cerca de casa. Es difícil hacer ejercicio regularmente si no hay un lugar apropiado en las inmediaciones. Sin embargo, hay formas de superar esta barrera.

Atienda estas sugerencias:

· PRACTIQUE EN CASA. Tal vez no sea su primera opción, pero hacer ejercicio en el salón o dormitorio puede ser tan bueno como practicar fuera de casa. Tan sólo requiere una planificación mayor y el equipamiento adecuado: una bicicleta estática, una cinta de correr o un buen vídeo de aeróbic. De hecho, la investigación ha demostrado que tener acceso a un equipo doméstico puede ayudarnos a fomentar la cantidad de ejercicio que realizamos.[32]

· PLANIFIQUE UNA SESIÓN LEJOS. Si hay buenos lugares para hacer ejercicio lejos de su barrio —en el trabajo, la escuela o en el barrio de un amigo—, planifique un tiempo extra y dé un paseo, o haga *footing* por la mañana temprano o antes de volver a casa.

- TRABAJE CON SU COMUNIDAD PARA LA CONSTRUCCIÓN DE PISTAS Y SENDEROS. Se trata de un proceso a largo plazo, no de una rápida solución a su problema de encontrar un lugar donde desarrollar la actividad física. Pero todos podemos trabajar por una mayor salud de nuestras comunidades. Puede ser tan sencillo como enviar un correo o hablar con un regidor de distrito o concejal de su gobierno municipal, o tan comprometido como la organización de una exposición en el ayuntamiento. Independientemente de sus acciones, será una gran jugada que no sólo le beneficiará a usted, sino también a sus seres queridos y a los demás integrantes de la comunidad.

«Mi barrio no es lo bastante seguro»

La triste realidad es que a veces vivimos en barrios que no son seguros, y esto puede erigirse en un gran impedimento a la hora de hacer el ejercicio que necesitamos. No sólo limita nuestras oportunidades de estar activos; también agota nuestra energía mientras pensamos en la mejor manera de superar este problema, al preocuparnos por nuestra seguridad y la de nuestros seres queridos.

Tenga presentes estas sugerencias para sortear esta barrera:

- ENCUENTRE UNA ZONA INTERIOR SEGURA. Puede tratarse de su casa o un centro social o un gimnasio municipal. Descubra cuál de ellos, o qué combinación, le resulta más conveniente. Los vídeos y los programas televisivos de mantenimiento físico pueden ayudarle a hacer ejercicio en casa, y los centros sociales, los gimnasios municipales y otros tipos de centros le brindarán acceso al equipo y a clases regulares.
- HAGA EJERCICIO EN GRUPO. Ir en grupo es más seguro. Encuentre algunos amigos con objetivos similares a los suyos, y salgan juntos a dar un paseo o hacer *footing* varios días a la semana. No sólo se sentirá más seguro; también se sentirá más motivado, pues su grupo dependerá de usted. Comprométase a hacer ejercicio regularmente y con otras personas. Apúntese

a una clase de danza, aeróbic o artes marciales. Será más fácil conservar la motivación y el interés en el ejercicio si lo hacemos en un marco grupal.

- VAYA A DONDE SE SIENTA MÁS CÓMODO. Si es posible, procure ir a zonas en las que se sienta cómodo haciendo ejercicio. Puede ser durante el almuerzo en el trabajo o la escuela, utilizando las escaleras o en los campos deportivos cercanos. O puede hacer una excursión a un lugar hermoso para un cambio de ritmo saludable.

«Padezco dolores físicos»

Las personas que padecen dolencias crónicas como la osteoartritis, una elevada presión sanguínea o diabetes de tipo 2 tal vez teman que la actividad física agrave su estado. La *2008 Physical Activity Guidelines for Americans* recomienda una actividad física regular para promover la calidad de vida y reducir el riesgo de desarrollar otras dolencias crónicas como las enfermedades cardiovasculares.[33] Sin embargo, es fundamental que las personas con dolencias crónicas consulten a su médico acerca del tipo y la cantidad de actividad con la que deberían comprometerse de forma rutinaria, y se procuren una supervisión regular.

La conexión del *mindfulness*

Ahora que hemos hablado de la ciencia detrás del vínculo entre ejercicio y salud, y algunos de los aspectos prácticos de introducir el ejercicio en la propia vida, es hora de conectar la actividad con el *mindfulness*, lo que hará que integrar la actividad en la vida cotidiana sea más fácil y mucho más significativo.

El viaje hacia la pérdida de peso es un viaje de la mente y el cuerpo, y en ningún lugar es más evidente esta unión que en el ejercicio y el movimiento, el movimiento consciente. Cuando estamos activos —tanto si caminamos, escalamos una montaña o trabajamos en un jardín— nos apegamos al instante, que es la esencia del *mindfulness*. Si no nos arraigáramos en el momento, tropezaríamos, nos caeríamos o arrancaríamos la planta equivocada. Al vivir en el instante presente nos acercamos a nuestros sentidos, a nuestra respiración meditativa, a nuestro cuerpo en general.

Todas estas conexiones nos afianzan y nos ayudan a trascender la tensión diaria, el aluvión cotidiano de anuncios publicitarios y otros estímulos nocivos, confiriéndonos la paz de cuerpo y mente que contribuye a que perdamos peso, alcancemos la vida sana que necesitamos y abracemos la paz.

No existe una mejor demostración del poder de la atención plena que la meditación andando. La meditación de andar con atención plena es una de las formas de contemplar la paz. El acto de caminar genera la energía de la paz, la solidez y la libertad.

Meditación andando

Dé dos o tres pasos por cada inspiración y espiración.
Al inspirar, diga: «He llegado»; al espirar, diga: «Estoy en casa».
Al inspirar, diga: «Aquí»; al espirar, diga: «Ahora».
Al inspirar, diga: «Soy firme»; al espirar, diga: «Soy libre».
Al inspirar, diga: «En la dimensión última»; al espirar, diga: «Reposo».

Para empezar, dé dos o tres pasos al respirar lentamente. Preste atención a las plantas de sus pies, y sea consciente del contacto entre los pies y el suelo. Preste toda su atención a las plantas de sus pies.

Al inspirar, dé dos o tres pasos, y a cada paso diga: «He llegado».

Al espirar, dé otros dos o tres pasos, consciente del contacto entre sus pies y el suelo, y diga, a cada paso: «Estoy en casa».

Pero ¿adónde he llegado? ¿Y dónde está la casa?, podría preguntarse.

Según las enseñanzas y la práctica de Buda, la vida sólo se ofrece en el momento presente, en el aquí y el ahora. Y cuando volvemos al momento presente tenemos la oportunidad de acariciar la vida, de encontrarnos con la vida, de estar plenamente vivos y plenamente presentes. Ésa es la razón por la que cada paso nos lleva al momento presente, a fin de alcanzar las maravillas que la vida nos ofrece. Además, al decir: «He llegado», está diciendo: «He llegado aquí y ahora, el único lugar, el único tiempo en el que la vida se ofrece, y éste es mi verdadero hogar». «He llegado» quiere decir: «No quiero vivir distraído y perdido nunca más, porque sé que las condiciones para mi felicidad ya están aquí, en el instante presente». A veces creemos que la felicidad no es posible aquí y ahora, que necesitamos otras circunstancias para ser felices, así que nos lanzamos hacia el futuro para conquistarlas. Al actuar así sacrificamos el momento presente; sacrificamos la verdadera vida.

En nuestra vida cotidiana, tenemos tendencia a pensar en el pasado, a quedar atrapados en el dolor y el remordimiento en lo que respecta al pasado, y a quedar varados en el temor y la incertidumbre respecto al futuro, de modo que nuestra mente no está en el momento presente. Por esa razón es muy importante aprender a volver al instante para estar plenamente vivos, plenamente presentes. La meditación andando nos ayuda a conseguirlo fácilmente.

Hemos de aprender a caminar de forma que cada paso nos aporte estabilidad, libertad, curación y transformación. Para que cada paso sea sólido, libre, curativo y nutritivo, necesitamos la energía de la atención plena y la concentración, que se obtiene mediante la respiración consciente y el paseo consciente. *«He llegado. Estoy en casa.»* No es una declaración. Es una práctica, y sólo usted puede saber si ha llegado al aquí y al ahora; nadie más podrá decírselo. Si se ha instalado en el aquí y el ahora, se sentirá libre, ligero y en paz, y entrará en contacto con todas las maravillas que la vida nos ofrece.

Camine de forma que la paz se haga realidad en cada célula de su organismo, en cada célula de su conciencia. Cuando respiramos pacíficamente, la paz de nuestra respiración penetra en nuestro cuerpo y nuestra mente. Entonces, muy pronto, en apenas un instante, el cuerpo, la mente y la respiración se hacen uno en la concentración y nos inunda la energía de la estabilidad, la solidez y la libertad generadas por cada uno de nuestros pasos.

Después de unos minutos, avanzaremos hacia la tercera línea de la meditación: «*Aquí. Ahora*». Significa que estoy en casa en el aquí y el ahora. La ubicación del reino de Dios, el lugar de la paz y la unión es el aquí y el ahora, no está en el pasado, no está en el futuro, y no está en ningún otro lugar del espacio.

Después de un tiempo, avanzará hacia la cuarta línea: «*Soy firme. Soy libre*». La solidez y la libertad son los aspectos más importantes de la felicidad. Sin solidez, sin libertad, la verdadera felicidad no es posible; además, cada paso debería generar más solidez y libertad. Y una vez más, esto no es un deseo o una declaración. Es una práctica.

Por lo tanto, «*Soy firme, soy libre*» significa que ahora soy más firme, más sólido. Esto hace de la práctica algo mucho más agradable. Camina con dignidad, como un rey o reina. Camina como un león, porque es realmente usted mismo, con toda su fuerza y serenidad.

Cada paso se convierte en una delicia. Cada paso tiene el poder de curar, de transformar. No sólo podemos curarnos a nosotros mismos con nuestros pasos, sino que podemos ayudar a curar a nuestros seres queridos, amigos, al planeta, al medio ambiente. Al caminar conscientemente, nos tranquilizamos. Nuestro cerebro se despeja y se torna más lúcido, y deja así aflorar soluciones a los retos que nos apremian o que afrontan nuestros seres queridos, nuestros amigos y el mundo.

La última línea de la meditación es «Reposo, en la dimensión última». En la realidad hay dos dimensiones. La primera es la dimensión histórica, y la segunda es la dimensión última. Tenemos una dimensión última —el fundamento de nuestro ser—, y si sabemos cómo vivir profundamente cada momento de nuestra dimensión histórica, podremos alcanzar nuestra dimensión última.

La dimensión histórica puede compararse a una ola. Y la dimensión última es como el agua en la ola. Puede parecer que una ola tiene un principio y un fin. Una ola puede considerarse alta o baja, grande o pequeña, diferente o similar a otras olas.

Sin embargo, la apariencia de principio y fin, alto y bajo, más y menos hermoso, pertenece únicamente a la dimensión histórica. Porque la ola es al mismo tiempo el agua. El agua trasciende la forma de la ola, y la idea de principio y fin, alto o bajo, esta ola o esa ola. Esas nociones se aplican a la ola pero no al agua. El momento en que la ola advierte que es agua, pierde todo su temor y disfruta siendo una ola. Está libre del nacimiento y la muerte, del ser y del no ser, de lo alto y lo bajo, porque cuando somos capaces de alcanzar nuestra dimensión última, dejamos de estar sujetos al miedo: miedo a ser menos o más que otras olas; miedo al nacimiento; miedo a la muerte.

Se trata de una práctica muy profunda. Al alcanzar nuestros verdaderos cimientos, nuestra verdadera naturaleza —la naturaleza del no nacimiento y la no muerte— entonces surge el no temor. Y con el no temor, la verdadera felicidad se hace posible.

Es posible vivir cada momento de nuestra vida diaria de modo que nos ayude a alcanzar nuestra dimensión última. De hecho, sólo viviendo profundamente nuestra vida en la dimensión histórica podremos sumergirnos en la dimensión última.

Tocar el cielo y la tierra

Para desarrollar la concentración, la estabilidad, Thay* practica regularmente los diez movimientos conscientes tal como se describen en el libro *Mindful Movements: Ten Exercises for Well-Being*. Son movimientos sencillos inspirados en el yoga y el taichi.

Separe los pies a la altura de las caderas, con las rodillas ligeramente flexionadas. Al inspirar, alce los brazos sobre la cabeza, con las palmas hacia delante. Estírese todo lo posible, y mire hacia arriba como si intentara tocar el cielo. Al espirar, inclínese hacia abajo, hasta la cintura, mientras extiende los brazos hasta tocar el suelo, o llegue tan lejos como le resulte cómodo. Si sus manos alcanzan a tocar el suelo, sienta el contacto con la tierra. Relaje el cuello. En esta posición, respire y mantenga la espalda relajada mientras se incorpora y vuelve a tocar el cielo. Toque el cielo y la tierra otra tres veces.[34]

---

* Palabra vietnamita que significa «maestro»; en este caso, Thich Nhat Hanh. (*N. del t.*)

Estiramientos y pequeños movimientos conscientes

Los pequeños movimientos son una buena manera de quemar el exceso de calorías en las horas que pasamos despiertos. La investigación ha demostrado que podemos quemar calorías al margen de los regímenes formales de actividad física. Estos pequeños movimientos —los pequeños gestos que hacemos, por ejemplo, al caminar sin rumbo fijo mientras hablamos, los gestos de las manos y estar de pie en lugar de sentarnos— pueden quemar unos cientos de calorías al día.[35] En lugar de tomar asiento en la silla mientras habla por teléfono o con otra persona, pasee de un lado a otro. Al esperar en la cola del banco o del supermercado, al esperar el autobús o aguardar en un semáforo en rojo, podemos estirarnos conscientemente, estirar y flexionar los pies o flexionar y relajar brazos y piernas. O sacudir conscientemente las extremidades mientras respiramos con plena atención.

Cada vez pasamos más horas sentados ante la pantalla de un ordenador. Nos comunicamos con los demás por correo electrónico y blog; buscamos en la web, vemos películas, trabajamos en nuestras tareas, y así sucesivamente. Intente colocar la pantalla del ordenador en un lugar más alto para poder incorporarse mientras lo utiliza. De este modo, podrá hacer pausas regulares para estirarse y utilizar sus músculos y quemar más calorías. Al estirarse y flexionar músculos y articulaciones, también evitará el dolor de espalda y hombros causado por los prolongados períodos sedentarios frente a un teclado.

Al inspirar, camino de un lado para otro.
Al espirar, evito que mi cuerpo se tense y entumezca.

El movimiento consciente con otras actividades

Aunque la meditación andando es la mejor manera de empezar la práctica del *mindfulness*, evidentemente no tiene por qué limitarse a caminar si hay otras actividades que le gustan igualmente, si no más. Tanto si se trata de ciclismo, baile, correr, jardinería o yoga, podrá aplicar la misma práctica de meditación utilizada en la meditación andando.

Si utiliza la bicicleta, recite, cada diez golpes de pedal, una de las líneas de la meditación a la vez que inspira y espira: «He llegado. Estoy en casa».

Si trabaja en un jardín, cada vez que hunda la pala o arranque un hierbajo, inspire y practique: «Soy firme». Espire y practique: «Soy libre».

Tal vez al principio pueda parecer un tanto extraño y forzado, ya que la mayoría de nosotros nunca hemos abordado una actividad con la meditación en mente. Sin embargo, a medida que practiquemos, se integrará en nuestra actividad, y no sólo nos ayudará a arraigarnos en el instante presente, sino que convertirá el ejercicio en una experiencia que disfrutará como nunca ha hecho antes. Se convertirá en un punto central del día, el momento en que conectará con el momento y consigo mismo, y gracias a esta conexión y a la naturaleza dinámica del ejercicio y el movimiento será capaz de perder el peso que quiere perder y llegar a ser la persona sana en la que desea convertirse.

Movimiento del brazo consciente
Un movimiento que ayuda a desatar
los nudos internos y externos

Este movimiento procede de la práctica tradicional *china chi qong*. Es liberador y tonificante. Se puede hacer en cualquier lugar. No requiere ningún equipamiento; el propio cuerpo es el instrumento. Es práctico, ya que puede realizarse en cualquier momento y lugar, y sólo ocupa cinco minutos.

1. Póngase de pie con los hombros y las piernas separados; relaje el cuerpo con las rodillas ligeramente flexionadas.
2. Concentre su visión en un objeto o paisaje frente a usted.

3. Balancee los brazos frente a usted, en dirección al techo o al cielo, mientras inhala profundamente.

4. Deje caer y balancee los brazos hacia atrás, mientras exhala completamente.

5. Repita este movimiento de ascensión y descenso.

6. Aumente gradualmente la velocidad del movimiento de ascensión y descenso durante cinco minutos.

Al hacer este ejercicio, intente sentir que «nada» en el aire. Es uno con el aire, e intercambia energía con él. Al alzar los brazos e inhalar, incorpora energía de todo cuanto hay alrededor, y al bajar los brazos y exhalar, expulsa toda la energía gravosa. Cada movimiento es un movimiento consciente y está activamente comprometido con el aire y la respiración. Se sentirá instantáneamente diferente después de practicar el balanceo de brazos durante cinco minutos. Su corazón bombea, y usted se siente más feliz. Las tensiones en la cabeza y en los músculos de hombros y espalda empiezan a ceder y relajarse. El movimiento, junto a la respiración, le ayudará a volver a sí mismo, uniendo cuerpo y mente. Si tiene problemas de espalda u otras molestias físicas, por favor, consulte a su médico antes de hacer este ejercicio.

Uniéndolo todo

En este capítulo hemos abordado muchos temas: los beneficios para la salud y la pérdida de peso derivados de hacer ejercicio; la cantidad de ejercicio necesaria para perder peso y no recuperarlo; la importante conexión entre el *mindfulness* y la actividad; y las barreras comunes para hacer el ejercicio que necesitamos. Ahora es el momento de unirlo todo y crear un plan para adquirir una identidad activa. Llamémoslo el plan de movimiento-*aquí*, donde *aquí* quiere decir estar en el momento presente. Con su plan de movimiento-*aquí*, podrá establecer sus objetivos, encontrar la manera de sortear cualquier asunto que le impida alcanzarlos y planear las actividades que quiere hacer para llegar a ellos.

Su plan de movimiento-*aquí*

He aquí los elementos clave para desarrollar un plan exitoso que aumente la cantidad de ejercicio en su vida cotidiana. Repase estos elementos y a continuación diseñe su propio plan de acción, siguiendo el ejemplo al final de esta sección.

Como todos los planes de acción, sus objetivos no tienen por qué ser estáticos. A medida que gane experiencia y supere los obstáculos, sus objetivos y métodos para superar los obstáculos pueden cambiar. No tema hacer cambios siempre y cuando permanezca su compromiso de vivir conscientemente, seguir activo y trabajar en pos de su objetivo último: perder peso y no recuperarlo.

¿Por qué quiere estar físicamente más activo?

Piense en las razones por las que quiere estar más activo. Pueden afectar a todos los aspectos de su vida.

Ejemplos: *Quiero sentirme mejor conmigo mismo. Quiero perder peso. Quiero sentirme más fuerte.*

¿Qué hay de malo en ser sedentario?

Piense en las desventajas de permanecer inactivo o no desarrollar una actividad suficiente. Una vez más, estas desventajas pueden afectar a todos los aspectos de nuestra vida.

Ejemplos: *Seguiré estando gordo. No me sentiré bien conmigo mismo. Me sentiré triste y decaído.*

¿Qué actividades le gustaría hacer?

Piense en actividades que le reporten felicidad. Hay muchas cosas distintas que pueden incluirse en su tiempo de ejercicio. Procure elegir actividades que le gusten y le resulten divertidas. Si cree que no le gusta ningún tipo de actividad, elija la menos desagradable, o seleccione alguna en la que disfrute de un amplio apoyo social, como pasear con un amigo íntimo.

Ejemplos: *pasear, ciclismo, jardinería, golf, baile, yoga, excursionis-mo, baloncesto, tenis, artes marciales, bolos, patinaje, juegos con los hi-jos o nietos, esquiar, nadar.*

¿Cuánto tiempo desea dedicar a estar activo cada día?

En última instancia, sus objetivos deberían situarse entre treinta y ochenta minutos de actividad moderada al día (o unos 10.000 pasos). Sin embargo, a menos que esté a punto de conseguirlo ahora mismo, no querrá empezar con ese objetivo. Es mejor ir paulatina-mente, empezando con uno o dos objetivos más asequibles que podremos utilizar para alcanzar el objetivo principal. Tal vez po-dría empezar con 20 minutos al día (o unos 2.500 pasos). Tras ha-cerlo durante cuatro semanas, podrá desplazar el objetivo a 40 mi-nutos diarios (o 5.000 pasos). A continuación, tras otras cuatro semanas exitosas, podrá avanzar hacia los 60 minutos diarios (o 7.500 pasos).

Ejemplo:

Objetivo 1: 2.500 pasos/día (20 minutos/día)
Objetivo 2: 5.000 pasos/día (40 minutos/día)
Objetivo 3: 7.500 pasos/día (60 minutos/día)

¿Cuáles son los dos o tres obstáculos que dificultarán su vida acti-va? ¿Cómo superarlos?

Encontrar el modo de superar los obstáculos que se interpo-nen en su camino a la actividad es una parte necesaria del proceso, y esto se aplica tanto al corredor de la maratón olímpica como a quien acaba de empezar. Piense en algunos de los puntos esenciales que le impiden salir a la calle a procurarse el ejercicio que necesi-ta. Tal vez forme parte de la lista de obstáculos que repasamos ante-riormente en este capítulo, o puede tratarse de algo completamente distinto. Una vez localizados los dos o tres obstáculos principales, anótelos y piense en el modo de superarlos. Ésta será su lista de de-beres cuando las cosas se pongan difíciles y busque razones para no salir a la calle.

Ejemplo:
Obstáculo: No tengo tiempo.
Mi consejo: Prepararé la ropa la noche anterior y me levantaré temprano, antes que el resto de la familia.
Llevaré una bolsa con el almuerzo al trabajo y daré un paseo después de comer.

¿Cuáles son sus palabras para el movimiento consciente?
Seleccione una línea o dos (o todas) de la meditación andando (véase la pág. 186) para concentrarse mientras realiza el ejercicio elegido.
Ejemplo: «*He llegado. Estoy en casa*».

Movimiento consciente: una oportunidad de ayudar a nuestro planeta a seguir siendo verde

A medida que aprendamos a utilizar más nuestro cuerpo y depender menos de aparatos y automóviles para nuestras tareas y desplazamientos, no sólo quemaremos más calorías sino que contribuiremos a reducir el impacto ecológico. Hay muchas maneras de incrementar nuestro movimiento en la vida cotidiana. Utilice las escaleras en lugar del ascensor. Vaya al trabajo en bicicleta. Camine o vaya en bici a los lugares que se encuentren en un radio de tres kilómetros. Utilice un cortacésped manual para cortar el césped y un rastrillo para recoger las hojas. Tienda parte de la colada al aire libre.

En el libro *The World We Have*, Thich Nhat Hanh habla de la práctica de un día sin coche una vez a la semana en sus centros y monasterios a fin de reducir las emisiones contaminantes y el consumo de gas.[36] Realizar esta práctica puede reportarnos una gran felicidad. Cada uno de nosotros puede hacer algo concreto y con regularidad para proteger el planeta y reducir el calentamiento global. Difunda la alegría y anime a su familia, amigos y compañeros para que se comprometan a un día sin coche una vez al mes o a la semana. (Para más información, visite www.carfreedays.org.)

Conclusión

Para muchos de nosotros, el ejercicio constituye un verdadero reto. No es fácil encontrar tiempo. Puede resultar desagradable, al menos al principio. Y puede haber muchas actividades rivales menos agotadoras y aparentemente más atractivas. Pero nuestros cuerpos y mentes realmente reclaman la actividad. Durante miles y miles de años, los seres humanos han sido seres activos, y eso está inscrito en nuestros genes, nuestras células, nuestras mentes. El hecho de que nuestra moderna vida actual haya sofocado esa parte de nosotros no significa que haya desaparecido. Llegar a ser realmente nosotros mismos, comprender verdaderamente quiénes somos y apreciar la capacidad física con la que hemos sido agraciados, exige recuperar la conexión con nuestra identidad activa, por mucho que hayamos perdido el contacto con ella.

Esto no quiere decir que haya que escalar montañas y correr maratones. Es mucho más sencillo que eso. Tan sólo quiere decir que es necesario dedicar un tiempo a actividades físicas de nuestro agrado la mayor parte de los días. La práctica del movimiento consciente le ayudará a trascender la rutina diaria, conectarse consigo mismo y alcanzar el peso saludable, y contribuye a la vez al bienestar de nuestro mundo.

PLAN DE VIDA CONSCIENTE

Ahora que hemos hablado del papel que los alimentos y la actividad física desempeñan en nuestra práctica del *mindfulness* y nuestro viaje hacia un peso saludable, es el momento de dar un paso atrás y abordar, con una perspectiva más amplia, cómo podemos incorporar el *mindfulness* a nuestras vidas.

La práctica del *mindfulness* influye en nuestra calma interior. Nos permite relajarnos y reflexionar para volver a conectarnos con nuestro verdadero yo. Nuestro verdadero yo ha quedado oculto por nuestra entumecida vida automática, con nuestros días saturados de incontables exigencias y los infinitos estímulos a que nos somete nuestra sociedad de consumo hipertecnológica y dirigida por la publicidad. Al liberarnos de nuestras respuestas automáticas, podremos ver las cosas como son, a cada instante, sin juicio, nociones o sesgos preconcebidos. Llegamos a conocernos mejor. Nos armonizamos con nuestros propios sentimientos, acciones y pensamientos, así como con los sentimientos, acciones y pensamientos de los demás. Al vivir plenamente cada instante, aprendemos a amarnos a nosotros mismos y hacer las paces con todo lo que nos rodea. En suma, sencillamente *saboreamos* la vida.

La mayoría de las personas no pueden llevar una vida sana aunque saben que deberían. Existen innumerables obstáculos internos y externos que podemos enumerar. Para trascenderlos, hemos de preguntarnos qué *queremos realmente*. A menudo, la energía de la costumbre y el miedo nos impiden identificar lo que queremos y vivir de forma saludable. La energía de la costumbre nos incita a seguir, pero no sabemos adónde vamos. Luchamos incluso durante el sueño. Necesitamos practicar el *mindfulness* en nuestra vida cotidiana para detectar y transformar las destructivas energías de la costumbre que dirigen nuestras vidas en la dirección equivocada.

Con la creación de la declaración para un peso saludable, como describimos en el capítulo 1, ya hemos dado el primer paso en el viaje consciente para mejorar nuestra salud. A medida que practique con la intención de mejorar sus hábitos alimentarios, descubrirá que las mismas prácticas de alimentación consciente pueden cambiar la percepción de todo cuanto hace y experimenta. De modo parecido, si aprende a abordar otros aspectos de su vida con atención plena, descubrirá que estas buenas costumbres robustecerán sus esfuerzos por comer de forma más sana.

Practique concentrándose en el ahora y sumergiéndose plenamente en la tarea presente, independientemente de cuál sea. Descubrirá que puede completar la tarea con menos esfuerzo. El modo en que se involucre en la tarea determinará completamente la calidad del futuro. El modo en que el futuro se despliega depende de cómo gestionamos el momento presente. Ser consciente de cada instante nos brinda la mayor de las oportunidades para crear un futuro bello y exitoso.

Los capítulos 5 y 6 se centraron en cómo proyectar la luz de la atención plena en las actividades diarias de la alimentación y el ejercicio, y le guiaron en la creación de estrategias de alimentación-*aquí* y movimiento-*aquí* para ayudarle a representar el curso de su atención plena. A fin de sumergirlo en su viaje de atención plena, sugerimos un plan para la práctica del *mindfulness* que le ayude a relacionar algunos de los ejercicios y recomendaciones de los que hemos hablado a lo largo de este libro e integrarlos en sus rutinas diarias. El plan propuesto incluye prácticas, no sólo relativas a la alimentación y el ejercicio para el control del peso, sino también para transformar y disfrutar de la vida. Lo llamamos el plan de vida consciente. Tiene tres componentes principales: la alimentación-*aquí*, el movimiento-*aquí* y la respiración-*aquí*. Como hemos señalado, *aquí* denota «en el instante presente». Estas estrategias *aquí* pueden personalizarse e integrarse con suavidad en prácticamente cualquier acto de nuestra vida diaria, convirtiéndose en los pilares que le ayudarán a construir una vida consciente.

Mientras que la respiración-*aquí* y el movimiento-*aquí* se centran en la alimentación y la actividad física encaminadas a la mejora de la salud, la respiración-*aquí* implica todos los aspectos de lo que hacemos y nos ayuda a transformar nuestras costumbres y aflicciones. La estrategia de la respiración-*aquí* nos ayuda a despertar todos nuestros sentidos y a estar plenamente presentes para comprender y gestionar hábilmente nuestros pensamientos, emociones, palabras y acciones.

Al comer, comemos conscientemente. Al hacer ejercicio, hacemos ejercicio conscientemente. También miramos, escuchamos, hablamos, tocamos, sentimos y percibimos conscientemente. Respiramos todo el tiempo, y ser conscientes de nuestra respiración es la práctica más sencilla y eficaz para concentrarnos en el momento presente. La respiración es un complemento esencial tanto para comer como para ejercitarnos conscientemente, así como para practicar el *mindfulness* a lo largo de todo el día.

Al vivir con conciencia, ganaremos en perspectiva y comprensión, reduciremos la ignorancia y fomentaremos el amor, la compasión y la alegría. Comprender la naturaleza impermanente e interrelacionada de todas las cosas es la clave para la transformación, y la energía de la atención plena es la fuente del poder que alimenta el proceso de transformación a cada instante.

Así como la luz del sol proporciona la energía para que una semilla crezca y se convierta en una planta, el *mindfulness* proporciona la energía para transformar todas las formaciones mentales: nuestros estados mentales, que son expresiones de energías latentes manifiestas en nuestra mente. La energía de la atención plena es como el sol: sólo tiene que irradiar su energía para hacer su trabajo con toda naturalidad. El punto esencial es no intentar reprimir nuestras aflicciones, nuestras energías negativas, porque cuanto más nos resistamos a ellas o las combatamos, más fuertes se harán en nosotros. Sólo tenemos que aprender a reconocerlas, abrazarlas y bañarlas en la energía de la atención plena. Cuando hay abundancia de energía de la atención plena en nosotros, ésta puede transmutar y diluir los efectos de las energías negativas latentes en nosotros. Cultivar la energía de la atención plena aliviará y calmará nuestras emociones negativas. El plan de vida consciente ofrece un marco de referencia práctico para estimular la energía de la atención plena.

Cuando nos sentimos encallados e inmovilizados, seguimos el camino de nuestro yo. Nuestro ego nos obstruye el camino. Estamos nerviosos, limitados en nuestro pensamiento, susceptibles, dubitativos y siempre pensando y preocupándonos del futuro o lamentando el pasado en lugar de vivir en el presente. Nos convertimos en nuestro peor enemigo al vernos abrumados por nuestros temores, nuestra ira y desesperación. Estos temores, ira y desesperación son ilusiones. No son reales, pero creemos que lo son y dejamos que nos dominen. Realice una serie de inspiraciones y espiraciones para volver a unir cuerpo y mente, lo que le permitirá estar plenamente en el presente. Una vez en el presente, reconocerá que sus temores, ira y desesperación son proyecciones del pasado. No son la realidad presente.

Este plan práctico no sólo es una guía para ayudarle a mejorar su bienestar. Estas prácticas no son fórmulas rígidas, sino meros ejercicios que le ayudarán a dar los primeros pasos en la atención plena, para obtener una perspectiva superior y apartar las nubes que oscurecen nuestra clara visión. A medida que aprendamos y pongamos en práctica estos conceptos, es importante que no nos limiten sino que aprendamos a utilizarlos para una mayor comprensión. Evidentemente, podemos idear nuestras propias prácticas sencillamente aplicando los principios del *mindfulness* de un modo relevante y adaptado a nuestra propia vida. Lo importante es empezar dando los primeros pasos y comprobando su efecto. La práctica diaria continua estimulará la energía de la atención plena. En las siguientes secciones describiremos los tres componentes principales del plan de vida consciente: alimentación-*aquí*, movimiento-*aquí* y respiración-*aquí*.

Alimentación-*aquí*

En el capítulo 5 repasamos los componentes clave de un plan de alimentación consciente y nutritivo, bueno para uno mismo y para el planeta, prestando atención no sólo a lo que comemos sino a cómo lo comemos. Al aumentar gradualmente la práctica de la alimentación consciente, descubrirá que está más en armonía con los indicios del hambre y la saciedad. Descubrirá que comerá cuando tenga hambre y parará cuando se sienta lleno. Descubrirá hasta qué punto adoptará decisiones alimentarias sanas, prudentes y ecológicas, satisfactorias tanto para usted como para el planeta. Descubrirá que es capaz de comer con más atención y disfrutar profundamente de sus decisiones.

Al menos una vez al día, tome una comida o tentempié sin otro estímulo sensorial que concentrarse en la comida y bebida que consume. Esto quiere decir privarse de televisión, periódicos, libros, radio, iPod, teléfono móvil, del pensamiento o las preocupaciones. Coma con lentitud, disfrute plenamente de la comida, y mastique bien para paladear el sabor de los alimentos y ayudar a la digestión.

Tómese el tiempo para repasar los principios nutricionales básicos comentados en el capítulo 5 y las siete costumbres de los comensales conscientes, y descubra cuáles ha activado y cuáles necesita cambiar y mejorar. Como observamos en el capítulo 5, identifique las que le resulten más importantes a fin de establecer una lista de objetivos alimentarios y metas en lo relativo a hábitos conscientes. Concéntrese en un nuevo objetivo alimentario y una nueva práctica de alimentación consciente cada una o dos semanas, y adhiérase conscientemente a ellos desde un trabajo diario. Tome nota de los retos y obstáculos que le impiden alcanzar los objetivos deseados, y diseñe estrategias para superarlos.

Por ejemplo, si su objetivo es eliminar las bebidas endulzadas con azúcar, observe la energía de la costumbre que le incita a buscar un refresco a lo largo del día. Cuando se disponga a ello, deténgase, inspire y espire, y dígase en silencio: «Hice la promesa de eliminar las bebidas azucaradas. En lugar de ello tomaré agua con gas con sabor a lima». Si su objetivo alimentario es consumir raciones más pequeñas, utilice utensilios más pequeños para servirse, así como un plato de tamaño más reducido. A medida que adopte una nueva costumbre alimentaria saludable y un nuevo hábito de alimentación consciente cada una o dos semanas, después de cuatro, ocho o doce semanas descubrirá que su alimentación diaria es mucho más sana y proclive a sus objetivos relativos a la salud y el peso. Puesto que es usted quien decide qué opción más sana incorporar a su propio plan de alimentación diaria, la probabilidad de que mantenga su decisión es mucho mayor que si el incentivo para el cambio proviniera de otra persona.

Movimiento-*aquí*

Aunque ya no trabajemos en el campo, como nuestros antepasados, existen muchas oportunidades para mover nuestro cuerpo cada día. Como vimos en el capítulo 6, la actividad física es uno de los mejores medios para practicar el *mindfulness*, porque está muy conectada con el cuerpo, la mente, el aquí y el ahora. Nuestros cuerpos (y nuestras mentes) anhelan estar activos. La clave consiste en encontrar las rutinas que nos gusten y que podamos integrar en nuestra vida cotidiana.

Busque, todos los días, un camino o pasillo que recorrer conscientemente. Puede estar en su hogar, en el trabajo, en un parque o en algún lugar de la ciudad por donde pasee a menudo. Usted paseará por el gusto de pasear, sin un destino prefijado. Caminará sin una lista de «deberes», sin lamentarse por el pasado, sin preocuparse por el futuro. Respirará mientras camina. Para un ritmo lento, dé dos pasos por cada inspiración y espiración. Para un ritmo más rápido, cuando necesite llegar a su cita a tiempo, dé tres pasos o más por cada inspiración y espiración.

Para obtener los beneficios físicos, emocionales y de pérdida de peso de la actividad reforzada, repase su plan de movimiento-*aquí* en el capítulo 6. ¿Qué objetivos estableció para aumentar conscientemente su actividad, y qué estrategias desarrolló para superar los obstáculos al aumento de actividad? Utilice esos objetivos para cubrir la sección movimiento-*aquí* de su plan de vida consciente.

A medida que fortalezca su práctica de movimiento consciente, descubrirá que quiere moverse más y más. El movimiento consciente se convertirá en un hábito, un buen hábito. Si prescinde de él, aunque sólo sea un día, lo echará de menos.

Respiración-*aquí*

La respiración-*aquí* implica todas las facetas de nuestra existencia. Hemos hablado de la importancia de la respiración consciente y la práctica del *mindfulness*, y en el capítulo 4 hemos ofrecido muchos ejercicios que constituyen prácticas maravillosas para la estrategia de respiración-*aquí*. Sólo podemos describir el principio de la práctica; sería imposible consignar todas las formas diferentes de practicar. Sin embargo, para ayudarle a infundir la atención plena en su actividad cotidiana e incentivarla como modo de vida, sugerimos que pruebe algunos de los ejercicios del capítulo 4 y las meditaciones y versos adicionales presentes en este capítulo. Son lo que llamamos «meditaciones de la respiración en acción»: podrá usarlas mientras se involucra en varias tareas y rutinas a lo largo del día. Escoja y pruebe aquellas que le parezcan importantes y atractivas.

Uno de los aspectos de la práctica del *mindfulness* es que es *continua*. No vivimos períodos de atención plena a lo largo del día: queremos ser consciente durante toda la jornada, en la medida en que sea posible. Al incorporar el *mindfulness* a cada instante, nos mantenemos frescos, en paz, protegidos del embate e impulso de la energía de la costumbre. Nos mantenemos en la senda porque estamos despiertos y hemos desconectado el piloto automático. Las meditaciones y versos ofrecidos aquí son como postes indicadores a lo largo del camino: nos recuerdan el límite de velocidad, nos facilitan direcciones, nos ayudan a perseverar en el camino. Las necesitamos a lo largo de todo nuestro viaje, no sólo al principio o al final. Así ocurre con la atención plena. Podemos empezar el día muy conscientemente, pero si al utilizar el coche o subir al autobús para ir al trabajo permitimos que el estrés o las preocupaciones nos invadan, habremos perdido nuestro camino. Así pues, necesitamos prácticas que a lo largo del día nos ayuden a recordar cómo volver a nuestra respiración, relajarnos y centrarnos en el instante. De esta forma no seremos víctimas de nuestro estrés y angustia.

Cuando practique estos versos y meditaciones, tenga presente que el primer paso a la hora de abrir su corazón al *mindfulness* es *parar* un breve instante tan pronto como sea consciente de su acción.

Esta breve parada le invitará a observar profundamente y gozar de cierta perspectiva de lo que está haciendo al centrarse plenamente en el instante presente. Es posible transformar cada una de nuestras actividades en una meditación, incluso las cosas más mundanas —como utilizar un lavabo, peinarnos o calzarnos—, siempre y cuando prestemos atención a lo que hacemos, con la mente y el cuerpo unidos.

Meditación del despertar

Al despertar cada mañana, y antes de salir de la cama, respire siguiendo la meditación del despertar. Realice tres inspiraciones y espiraciones, repitiendo silenciosamente el último verso a cada inhalación y exhalación.

> Al inspirar, lleno mi nuevo día con
> alegría/fe/amor/gratitud/atención plena/alivio/armonía.
> Al espirar, sonrío.

Para la inspiración, escoja la palabra que le resulte más atractiva.

Meditación del amanecer

El amanecer es un momento muy especial del día. Es pasajero, efímero, y sin embargo mágico si podemos levantarnos lo suficientemente temprano como para verlo. Es el inicio de un nuevo día. El amanecer nos recuerda que podemos empezar nuestra vida de nuevo, sin el lastre de los problemas y preocupaciones de ayer. La energía de los rayos emergentes nutre todo cuanto hay en la Madre Tierra, incluyendo plantas, animales y a nosotros mismos.

Mantenga su ventana abierta y observe cómo el cielo se ilumina progresivamente con los rayos del amanecer. Sea testigo de esa belleza. Mientras ve salir el sol, inspire y espire varias veces.

Al inspirar, soy consciente del sol.
Al espirar, doy las gracias al universo por la energía y el brillo del sol.

Meditación para cepillarse los dientes

Puesto que nos cepillamos los dientes varias veces al día, se trata de una gran oportunidad para practicar el *mindfulness*. Recuerde el consejo del dentista: cepillarnos los dientes adecuadamente estimulará la salud de las encías y de la dentadura a lo largo de nuestras vidas. Sin unos dientes y encías sanos, no podremos masticar bien y disfrutar de nuestros alimentos diarios.

Realice unas cuantas inspiraciones y espiraciones mientras se cepilla los dientes. No piense en su próxima tarea o recado. Piense sólo en sus dientes y encías, y en nada más.

Al inspirar, soy consciente de mis dientes y encías.
Al espirar, cuido de mis dientes y encías.

Meditación de la prisa

A veces es inevitable tener prisa. Sin embargo, al cultivar el *mindfulness* y planear mejor el día, la tendencia a la prisa probablemente disminuirá. A pesar de todo, esto no significa que hay que olvidar la atención plena cuando sea necesario apresurarse. Es mejor ser conciente de la prisa, aunque sólo sea para evitar errores y accidentes. El apresuramiento consciente significa que sabemos que nos apresuramos. En cierto sentido, acogemos ese apresuramiento. Nos centramos en la tarea y la cumplimos de un modo más rápido y eficiente. El *mindfulness* no necesariamente significa hacer las cosas con lentitud. Uno puede ir rápido y aun así observar esa conciencia y estar plenamente atento y relajado. Por ejemplo, al ir de un edificio a otro, querrá asegurarse de seguir el camino más corto. Mientras se apresura, preste atención a su inspiración y espiración.

Al inspirar, avanzo deprisa.
Al espirar, estoy en la corriente.

Meditación de la sonrisa

La sonrisa es el lenguaje universal de la felicidad. Cuando vemos una cara «sonriente» en las etiquetas, bolsas de la compra o camisetas, sonreímos espontáneamente aunque no nos encontremos de buen humor.

Es importante no olvidar nuestra propia sonrisa y su poder. Nuestra sonrisa puede aportar mucha alegría y relajación, tanto a nosotros mismos como a quienes nos rodean. Al sonreír, los músculos que rodean nuestra boca se estiran y relajan, como al hacer yoga. Sonreír es un yoga bucal. Liberamos la tensión del rostro. Quienes se cruzan con nosotros, aun los extraños, lo advierten, y es probable que nos devuelvan la sonrisa. Es una maravillosa reacción en cadena que podemos iniciar, acariciando la alegría en cada persona que encontramos. La sonrisa es la embajadora de la buena voluntad. Al sonreír, realice unas cuantas inspiraciones y espiraciones.

Al inspirar, sonrío.
Al espirar, me relajo y abrazo la alegría.

Meditación al encender la luz

Encendemos la luz muchas veces al día, en casa y en la oficina. Cada vez que pulsamos el interruptor, deténgase un momento y practique la meditación de la respiración.

Al inspirar, inundo esta habitación de luz.
Al espirar, doy las gracias por la electricidad que disfrutamos.

Al salir de la habitación, apague la luz para ahorrar energía. Haga otra pausa después de apagar la luz e inspire y espire varias veces.

Al inspirar, salgo de esta habitación.
Al espirar, soy consciente de que no debo malgastar la electricidad.

Meditación del cielo

Al mirar al cielo, observamos y sentimos la enormidad del cielo, el escenario mudable que captura nuestra imaginación, el poder y la vastedad de la naturaleza, y la pequeñez de nuestra existencia en relación al universo. Mirar al cielo nos ofrece la maravillosa oportunidad de liberarnos de las cargas de la exigencia diaria y de nuestro ego. Nos permite apreciar la realidad del cambio constante y ser libres para soñar.

Al inspirar, veo el cielo magnífico.
Al espirar, me siento libre.

Meditación del *footing*/paseo enérgico

Hacer *footing* o practicar el paseo intensivo es un gran ejercicio para nuestra salud cardiovascular y el control del peso. Hacer *footing* distraídamente no sólo le privará de la alegría que comporta esa actividad, sino que puede resultar contraproducente, porque puede provocar heridas o accidentes. Al correr o caminar enérgicamente, concéntrese en sus piernas, sus pies y todo lo que tiene ante sus ojos. Si su movimiento es muy rápido, podrá abreviar esta meditación pronunciando silenciosamente la palabra «movimiento» al inspirar, y la palabra «gracias» al espirar. (Independientemente del número de pasos que dé al inspirar, diga «movimiento» a cada paso. Y diga «gracias» también a cada paso; no importa el número de pasos que dé al espirar.)

Al inspirar, sigo moviéndome.
Al espirar, doy las gracias a mi cuerpo por su fuerza, resistencia y coordinación.

Meditación mientras conducimos

La meditación mientras conducimos nos permite centrarnos únicamente en la conducción, sin distracciones de conversaciones con otros pasajeros, sin pensar, sin hablar por el teléfono móvil y sin enviar mensajes de texto. Las conversaciones con otros pasajeros o al teléfono pueden, a pesar de las buenas intenciones, acabar en una discusión acalorada que distraerá nuestra atención de lo que ocurre en la carretera y en el momento presente.

> Al inspirar, conduzco mi coche.
> Al espirar, soy consciente de cuanto hay a mi alrededor.

Meditación del atasco

Muchas personas se tornan impacientes e irritables en un atasco. ¿Qué podríamos hacer para acelerar el tráfico? Nada. El tráfico tendrá que seguir su propio curso. Y esta situación nos ofrece una gran oportunidad para practicar el *mindfulness*. Nos brinda un valioso tiempo para relajarnos y regresar a la isla de calma interior para recuperarnos.

> Al inspirar, sigo mi inspiración.
> Al espirar, sigo mi espiración.

> Al inspirar, sé que todos intentan llegar a algún lugar.
> Al espirar, deseo a todos un viaje pacífico y seguro.

> Al inspirar, regreso a mi isla de calma interior.
> Al espirar, me siento refrescado.

Meditación del grifo del agua

En los países desarrollados, el agua limpia y pura está perpetuamente disponible a través del grifo. Sin embargo, unas mil cien millones de personas en todo el mundo siguen sin tener agua limpia.[1] Al abrir el grifo deberíamos recordar hasta qué punto somos afortunados. Un estadounidense medio utiliza 400 litros de agua al día.[2] Cuesta 2.400 litros de agua producir una hamburguesa, y hacer crecer medio kilo de trigo sólo 24 litros. Hemos de utilizar el agua cuidadosamente y hallar formas de ayudar a los demás a tener acceso al agua limpia, algo esencial para la vida diaria.

> Al inspirar, mientras abro el grifo, doy las gracias por el agua limpia que sostiene mi vida.
> Al espirar, recuerdo a los millones de personas que cada día no disfrutan del agua limpia.

Meditación del ascensor

Mientras esperamos la llegada de un ascensor, es fácil que nos impacientemos e irritemos. Esta ventana de tiempo es en realidad una gran oportunidad para recurrir a la respiración consciente y ayudarnos a mantener nuestra calma y regresar al momento presente.

Para quienes padecen claustrofobia o miedo a las alturas, la inspiración y espiración consciente es un maravilloso método para gestionar la ansiedad cuando ésta se presenta.

> Al inspirar, soy consciente de mi inspiración.
> Al espirar, soy consciente de mi espiración.

> Al inspirar, acojo mi malestar.
> Al espirar, siento un amplio espacio y una gran seguridad dentro de mí.

Meditación para acoger nuestras emociones negativas

Es humano sentir emociones negativas a diario a menos que seamos unos experimentados practicantes del *mindfulness* y sepamos evitarlas y transformarlas. Cuando surge una emoción negativa, ya sea la ira, la desesperación, la tristeza, la frustración, el temor o la ansiedad, repita el siguiente *gatha* (verso) en silencio durante tres o seis inspiraciones y espiraciones:

Al inspirar, soy consciente de mi ira/desesperación/tristeza/frustración/miedo/ansiedad.
Al espirar, acojo mi ira/desesperación/tristeza/frustración/miedo/ansiedad.

Nombre la emoción más fuerte en ese momento. Cuanto más a menudo registre la emoción negativa en el momento en que surja, la acompase en su respiración y la acoja, más fácil será transformarla. Lo que fundamentalmente está haciendo es evitar que su organismo se comprometa en caminos mentales que produzcan hormonas estresantes, que resultan útiles si tiene que saltar para esquivar un tren en marcha, pero que no lo son tanto en nuestra vida diaria. Cuanto más frecuentemente desactivemos el acoplamiento del estrés percibido, sea físico o emocional, a nuestra respuesta orgánica, mayores serán las probabilidades de mantener nuestro bienestar. El camino hacia nuestra transformación es tan fácil como regresar a nuestra inspiración y espiración: el acto por el que nos comprometemos constantemente mientras estamos vivos. Nuestra única tarea consiste en ser conscientes de nuestras emociones y volver a ellas a través de nuestra inspiración y espiración.

Meditación de Internet/correo electrónico

Internet y el correo electrónico constituyen una forma de vida y un medio de comunicación fundamental en el sigo XXI. Es fácil que Internet nos absorba por completo, encadenados a la silla, y nos haga olvidar que hemos de levantarnos y movernos, comer o estar en contacto con nuestro cuerpo. Después de pasar horas delante de la pantalla, puede que nuestros ojos estén cansados, nos duela la espalda, nuestros hombros estén rígidos y nuestra mente, nublada.

Podemos refrescarnos fácilmente respirando atentamente. La siguiente meditación es muy útil para prevenir graves errores o desastres que tienen lugar cuando nuestra exposición al ordenador se prolonga demasiado, errores como enviar correos electrónicos delicados a destinatarios equivocados. Podemos utilizarla siempre que escribamos un correo y antes de hacer clic en «Enviar».

Al inspirar, doy las gracias al poder de Internet.
Al espirar, soy plenamente consciente de mis acciones en el correo electrónico.

Meditación de la escucha profunda y el discurso amable

A muchos nos cuesta comunicarnos con nuestros compañeros o con los miembros de nuestra familia. A veces podemos ser intolerantes con ellos, y sus opiniones y consejos pueden irritarnos. Perdemos nuestra capacidad para escuchar profundamente o la voluntad de comprender su punto de vista. No podemos hablar tranquilamente con los demás, o cuando lo hacemos, emerge nuestro propio sufrimiento, temor o ansiedad, y nuestras palabras se tornan críticas y amargas.

Hemos de aprender el arte de hablar y escuchar. Para contribuir a restaurar la comunicación, necesitamos una profunda escucha compasiva que nos ayude a comprender mejor a los otros. Esto significa que al escuchar a otra persona, nuestra única intención es ayudarla a sufrir menos y expresar lo que lleva en su corazón. Habitamos el momento presente para recibir lo que necesita compartir, sin juicio, sin reaccionar. Aunque el otro diga cosas que no son ciertas, que contengan culpa y amargura, no lo corregimos enseguida. Le damos el espacio para compartir sus emociones, y más tarde, quizá un día o dos después, compartimos lentamente nuestra información para ayudar al otro a liberarse de sus percepciones erróneas acerca de nosotros o de la situación.

También tenemos que aplicar los métodos del discurso amable, usando sólo palabras que inspiren confianza, alegría y esperanza a los demás. Nos tomamos el tiempo necesario para descubrir las cosas hermosas y positivas en los demás. Les decimos lo importantes que son para nosotros, y les damos las gracias por todo lo que hacen por nosotros. También podemos, con paciencia y atención plena, expresar las dificultades de nuestra relación con ellos, sin juicio ni recriminación. Asumimos la responsabilidad por nuestras propias emociones y reacciones, pero les pedimos que nos apoyen y nos ayuden regando las buenas semillas que hay en nosotros, no las negativas. Y podemos preguntarles en qué medida podemos apoyarles cuando atraviesen dificultades. Así podremos alcanzar la paz y la armonía en nuestras interacciones.

Empiece con su familia o las personas más cercanas. Antes de iniciar una conversación con alguien, tómese un momento para inspirar y espirar.

Al inspirar, escucho atentamente.
Al espirar, hablo con amor.

A medida que se forme la costumbre de escuchar atentamente y hablar de una forma positiva y constructiva con sus seres queridos, ésta se extenderá a otras interacciones con amigos y compañeros.

Meditación para la estabilidad

Un árbol es una imagen inspiradora de la robustez. Cuando hay tormenta o un viento muy fuerte, vemos cómo las ramas se doblan y tiemblan. Sin embargo, el tronco del árbol permanece firme e inmóvil, con las raíces firmemente enterradas en el suelo. Cuando se sienta atrapado en un estado de turbación o vulnerabilidad, busque un árbol. Si no hay ninguno cerca, mire la fotografía de uno de ellos. Tal vez le convenga colgar una imagen de su árbol favorito en su habitación o en la oficina como recordatorio para inspirar e espirar con el árbol cuando se sienta vacilante.

Al inspirar, soy como el tronco del árbol.
Al espirar, puedo mantener mi robustez pese a las circunstancias tormentosas.

Meditación de la flor

Al ver una flor que se abre, su belleza y fragancia natural siempre reconforta nuestro espíritu, independientemente del lugar del mundo en que nos encontremos. Las flores nos aportan una gran alegría y son una expresión universal de amor y afecto hacia los demás, tanto en celebraciones como en conmemoraciones. Sin embargo, una flor se marchita poco después de haber florecido: un profundo recordatorio de la impermanencia de toda vida. Acompañar conscientemente a una flor constituye una meditación profunda.

Al inspirar, agradezco la belleza y fragancia de esta flor.
Al espirar, atesoro la flor en el aquí y el ahora.

Meditación mientras hacemos cola

En nuestra vida cotidiana, a menudo tenemos que hacer cola. Puede tratarse de la línea de cajas en un supermercado, el control de seguridad de un aeropuerto, o la cola para recoger a los niños en el colegio. Guardar cola es una gran oportunidad para practicar la respiración consciente y renovarnos.

Al inspirar, utilizo este tiempo para mí mismo, para unir mi cuerpo y mi mente.
Al espirar, me siento renovado.

Meditación multitarea

Hoy en día, hacer malabarismos con muchas tareas a la vez se ha convertido en una forma de vida para muchos de nosotros. Esto se aplica especialmente a quienes tienen hijos o padres ancianos a su cargo, o a personas que tienen más de un trabajo para llegar a fin de mes. Piense en su lista de «deberes» diarios: ir a la compra, preparar una reunión para el trabajo, ir a correos, concertar una cita con el médico, escribir notas de agradecimiento, etc. A medida que aumentemos nuestra práctica de *mindfulness*, nos haremos más conscientes de las tareas que resulta razonable realizar en un solo día.

> Al inspirar, soy consciente de que llevo a cabo muchas tareas.
> Al espirar, soy consciente de que sólo puedo realizar cierta cantidad de las mismas al día.

Lo que en realidad nos ayuda a ser más eficaces cuando tenemos muchas cosas que hacer es comprometernos con cada tarea con toda nuestra atención, sin preocuparnos por la siguiente. Al hacer un recado, nos dedicamos a esa tarea con todo nuestro ser. Luego volvemos a casa y abordamos la siguiente con la misma concentración, sin pensar en otras tareas. De esta forma, nuestra mente permanecerá despierta y relajada, y dispondremos de más energía para cumplir con los puntos de nuestra lista, así como de una mayor flexibilidad y aceptación si necesitamos ajustar nuestra agenda o lista de «deberes».

Meditación de las llaves

A menudo buscamos nuestras llaves en el coche, en casa, en la oficina. Resulta útil tener un gancho para colocarlas en casa. Sin embargo, seguimos buscándolas en cualquier otro lugar: en los bolsillos del abrigo o en los pantalones, en la mochila o en la cartera. Después de usar una llave, deténgase un momento e inspire y espire para recordarse a sí mismo dónde colocó sus llaves.

> Al inspirar, soy consciente de mis llaves.
> Al espirar, las coloco aquí.

Meditación de la cocina

Con nuestras vidas agitadas y exigentes, la comida rápida, los almuerzos en cafeterías y la comida para llevar de tiendas y restaurantes pueden convertirse en el pilar principal de nuestra alimentación. Muchos de nosotros ya no cocinamos de verdad. En Nueva York, donde hay servicios de reparto a domicilio por doquier, incluso el desayuno se sirve a domicilio.

Cocinar puede ofrecer un tiempo sagrado para relajar nuestra mente y nutrir el espíritu. El acto de cocinar inevitablemente implica pensar conscientemente en lo que queremos comer, buscar los ingredientes adecuados, prepararlos y disfrutar de lo que hemos creado. Antes de empezar a preparar una comida en la cocina, inspire y espire varias veces para entrar en contacto con el gozo de cocinar.

> Al inspirar, doy gracias al universo por los maravillosos alimentos que me ofrece para hacer esta comida.
> Al espirar, preparo esta comida con amor y gozo.

Meditación de la puesta de sol

Cada día, el sol sale y se pone. Aunque no tengamos la oportunidad de tener una vista completa de la puesta de sol, ver los rayos de sol a través de la ventana en ese momento nos brinda otra preciosa ocasión para la respiración consciente y la renovación al final del día. Mientras disfrutamos de la puesta de sol y empezamos a relajarnos, podemos reflexionar sobre nuestro día y despedirnos de los acontecimientos que lo han conformado.

> Al inspirar, doy gracias al sol por toda su energía, que sostiene a todos los seres de la tierra.
> Al espirar, también pongo de mi parte para sostener la vida y ayudar a revertir el calentamiento global.

Meditación de las buenas noches

Antes de dormir, relájese con la meditación de las buenas noches en tres inspiraciones y espiraciones, repitiendo los siguientes versos en silencio en cada una de ellas:

Al inspirar, me libero de mis pensamientos/preocupaciones.
Al espirar, alcanzo la paz.

Plan de vida consciente de diez semanas

Ahora que hemos descrito los tres pilares de la práctica diaria del *mindfulness*, es el momento de conjugar sus estrategias de alimentación-*aquí*, movimiento-*aquí* y respiración-*aquí* en un plan práctico. Esto quiere decir, diariamente, que aumentará la práctica de la respiración consciente integrada en varias rutinas cotidianas. Ya tiene una rutina de alimentación sana que incluye reducir la cantidad de calorías ingeridas al día; una rutina de movimiento saludable que incluye el aumento de las calorías que quema en la actividad física. Y dispone de una estrategia para practicar la consolidación de las buenas costumbres, así como la transformación consciente de las emociones negativas. Establezca objetivos específicos y aténgase a ellos. Si no los cumple, reflexione acerca de cómo y por qué no ha sido capaz de alcanzar lo que pretendía. Por medio de la atención consciente, piense en los diversos modos como podrían ayudarlo a volver al camino correcto. Llevará un tiempo antes de que estas prácticas se conviertan en una segunda naturaleza. Sin embargo, cuanto más consciente sea, cuanta más atención preste a su vida diaria, más fácil le resultará incrementar las prácticas conscientes a lo largo del día sin intentarlo deliberadamente. Con el tiempo, las prácticas se realizarán sin esfuerzo y satisfarán las rutinas que usted ama.

El plan de diez semanas le ayudará a integrar las herramientas prácticas de la vida consciente en su vida cotidiana, centrándose en el control del peso. La duración de diez semanas es meramente indicativa. Quizá necesite un período de práctica más breve o más largo, y podrá elegir los ejercicios que más le gusten. Mantenga la respiración consciente como la base de su movimiento en todos los ejercicios. En lo que respecta a la estrategia de respiración-*aquí*, no se sienta obligado a hacer todos los ejercicios sugeridos en cada segmento de dos semanas. Sin embargo, siga añadiendo más ejercicios de un intervalo al siguiente. La progresión sugerida en el plan de diez semanas empieza despertando las energías positivas y avanza hasta el reconocimiento y la transformación de las energías negativas de la costumbre a fin de ser constante en su camino hacia la buena salud. No hay una fórmula rígida para el éxito. La clave para mejorar es practicar todos los días. (Véase la tabla 7.1.)

No perder la pista

No perder la pista quiere decir hacer aquello que pretendemos hacer y mantener nuestro compromiso. No subestime su resistencia y su iniciativa. Usted tiene el poder y la capacidad. Su viaje hacia un peso saludable no es un viaje que empiece y pronto se abandone. Es un viaje que vivirá cada día durante el resto de su vida. Sin embargo, es natural encontrar obstáculos en ese viaje.

A veces se sentirá desanimado y pensará que perder peso es un objetivo inalcanzable. Cuando encuentre estas emociones negativas, inspire y espire unas cuantas veces para volver a la realidad presente. Podrá entonces acoger sus dudas con compasión y atención y observar la ilusión que crean. Usted tiene la capacidad para cambiar y superar todo obstáculo o reto que se le presente en su viaje hacia el peso conveniente y la salud. Necesitará a personas que le apoyen, como su familia, amigos, compañeros de trabajo y su médico. Piense en cómo pueden ayudarle a alimentarse más saludablemente y a permanecer activo. Sea proactivo y pida su ayuda.

Le ofrecemos otras sugerencias prácticas para ayudarle a no perder la pista. Entre ellas, escribir un diario de vida consciente, recabar apoyo social, dormir bien y hacer algo cada día que le nutra y le vincule a la naturaleza.

Tabla 7.1. PLAN DE VIDA CONSCIENTE DE DIEZ SEMANAS

Semanas	Alimentación-aquí	Movimiento-aquí	Respiración-aquí
1 y 2	No más de dos refrescos azucarados a la semana; sustituir por agua Establezca un horario regular para las comidas y no se salte ninguna	Movimiento consciente 2.500 pasos al día (o 20 minutos) o actividades equivalentes de su elección	Respiración consciente (pág. 82) Meditación de la sonrisa (pág. 206) Meditación del despertar (pág. 204)
3 y 4	Elimine el arroz refinado y el plan blanco; sustitúyalo por pan cien por cien integral, arroz moreno u otros cereales integrales Apague el televisor y la radio durante las comidas	Movimiento consciente 5.000 pasos al día (o 40 minutos) o actividades equivalentes de su elección	Meditación para cepillarse los dientes (pág. 205) Meditación de Internet (pág. 210) Meditación de la escucha profunda y el discurso amable (pág. 211)
5 y 6	Tome verduras y frutas frescas en cada comida Utilice platos más pequeños para servir raciones más pequeñas	Movimiento consciente 7.500 pasos al día (o 60 minutos) o actividades equivalentes de su elección	Meditación de la cocina (pág. 215) Meditación para calmar el cuerpo (pág. 84) Meditación de la prisa (pág. 205)

Semanas	Alimentación-aquí	Movimiento-aquí	Respiración-aquí
7 y 8	Elija proteínas vegetales en lugar de carne roja y carnes procesadas Mastique bien y coma lentamente para saborear los alimentos	Movimiento consciente 9.000 pasos al día (o 75 minutos) o actividades equivalentes de su elección	Meditación mientras hacemos cola (pág. 213) Meditación del grifo (pág. 208) Meditación de la comida en silencio (pág. 141) Meditación de las buenas noches (pág. 216)
9 y 10	Utilice el aceite de oliva más a menudo que la mantequilla Atienda a su saciedad: deje de comer cuando esté satisfecho, no lleno	Movimiento consciente 10.000 pasos al día (u 80 minutos) o actividades equivalentes de su elección	Meditación del amor (pág. 97) Meditación para acoger la energía de la costumbre con atención plena (pág. 29) Meditación de las llaves (pág. 214) Meditación del atasco (pág. 208) Meditación al encender la luz (pág. 206)

Escriba un diario de vida consciente

La investigación ha demostrado que controlar y supervisar el propio peso ayuda a reducirlo y mantenerlo,[3] por lo que puede pesarse cada mañana o una vez a la semana para conocer su peso. Tomar nota de la alimentación y la actividad física también se asocia poderosamente con el control del peso.[4]

Escribir un diario resulta útil para explorar aquello para lo que está preparado y para lo que no. Escribir un diario nos ayuda a observar profundamente. Encuentre el momento idóneo para meditar en su diario de vida consciente. Para algunos será la mañana, cuando la mente está despejada. Para otros, será por la noche, antes de ir a la cama. Lo importante es encontrar una ventana de tiempo cada día en la que concentrarnos en nuestro propio cuerpo, mente, emociones y experiencias interiores a fin de saber lo que nos ocurre. Utilice su diario de vida consciente para comprobar sus progresos y descubrir si está cumpliendo sus objetivos de alimentación-*aquí*, movimiento-*aquí* y respiración-*aquí*. Anote su peso en el diario de vida consciente.

También puede hacerlo on-line. Muchas páginas web ofrecen diarios de alimentación on-line que calculan automáticamente el consumo de calorías. Una página gratuita y sin anuncios que merece la pena probar es MyPyramid Tracker (www.mypyramidtracker.gov), concebida por el Departamento de Agricultura de Estados Unidos para difundir su nueva pirámide alimentaria. La página también tiene un dispositivo para hacer un seguimiento del ejercicio.

Attackpoint es otra excelente página web gratuita para la actividad de seguimiento (www.attackpoint.org). Está dirigida a atletas, pero no se sienta intimidado: tiene mucho que ofrecer a todo el mundo. También puede hacerse un seguimiento del peso.

Consiga apoyo social

Lograr apoyo social es importante para la pérdida de peso y su mantenimiento. Admitiendo la popularidad de varias dietas que difieren en la cantidad de grasas y proteínas —como la Atkins, la de la Zona, la mediterránea y la South Beach—, los científicos llevaron a cabo una sofisticada prueba para determinar la eficacia de diversas dietas a la hora de inducir a la pérdida de peso. Los investigadores se sorprendieron al no encontrar muchas diferencias entre los diversos planteamientos dietéticos.[5] Sin embargo, descubrieron que cuando la persona es capaz de perseverar en la rutina alimentaria se produce una diferencia significativa. Quienes acudían a las sesiones de grupo perdían más peso que quienes no lo hacían. Estas sesiones estaban concebidas para motivar a los participantes y mantenerlos informados, a la vez que se atendía a sus preocupaciones. Este descubrimiento sugiere que los factores conductuales, psicológicos y sociales probablemente son más importantes para perder peso que la cantidad relativa de nutrientes de una dieta.

Otra investigación ha demostrado que el apoyo social puede ayudar a los individuos a perder peso y perseverar en el cambio de comportamiento para perder peso. Los investigadores descubrieron que la pérdida de peso puede ser mayor si se incluye al cónyuge en el programa.[6] Otros han descubierto que las parejas pueden perder peso a la vez, aunque sólo uno de sus miembros forme parte de un programa formal.[7] Y lo que resulta aún más interesante, algunos investigadores han observado que la obesidad parece extenderse a través de las redes sociales, de modo que los amigos —del mismo sexo— pueden influir en nuestra tendencia a perder o ganar peso en mayor medida que el otro miembro de la pareja. Y nuestros amigos más cercanos pueden no ser los únicos en influirnos en lo que respecta al aumento o pérdida de peso; conocidos más lejanos, como los amigos de nuestros amigos, también pueden ejercer influencia en nuestro comportamiento.[8] El doctor Nicholas Christakis, principal investigador de este último estudio, sugiere que estas interconexiones sociales pueden facultarnos para influir positivamente, tanto a nosotros mismos como a los demás. «Incluso cuando los demás nos influyen, podemos influir en ellos [...]. Así se refuerza la importancia de adoptar acciones que resulten beneficiosas para los demás. Por lo tanto, esta red puede actuar en un doble sentido, subvirtiendo nuestra capacidad para la voluntad libre, pero a la vez reforzando esa voluntad.»[9]

El apoyo social puede provenir de la familia, amigos, compañeros de trabajo o incluso comunidades virtuales on-line. Piense e identifique todo posible apoyo que sea capaz de recabar entre las personas que conoce en su red social, personas que quizá también querrán vivir más conscientemente y que acaso también luchan contra el sobrepeso, como usted. El sistema de apoyo no tiene por qué ser presencial. Puede hallarlo en una web que actúe como red social. Quizá también deseará formar su propio grupo de vida consciente con su propia familia, amigos o vecinos. Empiece incluso con una sola persona que pueda reunirse con usted regularmente, cada semana. El grupo podrá crecer con el tiempo, cuando los amigos lo den a conocer a otros amigos. Lo importante es disponer de una red de personas que compartan la misma visión y se comprometan en la práctica de la vida consciente.

Las enseñanzas budistas subrayan el papel de la *sangha*. Una *sangha* es una comunidad espiritual de practicantes con ideas afines. Cuando las personas practican juntas se genera una poderosa energía de atención plena, y esta energía nos sostendrá y ayudará a continuar con nuestra práctica cuando nuestra voluntad se debilite. Ésta es la razón por la que monjes y monjas, así como legos, viven juntos en muchas tradiciones espirituales. Y Buda dijo que sólo en una *sangha* puede cumplirse el *dharma*, la enseñanza de Buda. Por eso interactúan las Tres Joyas —Buda, el *dharma* y la *sangha*—: al abrazar una, se abrazan las otras dos.

Cuando la gente deja uno de nuestros retiros, siempre les animamos a unirse a una *sangha* en su zona local, o fundar una si aún no existe. Es la mejor manera de asegurar una energética y gozosa continuación de su práctica tras el retiro. Solos, pronto sucumbiremos a nuestras costumbres habituales y perderemos nuestra práctica de *mindfulness*. Construir una *sangha* es la tarea más noble, lo más importante que un practicante puede hacer. Y en la tradición budista hablamos de Maitreya, el futuro Buda. De hecho, puede que el futuro Buda se manifieste como *sangha*, no como individuo, porque eso es lo que el mundo necesita. El despertar individual ya no es necesario. Para que sobrevivamos es necesario un despertar colectivo como especie.

Si está interesado en conectar con otras personas que practican el *mindfulness*, hay cientos de *sanghas* locales en todo el mundo. En www.iamhome.org podrá encontrar una lista mundial de *sanghas* que siguen la tradición de Tich Nhat Hanh.

Disfrute de un buen sueño nocturno

En el capítulo 1 mencionamos que la investigación sugiere que un buen sueño nocturno también resulta esencial para el control del peso. Como resultado de no dormir demasiado, podemos sentirnos cansados para hacer ejercicio, o comer más porque sentimos hambre al estar despiertos a altas horas de la noche. Cuando estamos cansados tenemos problemas para conocer las verdaderas necesidades de nuestro organismo, y si no dormimos lo suficiente disponemos de más horas para comer. Procure establecer unos buenos hábitos de sueño yéndose a dormir a horas regulares para minimizar las fluctuaciones de su ritmo circadiano, estrechamente vinculado con la liberación de hormonas que afectan al sueño. Evite las bebidas con cafeína después de media tarde a menos que deliberadamente pretenda permanecer despierto hasta tarde. Evite tomar una comida copiosa y pesada por la noche, ya que puede provocar indigestión y quebrantar el sueño. Aunque el alcohol puede actuar como sedante o tranquilizante porque es un relajante del sistema nervioso central, en realidad interfiere con el sueño y puede derivar en insomnio.[10] Antes de dormir evite cualquier actividad estimulante, entre ellas hacer ejercicio, ver películas violentas o escuchar música a un volumen elevado. Contribuya a un sueño pacífico leyendo por placer, escuchando música suave y practicando la meditación de buenas noches.

Haga algo todos los días para nutrirse a sí mismo

¿Qué hace usted para nutrirse cada día? No olvide quererse y cuidarse cuando quiere y cuida de los demás. Amarse a uno mismo es la base para amar a los demás. Sea su mejor amigo.

Reflexione acerca de si realmente se ha nutrido a sí mismo, alimentando con buenos nutrientes, tanto su cuerpo físico como el espiritual. Considere no sólo lo que ha hecho para cuidar de los miembros de su familia o sus amigos, sino hasta qué punto ha cuidado de sí mismo y de su propio bienestar.

¿Conoce su pasión? ¿Hace el trabajo que le gusta? ¿Sabe lo que realmente quiere hacer en esta vida? ¿Está haciendo lo que de verdad quiere hacer? ¿O se pierde a sí mismo porque intenta cumplir las expectativas de otra persona? No tiene por qué quedar atrapado en un dilema. Dispone de la habilidad y la libertad para gobernar su vida como le plazca.

Empiece por nutrirse a sí mismo identificando una actividad que le ayudará a renovar su entusiasmo y su fuerza vital diariamente. Emprenda acciones que atrapen su espíritu y le aporten alegría, regando así las semillas positivas en su conciencia. Puede tratarse de algo muy simple, como escuchar su canción favorita, apreciar un cuadro predilecto, observar cómo los pájaros comen en el comedero, disfrutar de una flor hermosa o conversar con un amigo con un gran sentido del humor. No se limite a sentarse y esperar que sus emociones negativas pasen. Quejarse no cambiará su vida. Cambie su pensamiento, y podrá prescindir de las limitaciones que se ha impuesto a sí mismo. Explore, sea proactivo.

Vuelva a la naturaleza

Muchos autores, desde Lao-tsé a Ralph Waldo Emerson, han animado a los seres humanos a estar en contacto y en armonía con la naturaleza. Muchos de nosotros lo hemos experimentado cuando pasamos algún tiempo en la naturaleza: tanto si estamos en el bosque mirando los árboles o contemplando un quieto estanque, nos sentimos mejor y renovados.

La investigación ha demostrado que la naturaleza realmente puede ejercer un impacto en nuestro funcionamiento mental. Según los psicólogos ambientales, los entornos urbanos pueden embotar nuestro pensamiento e influir en nuestra memoria. Si caminamos por una calle, habrá muchas señales e indicadores que llamarán nuestra atención, como la amenaza de los coches incontrolables o los escaparates. Prestar atención a estas cosas exige esfuerzo y energía, según estos investigadores. Nuestro cerebro puede caer en un «cansancio de la atención», lo que deriva en distracciones e irritabilidad. Por contraste, al caminar junto a un estanque con árboles, las imágenes de la naturaleza se imprimen en nuestra mente sin provocar una gran actividad mental, sin consumir nuestra energía o despertar una respuesta emocional negativa. Nuestro cerebro puede relajarse y renovarse profundamente. Por eso, los científicos creen que sumergirnos en la naturaleza —o incluso ver un árbol o un trozo de césped desde la ventana— puede ejercer un efecto reparador.[11]

Evite las recaídas

Es normal cometer un desliz y volver a nuestros antiguos hábitos a pesar de nuestras mejores intenciones. Esto puede resultar muy desalentador. ¿Cómo evitar la recaída? He aquí un tema científico estudiado profundamente en el tratamiento de comportamientos adictivos como el alcoholismo.[12] Los investigadores identificaron tres «situaciones de alto riesgo» relacionadas con aproximadamente el 75 % de las recaídas que estudiaron.[13] Estas tres situaciones son los estados emocionales negativos, los conflictos interpersonales y la presión social. Los investigadores propusieron tres estrategias para afrontar estas tres situaciones de alto riesgo: el entrenamiento en habilidades de afrontamiento, la terapia cognitiva y la modificación del estilo de vida. En este último dominio, recomendaron la meditación, el ejercicio y las prácticas espirituales como caminos para contribuir a reforzar la estrategia global de afrontamiento.[14]

Cuando practicamos el *mindfulness*, somos más conscientes y capaces de detectar el momento en que empezamos a ceder. Ceder es ceder. No significa regresar al punto en el que hemos empezado, y no implica un fracaso por nuestra parte. Es tan sólo una señal de que hemos de recuperar el rumbo correcto. Algunas rutinas no han funcionado, por lo que hay que retocarlas para mejorarlas. O tal vez algo que ocurre en nuestra vida nos ha distraído sin que seamos conscientes de ello. Todo movimiento consciente es una nueva oportunidad para evitar la recaída. Podemos empezar de nuevo a cada instante. Éste es uno de los verdaderos poderes del *mindfulness*.

Las cinco enseñanzas de la atención plena constituyen una buena herramienta para prevenir la recaída y mantener el rumbo. (Véase la figura 7.1.) También representan una forma concreta de practicar la compasión, la comprensión y el amor. Son una brújula moral que nos conduce a una vida más saludable y feliz.

La primera enseñanza de la atención plena refuerza nuestra innata reverencia por la vida y nos recuerda el sufrimiento causado por la destrucción de la vida, ya sea ésta la vida de las personas, animales, plantas o minerales. La segunda enseñanza de la atención plena alienta nuestra verdadera felicidad recordándonos que ésta sólo puede encontrarse en el momento presente, mediante la práctica de la generosidad y la interconexión. También despierta nuestra conciencia del sufrimiento causado por la explotación, la injusticia social, el robo y la opresión. La tercera enseñanza de la atención plena nutre nuestra capacidad para el amor verdadero y despierta nuestra conciencia por el sufrimiento causado por la sexualidad no consciente. La cuarta enseñanza de la atención plena nos invita a cuidar de nosotros mismos y los demás a través del discurso amoroso y una escucha profunda, y aborda el sufrimiento provocado por el discurso no consciente y la incapacidad para escuchar a los demás. La quinta enseñanza de la atención plena promueve nuestra nutrición y curación mediante el consumo consciente y es una parte esencial en nuestra aspiración a un peso saludable. Recite las cinco enseñanzas de la atención plena con regularidad —digamos, una vez a la semana— para alentar nuestra vida consciente.

Las cinco enseñanzas de la atención plena representan la visión budista para una espiritualidad y una ética globales. Son una expresión concreta de las enseñanzas de las Cuatro Nobles Verdades y el Noble Óctuple Sendero de Buda, el camino para la correcta comprensión y el verdadero amor que conduce a la curación, la transformación y la felicidad para nosotros mismos y para el mundo. Practicar las enseñanzas de la atención plena equivale a cultivar la percepción de *entreser*, o Visión Correcta, capaz de apartar toda discriminación, intolerancia, ira, temor y desesperación. Si vivimos de acuerdo con las cinco enseñanzas de la atención plena, estaremos en el camino del bodhisatva. Al sabernos en este camino, ya no nos perderemos en la confusión por nuestra vida en el presente o el temor por el futuro.

Reverencia hacia la vida

Consciente del sufrimiento provocado por la destrucción de la vida, me comprometo a cultivar la comprensión del *entreser* y la compasión, y aprender el modo de proteger la vida de las personas, animales, plantas y minerales. Estoy decidido a no matar, no dejar que otros maten y no apoyar ninguna matanza en el mundo, en mi pensamiento o en mi forma de vida. Al observar que las acciones perjudiciales surgen de la ira, el temor, la avaricia y la intolerancia, que a su vez provienen de un pensamiento dualista y discriminador, cultivaré la apertura, la no discriminación y el no apego a la opinión a fin de transformar la violencia, el fanatismo y el dogmatismo en mí mismo y en el mundo.

Felicidad verdadera

Consciente del sufrimiento causado por la explotación, la injusticia social, el robo y la opresión, me comprometo a practicar la generosidad en mi pensamiento, palabra y acto. Estoy decidido a no robar y a no poseer lo que pertenezca a otros; y compartiré mi tiempo, energía y recursos materiales con quienes lo necesitan. Practicaré la observación profunda para comprender que la felicidad y el sufrimiento de los otros no está separado de mi propio sufrimiento y felicidad; que la verdadera felicidad no es posible sin comprensión y compasión; y que correr detrás de la riqueza, la fama, el poder y los placeres sensuales puede reportar mucho sufrimiento y desesperación. Soy consciente de que la felicidad depende de mi actitud mental y no de condiciones externas, y de que puedo vivir felizmente en el momento presente recordando sencillamente que ya dispongo de las circunstancias suficientes para ser feliz. Me comprometo a ganarme la vida de forma correcta para ayudar a reducir el sufrimiento de los seres vivos en la tierra y revertir el proceso del calentamiento global.

Amor verdadero

Consciente del sufrimiento causado por la mala conducta sexual, me comprometo a cultivar la responsabilidad y aprender modos de proteger la seguridad e integridad de los individuos, las parejas, las familias y la sociedad. Consciente de que el deseo sexual no es el amor, y de que la actividad sexual motivada por el anhelo siempre me perjudica a mí mismo y a los demás, estoy determinado a no comprometerme en relaciones sexuales sin verdadero amor y un profundo compromiso a largo plazo conocido por mi familia y amigos. Haré todo lo que esté en mi poder para proteger a los niños del abuso sexual y evitar que las parejas y familias se rompan por la mala conducta sexual. Al comprender que cuerpo y mente son uno, estoy decidido a aprender formas apropiadas de velar por mi energía sexual y cultivar la amabilidad, la compasión, la alegría y la integración —los cuatro elementos básicos del verdadero amor— para mi mayor felicidad y la mayor felicidad de los otros. Al practicar el verdadero amor, sabemos que nos adentramos bellamente en el futuro.

Discurso amoroso y profunda escucha

Consciente del sufrimiento causado por el discurso no consciente y la incapacidad para escuchar a los demás, me comprometo a cultivar el discurso amoroso y la escucha compasiva para aliviar el sufrimiento y promover la reconciliación y la paz en mí mismo y entre los pueblos, grupos étnicos y religiosos, y naciones. Consciente de que las palabras pueden engendrar felicidad o sufrimiento, me comprometo a hablar sinceramente, utilizando palabras que inspiren confianza, alegría y esperanza. Cuando la ira se insinúa en mí, estoy decidido a no hablar. Practicaré la respiración y el paseo con atención plena a fin de reconocer y observar profundamente mi ira. Sé que las raíces de la ira pueden descubrirse en mis percepciones erróneas y en la falta de comprensión del sufrimiento en mí mismo y en la otra persona. Hablaré y escucharé de forma que pueda ayudarme a mí mismo y a la otra persona a transformar el sufrimiento y entender cómo salir de las situaciones difíciles. Estoy decidido a no difundir noticias de cuya veracidad no estoy seguro y a no murmurar palabras que puedan causar división o discordia. Practicaré la correcta diligencia para nutrir mi capacidad para la comprensión, el amor, la alegría y la integración, y transformar gradualmente la ira, la violencia y el temor que viven profundamente en mi conciencia.

Nutrición y curación

Consciente del sufrimiento causado por el consumo no consciente, me comprometo a cultivar la buena salud, tanto física como mental, para mí mismo, mi familia y mi sociedad y practicar la alimentación, la bebida y el consumo conscientes. Practicaré observando profundamente el modo en que consumo los cuatro tipos de nutrientes, a saber, la comida, las impresiones de los sentidos, la volición y la conciencia. Estoy decidido a no apostar o utilizar el alcohol, drogas o cualquier otro producto que contenga toxinas, como ciertos sitios web, juegos electrónicos, programas de televisión, películas, revistas, libros y conversaciones.

Practicaré el regreso al momento presente para estar en contacto con los elementos curativos, refrescantes y nutritivos que están en mí o a mi alrededor, sin permitir que el remordimiento o el dolor me arrastre al pasado, o que las ansiedades, temores o anhelos me expulsen del momento presente. Estoy determinado a no distraer la soledad, la ansiedad o cualquier otro sufrimiento lanzándome a consumir. Contemplaré la interacción de los seres y consumiré de modo que preserve la paz, la alegría y el bienestar en mi cuerpo y conciencia, y en la conciencia y cuerpo colectivo de mi familia, la sociedad y la Tierra.

Para un comentario completo de las cinco enseñanzas de la atención plena, véase *For a Future to Be Possible*, por Thich Nhat Hanh. Fuente: página web de Plum Village, http://www.plumvillage.org/mindfulness-trainings/3-the-five-mindfulness-trainings-html.

Figura 7.1. Las cinco enseñanzas de la atención plena

Alcance el punto a partir del que el fracaso es imposible

Ahora dispone de todas las herramientas que necesita para cultivar la vida consciente y embarcarse en su viaje consciente para alcanzar un peso saludable. Tenga presente que tener fe en que puede lograr el objetivo previsto y ser diligente en su práctica son claves para alcanzar su destino. Hacer las cosas de la forma en que más disfrute contribuye a que se mantenga atento. Con la práctica del *mindfulness*, no hay fracaso: sólo conciencia de lo que funciona, lo que no funciona, y cómo mejorar la práctica presente. Cada paso consciente es importante. Lo importante en este viaje es el proceso, no el destino. A lo largo del día hay muchas oportunidades para cultivar el *mindfulness*. Encuentre las tareas, funciones y acontecimientos diarios que le inspiren el *mindfulness* más integrador.

Entréguese a lo que la vida le presenta en el momento presente. Permanezca abierto y permita que los acontecimientos se desplieguen. Presencie los acontecimientos y obsérvelos con ecuanimidad.

¿Cuál es ese acontecimiento particular que intenta enseñarle algo o alertarle? Concéntrese en sus intenciones y objetivos. Con el *mindfulness*, la concentración y su capacidad para no emitir juicios, obtendrá valiosos conocimientos relativos a lo que necesita para progresar. Este cultivo también le ayudará a perseverar en el camino y liberarse de preocupaciones y ansiedades relativas al fracaso.

A través de su reflexión cotidiana en el diario de vida consciente, agradezca a todas las personas, seres y cosas que han hecho posible su vida y el modo en que la vive, así como a todos aquellos que le han ayudado a permanecer en el camino hacia la vida consciente. Por ejemplo, piense en la ensalada que tomó a mediodía: ¿cuántas personas y procesos han sido necesarios para reunir la colorida ensalada que se ha tomado? Esta meditación reforzará su conciencia de hasta qué punto ha sido bendecido y es apoyado cada día por muchas personas que conoce y otras muchas que no conoce. Al pensar así advertirá que la vida es un milagro, que tenemos mucho por lo que estar agradecidos, y que todos somos muy afortunados al tener la oportunidad de saborear todo lo que la vida nos ofrece.

TERCERA PARTE

Esfuerzo individual y colectivo

8

UN MUNDO CONSCIENTE

Hay cientos de miles de fuerzas que nos vinculan
a todo cuanto existe en el cosmos,
sosteniéndonos y haciendo posible que existamos.
¿Ves el vínculo entre tú y yo?
Si tú no estás ahí,
yo no estoy aquí.

Thich Nhat Hanh,
The Heart of Understanding (1988)

Hemos presentado las últimas sugerencias basadas en la ciencia y las antiguas tradiciones de la atención plena como medios que nos ayudan a comprender y transformar los hábitos enfermizos que nos han llevado al sobrepeso. Con una práctica constante, nos encontraremos en situación de adherirnos a unas opciones vitales que mejoren nuestro bienestar. A medida que practique el *mindfulness* en su vida cotidiana, obtendrá un mayor conocimiento de la interconexión de todas las cosas y empezará a comprender el efecto de su práctica diaria extendiéndose más allá de su propio cuerpo, y más allá de su propio bienestar. La ciencia nos informa de que cuando nuestra dieta se basa principalmente en vegetales y hacemos ejercicio de manera regular, nuestra salud mejora. Al reducir conscientemente el consumo de carne también lleva a cabo un milagro, porque el cambio en su dieta contribuye a que haya más alimentos disponibles para los niños hambrientos en los países subdesarrollados y a la vez reduce el calentamiento global. Cuantos más de nosotros practiquemos el *mindfulness* de esta forma, más estimularemos la transformación no sólo a nivel individual sino también colectivo. Estaremos cambiando el mundo.

Nuestro bienestar y el bienestar del mundo dependen mutuamente uno del otro. Necesitamos estar bien a nivel individual, y entonces podremos contribuir al bienestar de los demás. Al vivir conscientemente y al aprovechar cada momento para vivir con comprensión y compasión, no sólo mejoramos nuestra propia salud, sino la de todas las generaciones futuras.

La estudiante sabia

En el día de su graduación en junio de 2007, la estudiante de grado superior Jennifer Leigh Levye pronunció el discurso de bienvenida a sus compañeros de clase en la Escuela Superior de Sharon, Massachusetts. En su discurso, citó las enseñanzas de Thich Nhat Hanh, que le habían sido transmitidas por su profesora de inglés de segundo año, la señora Murray.

> Thich Nhat Hanh [...] sosteniendo una naranja, dijo: «El mundo entero está dentro de esta naranja». «¿Dentro de una naranja?», fue el pensamiento que recorrió muchas de nuestras mentes. ¿Cómo puede el mundo entero caber en algo tan pequeño como una naranja?
>
> Pensemos, sin embargo, en todo lo que confluye para formar una naranja. El árbol en que crece, el suelo en que está plantado, el agua que la nutre, el sol que le aporta la energía para crecer. Si una de estas cosas faltara, la naranja no existiría, por lo que están todas dentro de ella. La idea puede llevarse más lejos: una persona tuvo que plantar el árbol, otra probablemente cosechó la fruta, una tercera la empaquetó y la envió. Cada una de estas personas fue influida por otras y así sucesivamente hasta el punto de que todo el mundo puede relacionarse con la naranja; si algo fuera diferente, no existiría.
>
> Así pues, a partir de [...] esa naranja, comprendemos que nuestras ideas y experiencias están interrelacionadas y que estamos vinculados unos con otros. Esta idea no es difícil de explicar, pero parece difícil de poner en práctica. Tendemos a concebirnos como islas aisladas, o como demasiado insignificantes para ejercer un efecto en el mundo como un todo. A menudo pensamos en los problemas de los demás como en algo remoto y que no

tiene impacto alguno en nosotros. Creemos que las ideas ajenas son independientes de nosotros y que realmente no necesitamos comprenderlas. Aunque estos supuestos son comunes y es fácil caer en ellos, podemos recordar que nuestros actos no suceden en burbujas, y que recibimos la influencia de las vidas de personas fuera de nuestra pequeña esfera. Si todo el mundo está contenido en una naranja, también lo está dentro de cada uno de nosotros; si algo fuera diferente, nosotros seríamos diferentes.

[...] [R]ecordad que todo está conectado y que el mundo entero está en nosotros. Todos nos influyen en una gran red, y nosotros podemos influir en ella al cambiar una parte ínfima [...] [S]i en estos cuatro años aprendemos que todos estamos conectados y que podemos inducir el cambio, nuestra educación no habrá sido en vano y el mundo será un lugar mejor.[1]

Es impresionante que una joven como Jennifer tenga en sí la sabiduría para comprender que no somos islas independientes. Todo cuanto hay en el universo depende de todo lo demás para su existencia. No hay nada que pueda existir como una entidad separada, independiente. Todos estamos conectados. Nuestros pensamientos, discursos y acciones influyen en nuestra familia, nuestra comunidad y nuestro país, extendiéndose por todo el mundo. Al mismo tiempo, el estado de nuestra familia, comunidad, país y el mundo influyen en el estado de nuestro ser. Cuando Jennifer dijo: «Todos nos influyen en una gran red, y nosotros podemos influir en ella al cambiar una parte ínfima», despertó la conciencia de sus compañeros de clase y los llamó a la acción.

Bienestar individual y colectivo

El *yo* y el *otro* son conceptos que hemos creado como nociones convencionales para comunicar nuestras percepciones ordinarias y cotidianas. Aunque estos conceptos pueden facilitar la comunicación, a menudo confunden y oscurecen el entendimiento de la verdadera naturaleza de la realidad. En nuestra percepción ordinaria, vemos las cosas como independientes unas de otras. Normalmente percibimos las cosas de acuerdo con constructos preexistentes en nuestra mente, que se manifiestan como semillas en el almacén de nuestra conciencia. Si no estamos atentos, estos constructos pueden distorsionar la verdadera realidad de lo que experimentamos. A menudo quedamos atrapados y confundidos por estos conceptos convencionales y sus muchas ilusiones de dualidad, como el yo y el otro, el tú y el yo, el dentro y el fuera, el ser y el no ser, la ida y la vuelta, lo individual y lo colectivo, uno y muchos, vida y muerte.

En nuestra percepción ordinaria, concebimos fácilmente una mesa como un objeto separado e independiente, con una superficie plana y cuatro patas. Pero si observamos profundamente la mesa, descubriremos que está formada exclusivamente por elementos que no son la mesa, todos los fenómenos necesarios para su manifestación: madera, tierra, agua, fuego, aire, espacio y tiempo. La existencia de la mesa depende de las causas y condiciones de todos estos elementos en el universo en su conjunto. Ésta es la naturaleza interdependiente de la mesa. No puede existir si falta una de estas circunstancias o elementos.

Éste es el *entreser*. Una cosa depende de la manifestación de todas las demás, y lo que las hace posible a todas es esa cosa. Uno es todo, y todo es uno. En el uno tocamos el todo, y en el todo tocamos el uno. Todo cuanto existe en el universo está presente en cada uno de nosotros. Yo estoy en ti, y tú estás en mí.

> *Sé que estás en calma porque yo estoy en calma aquí.*
> *Los brazos de la percepción lo abrazan todo,*
> *uniendo la vida con la muerte, el sujeto con el objeto, todas las cosas*
> *con todas las cosas.*[2]

Hemos de superar las ideas de «individual» y «colectivo», «dentro» y «fuera», para ver la verdad. El dentro está hecho de fuera. Nuestro cuerpo no es sólo algo limitado por nuestra piel. Nuestro cuerpo es mucho mayor; carece de límites. Para que el cuerpo funcione, necesitamos la tierra, el agua, el aire, el calor y los minerales, que están tanto dentro como fuera de él. Trate de experimentar la magia de nuestro cuerpo ilimitado la próxima vez que vaya a un lago o al mar. Cierre los ojos y perciba la íntima comunión entre su cuerpo y el agua: su cuerpo es el agua, y el agua es su cuerpo. El océano está extensamente conectado con todas las cosas, y también usted.

Al observar profundamente de esta forma, apreciamos que el sol es nuestro segundo corazón. Si el corazón dentro de nuestro cuerpo deja de latir, moriremos. De modo similar, si el sol, nuestro segundo corazón, deja de brillar, también moriremos. Nuestro cuerpo es todo el universo, y todo el universo es nuestro cuerpo. No hay nada en el universo que no forme parte de nosotros, ya sea una mota de polvo en la mesa o una brillante estrella en el cielo. Esta comprensión es posible sólo cuando trascendemos las nociones de dentro y fuera, yo y el otro. Es importante que vivamos conscientemente para estar de veras presentes en cada instante, siempre vivos y alimentando la comprensión de la interrelación de la existencia.

Cuando practicamos la respiración, la sonrisa o el paseo con atención plena en un grupo o retiro, la energía colectiva generada por el grupo nos ayuda a generar nuestra propia energía de la atención plena. Al hacer un esfuerzo para cultivar nuestra energía de la atención plena individualmente, dentro del grupo, también reforzamos la energía de todos sus miembros. Lo individual y lo colectivo no son entidades separadas. Al tocar nuestra paz interior, sonreímos con alegría. En el momento en que sonreímos, no sólo nos sentimos más felices, sino que quienes están a nuestro alrededor empiezan a sentirse más ligeros. La acción individual siempre tiene un efecto en la colectiva, y la acción colectiva siempre ejerce un efecto en la individual. Cuando observamos profundamente, el momento en el que damos un paso consciente el mundo cambia; todo cambia.

Cuando vemos a otras personas viviendo conscientemente, practicando la bondad con comprensión y compasión, la confianza en nuestro futuro se refuerza. Al practicar la respiración, la sonrisa, la alimentación, el paseo o el trabajo conscientes, nos convertimos en un elemento positivo en la sociedad, e inspiraremos confianza en todos los que están a nuestro alrededor. Es la mejor manera de asegurar que un futuro es posible para las generaciones más jóvenes.

De la compasión a la acción

Para trasformar nuestro mundo eficazmente, hemos de alcanzar la fuente de la verdadera fuerza que nos impulsará. El intelecto por sí solo no puede motivarnos a actuar compasivamente. Esta fuerza descansa, no en el poder o el dinero, sino en nuestra profunda paz interior. Esto significa que debemos transformarnos a nosotros mismos primero para ser firmes y pacíficos. La verdadera transformación viene del interior. Logramos cambios en nuestra vida cotidiana —en la forma en que pensamos, hablamos, actuamos— siendo firmes y pacíficos, transformándonos a nosotros mismos y al mundo.

La compasión es una fuente de poder, ilimitada, y una energía sabia. Es la energía que nos impulsará a actuar. Sin embargo, sentir compasión no basta; hemos de actuar a partir de ella. La comprensión y el conocimiento nos guían a la acción. Ésa es la razón por la que el amor y la compasión deben combinarse con la comprensión.

Podemos cultivar la compasión realizando incluso los actos más ínfimos. Si al practicar la meditación andando nos encontramos con una hormiga y nos apartamos para evitar aplastarla, estamos cultivando la compasión. Si practicamos observando profundamente y vivimos nuestra vida diaria con *mindfulness*, nuestra compasión se robustecerá cada día. Podemos dar inicio al cambio en tanto individuos. Cuantos más seamos los que practiquemos el *mindfulness*, más posibilidades habrá de un cambio en nuestra conciencia colectiva. Necesitamos despertarnos, y también hemos de despertar nuestra conciencia colectiva. La práctica del *mindfulness* en el nivel individual y colectivo es la clave para este despertar. Nuestros esfuerzos para cambiarnos a nosotros mismos y cambiar el entorno son necesarios, pero un cambio no puede acontecer sin el otro.

Al vivir conscientemente, cuidarse, arraigarse en uno mismo y volverse pacífico, íntegro y pleno, nos atribuimos la capacidad de cumplir nuestro papel para mejorar el bienestar de quienes están a nuestro alrededor y el bienestar del mundo. Si cada uno de nosotros construye esta compasión colectiva, originaremos un cambio radical. No hemos de perder el tiempo, sino sumergirnos en el momento presente a fin de disponer de una clara perspectiva de las circunstancias difíciles y transformarlas.

La práctica del consumo consciente debería convertirse en una práctica generalizada. Hemos de alentarla tanto en un nivel individual como colectivo. Hemos de introducir y apoyar una mayor atención plena en todos los aspectos de nuestra vida e invitar a los demás a unirse a nosotros: padres, educadores, estudiantes, médicos, trabajadores sociales, abogados, científicos, novelistas, periodistas, cineastas, empresarios, arquitectos, artistas, granjeros, oficiales de policía, trabajadores de las fábricas, conserjes, economistas, legisladores y líderes mundiales. Es una verdadera educación para la paz.

El mundo y usted

Existen muchos ejemplos que constantemente nos recuerdan que todos estamos conectados, que vivimos una vida interrelacionada. Nuestra tendencia consiste en centrarnos en nosotros mismos para asegurar nuestra supervivencia y realización. Sin embargo, en realidad no somos independientes de los demás. La crisis financiera estadounidense de 2008 reveló que todos estamos interconectados: los ricos y los pobres, la agricultura y las industrias manufactureras, los países desarrollados y los subdesarrollados. La crisis bancaria no sólo afectó a la economía de Estados Unidos; se extendió rápidamente e influyó en otros mercados mundiales. La pandemia causada por la gripe H1N1 —a menudo denominada gripe porcina— es otro ejemplo concreto, una gripe cuya fuente han podido ser los cerdos. Una vez que un niño en México se vio infectado por el virus, éste se extendió rápidamente por todo el país, y de ahí a los cincuenta estados de Estados Unidos, y con el paso de los meses pasó a cuarenta países en 2009. Con los avances tecnológicos en la comunicación y transportes en el siglo XXI, nuestro mundo se empequeñece y estamos más conectados que nunca.

Cuando somos plenamente conscientes de cada instante, advertimos que «*El uno lo contiene todo. Todo contiene al uno*». Hagamos una pausa para concentrarnos en algo que tengamos frente a nosotros —una flor, un ordenador, una fotografía, un vaso de agua— y advertiremos los milagros que conectan nuestro mundo, hasta qué punto todas las cosas de nuestra vida cotidiana, en cualquier lugar y tiempo, existen sólo en virtud de la ilimitada red de conexiones que lo une todo. Piense en su viaje diario en tren o autobús, del trabajo a casa. ¿Podría tener acceso a este transporte sin la labor de otras muchas personas? El tren en que viaja significa la culminación de años de duro trabajo de diseñadores, ingenieros y operarios. La carretera por la que viaja su autobús existe gracias al esfuerzo de una serie de trabajadores y diseñadores del trazado urbano, y de otros muchos que también la utilizan. Sin todas esas personas, a usted le llevaría horas o quizá un día entero llegar al trabajo, como les ocurre a muchos habitantes de países en vías de desarrollo, muchos de los cuales aún caminan de un lugar a otro para satisfacer sus necesidades diarias. Al pensar así advertiremos hasta qué punto hemos sido bendecidos al poder confiar en tantas otras personas. Damos muchas cosas por sentado. Muchos de nosotros tendemos a centrarnos en nosotros mismos, a vivir temerosos, con una pobre actitud, intentando acumular más riqueza, poder o estatus a fin de sentirnos más seguros. Al vivir así nos negamos la oportunidad de contemplar las muchas maravillas que ya nos rodean. Cada vez que dejamos el hogar y nos desplazamos al trabajo, podemos dar las gracias a todos aquellos que construyeron los autobuses y trenes de cercanías, y a quienes hicieron las carreteras.

Hay una necesidad humana de sentido, de conexión significativa, de comunidad y de compromiso real con el mundo. En todos nosotros hay una gran capacidad para la compasión. Queremos ayudar a quienes tienen una necesidad real, a quienes sufren. Queremos hacer del mundo un lugar mejor para esta generación y las generaciones venideras. Pero ¿cómo empezar a hacerlo?

Transformar el mundo empieza con uno mismo. Al atender a nuestro propio bienestar y estar en contacto con lo que sucede en nuestras vidas personales aumentará nuestra capacidad para comprender y abordar el sufrimiento del mundo. Nos arraigamos entonces en unos cimientos más sólidos para contribuir a la mejora de nuestro mundo. ¿Ha padecido alguna vez cansancio o agotamiento al ayudar a los demás, a su familia, amigos, compañeros de trabajo u otros en su comunidad? Admita que en realidad no es posible ayudar constantemente a los demás si nosotros mismos no estamos en una buena forma física, mental o emocional. Podemos seguir por un tiempo, pero más tarde o más temprano acabaremos sintiéndonos agotados, debilitados o desalentados. No podemos seguir dando cuando nuestro depósito está vacío. Necesitamos solidez. Hemos de practicar la vida consciente a fin de ofrecer lo mejor de nosotros mismos a nuestra familia, nuestros amigos y al mundo.

Influencia y apoyo

Para poder comer conscientemente y mantenernos físicamente activos, no sólo necesitamos tener el conocimiento, la concentración y la motivación para realizar estas prácticas saludables a diario; también necesitamos el apoyo de las personas y lugares que nos rodean cada día: desde nuestros amigos y familiares más cercanos, nuestros hogares y oficinas, al mundo en su conjunto. La red de vida activa y alimentación saludable pone de relieve algunas fuerzas que pueden influir en nuestras metas deseadas y en los elementos esenciales para convertir la alimentación sana y la vida activa en una forma de vida. (Véase la figura 8.1.)

Como puede ver en la ilustración, su ambiente social —amigos y familia que comparten su compromiso con una alimentación sana y una vida activa, compañeros de trabajo que le comprendan y respeten por tomarse su tiempo para tomar un almuerzo nutritivo o ir a pasear en el descanso— ejerce una poderosa influencia en su capacidad diaria para comer y hacer ejercicio conscientemente. También necesita apoyo de su entorno físico: si vive en un barrio inseguro, sin iluminación, aceras, carriles bici, parques o caminos adecuados para pasear o ir en bicicleta, es muy probable que a usted y su familia les resulte mucho más difícil pasear en bici, caminar enérgicamente o hacer *footing* a voluntad. Por la misma razón, si vive en un «desierto alimentario» —un barrio sin supermercado— tendrá que depender de autoservicios o establecimientos de comida rápida para procurase bebidas y alimentos. Por lo tanto, en lugar de acceder fácilmente a las frutas y verduras frescas y los cereales integrales, tendrá que elegir sus comidas entre los alimentos altamente procesados, ricos en carbohidratos refinados, y las bebidas extremadamente azucaradas que se alinean en los estantes de los autoservicios o las megarraciones de los «menús» ofrecidos por los establecimientos de comida rápida.

Las fuerzas de la sociedad también influyen en la red de alimentación saludable y vida activa. La industria alimentaria, que siempre busca incrementar su beneficio, controla los alimentos disponibles en el supermercado. Las industrias de la publicidad y los medios dan forma al modo en que percibimos esos alimentos. Las políticas agrícolas influyen en el tipo de alimentos que resultan más rentables para el crecimiento de la industria alimentaria. Una multitud de políticas

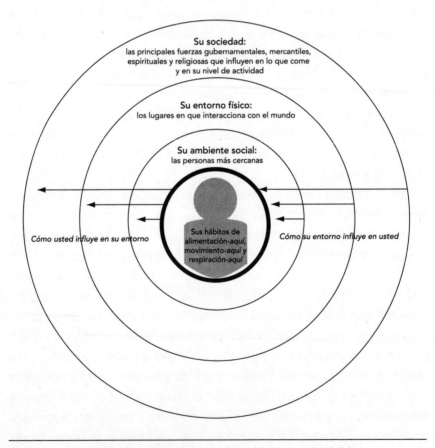

Figura 8.1. La red de vida activa y alimentación saludable

locales y nacionales también configuran nuestro acceso a la actividad física y al medio ambiente: políticas de arquitectura y distribución de zonas, políticas de transporte y recreo. Necesitamos apoyo de todos los niveles de la red de alimentación sana y vida activa para cambiar nuestros hábitos diarios para mejor. Esta perspectiva se describe con mayor detalle en la recomendación para las estrategias de prevención de la obesidad en Estados Unidos de los Centros para el Control y Prevención de las Enfermedades.[3] Un panel de expertos identificó veinticuatro estrategias que pueden ayudar a las comunidades a crear entornos que fomenten la alimentación sana y una vida activa; entre ellas, mejorar el acceso a los supermercados en zonas apartadas, ofrecer incentivos a la producción de alimentos en granjas locales, mejorar el transporte público y reforzar la seguridad personal en lugares donde la gente pueda desarrollar una actividad física. (El artículo completo está disponible en http//:www.cdc.gov/mmwr/preview/mmwrhtml/rr5807a1.htm.)

Tenga presente que las flechas de la figura 8.1 avanzan desde los anillos externos de la red hacia el centro, y también del centro a los anillos externos. Esto nos recuerda que estamos influidos por nuestro entorno en muchos niveles, pero que también podemos influir en él.

Sea un agente del cambio

A medida que observe atentamente la red de alimentación saludable y vida activa, cuanto más la contemple, más se dará cuenta de cuántas personas, negocios, organizaciones y gobiernos —en el nivel local, regional y nacional, pero también globalmente— dan forma a su capacidad para seguir una rutina de alimentación saludable y vida activa con una constancia diaria. Para muchos de nosotros, las opciones saludables no son las opciones fáciles. Cuando cualquiera de estas fuerzas no se alinea con nuestros objetivos para una alimentación sana y una vida activa, surgen barreras y desafíos. Como cuenta el doctor Barry en su libro *The World Is Fat*, los cambios tecnológicos, la globalización, las políticas gubernamentales y la industria alimentaria han cambiado nuestra dieta y actividad en la segunda mitad del siglo xx. La culminación de todos estos cambios es una era sin precedentes de alimentación malsana y vida sedentaria como nunca se había visto antes en nuestro mundo, en el que el número de personas con sobrepeso —1.600 millones— es más del doble del número de personas malnutridas.[4] Este estado nefasto sencillamente no puede continuar, dada la carga económica y sanitaria de la obesidad en los individuos, empresas y países. Todos nosotros podemos participar para hacer un mundo más sano para las futuras generaciones.

Esto puede parecer una tarea abrumadora, desalentadora e imposible, pero cada uno de nosotros puede ser un agente del cambio. He aquí algunos ejemplos de esfuerzos básicos estimulantes en pro del cambio social, llevados a cabo por individuos o pequeños grupos de personas.

De la tragedia de una madre a una campaña mundial

Tras la muerte de su hija de trece años a manos de un conductor ebrio y reincidente en 1980, Candance Lightner fundó una pequeña organización de base en California que se convirtió en Madres Contra la Conducción Ebria (MCCE), a fin de abordar el problema de la conducción ebria.[5] En lugar de dejarse inmovilizar por la ira, la canalizó hacia la acción social. Desde entonces, MCCE ha pasado a ser una organización internacional con más de cuatrocientas sedes en todo el mundo y que aborda el problema de la conducción ebria en múltiples niveles, desde el trabajo con grupos de trabajo locales y legislación a nivel estatal hasta el trabajo con una comisión presidencial en este tema. Los esfuerzos de MCCE han desembocado en cambios en la política del alcohol en cincuenta estados, incluyendo el retraso de la edad legal para ingerir alcohol y el descenso del límite permitido de alcohol en sangre en los controles automovilísticos. La historia de Lightner muestra el poder de un individuo para cambiar el mundo.

De la investigación científica al suministro de alimentos más sanos

La exitosa minimización de las grasas trans en la distribución de alimentos de Estados Unidos a principios del siglo XXI se inició gracias a la acción de un reducido grupo de científicos especializados. A finales del siglo XIX, los químicos descubrieron que podían convertir el aceite líquido vegetal en una forma sólida añadiendo átomos de hidrógeno, un proceso llamado «hidrogenización parcial» que transforma el aceite líquido saludable en lo que se conoce como grasas trans.[6] A la industria alimentaria, esta forma sólida le resulta mucho más deseable para su uso en diversos tipos de alimentos como la margarina, porque es más estable. No se torna rancio fácilmente, como ocurre con los aceites vegetales líquidos, por lo que prolonga la vida del producto. Hasta principios de los años noventa, la mayor parte de la gente creía que reducían el riesgo de enfermedad coronaria suprimiendo las grasas animales, tal como recomendaban los profesionales de la salud. La margarina con aceite parcialmente hidrogenado era considerada buena para el corazón, ya que no contenía colesterol. Este hecho fue cuestionado por la investigación emergente en 1990, cuando un estudio de referencia, dirigido por el doctor Martin Katan y sus colegas y publicado en el *New England Journal of Medicine,* demostró que altos niveles de grasas trans aumentan el colesterol LBD («malo») casi tanto como la grasa saturada y, a diferencia de ésta, disminuye el nivel de colesterol LAD («bueno»). Desde entonces, este descubrimiento ha sido verificado en numerosas ocasiones. Posteriormente, en 1993, los investigadores del Nurses' Health Studies en la Universidad de Harvard descubrieron que las grasas trans se asocian a las enfermedades coronarias en mujeres. Estos hallazgos científicos proporcionaron evidencias para que el Centro para la Ciencia en Interés Público, un grupo público de defensa de la nutrición en Estados Unidos, presentara una petición para solicitar que la Administración de Alimentos y Fármacos exigiera la inclusión de las grasas trans en las etiquetas nutricionales de los productos alimentarios. Más tarde, en 1994, un equipo de investigación de la Escuela Pública de Salud de Harvard, dirigido por el doctor Walter Willett, sorprendió a los consumidores al descubrir que las grasas trans eran más nocivas que las grasas saturadas y que probablemente eran responsables de al menos treinta mil muertes prematuras al año en Estados Unidos. Con este descubrimiento, el gran conglomerado alimentario internacional Unilever empezó a eliminar las grasas trans de la margarina y las pastas para untar, lo que exigió una reestructuración a varios niveles, incluyendo el cultivo, el procesamiento, el etiquetado y la publicidad.

Mientras tanto, los científicos continuaron publicando nuevos descubrimientos relativos a los efectos adversos de las grasas trans, obligando a las Guías Dietéticas de Estados Unidos y a los informes del Instituto de Medicina a incluir esos efectos adversos, mientras los grupos de consumidores siguieron abogando por que se destacara la presencia de grasas trans en los envases de alimentos. Por último, la FDA dictaminó que a partir del uno de enero de 2006, las grasas trans debían aparecer en los envases alimentarios junto a otras grasas nocivas (grasas saturadas) y beneficiosas (grasas no saturadas). En la estela de esta legislación y después de añadir una línea en las etiquetas, la industria alimentaria y las empresas de comida rápida se han replanteado todos sus productos para reducir o eliminar las grasas trans. Numerosas ciudades han declarado que los restaurantes deben eliminar las grasas trans, entre ellas Nueva York, Boston y Filadelfia, lo que abarcaría lo que el Centro para la Ciencia en Interés Público (CCIP) considera como aproximadamente el 20 % de la población de Estados Unidos.[7] El CCIP también considera que la cantidad de grasas trans en el suministro alimentario del país ha descendido en un 50 % desde 2005. Este cambio radical ha sido posible gracias al abnegado esfuerzo de un pequeño grupo de investigadores que han trabajado en dos continentes durante casi veinte años, así como a la persistente defensa de base impulsada por grupos de salud y educación de los consumidores.

Disparando la alarma por las bebidas azucaradas

Estamos lejos de alcanzar el objetivo de salud pública de lograr que todo el mundo elija bebidas más sanas, pero el movimiento social ha comenzado. El movimiento ha prendido gracias al primer estudio científico que indica que las bebidas azucaradas aumentan el riesgo de obesidad. El estudio de 2001 fue dirigido por el doctor David Ludwig y sus colegas en la Universidad de Harvard y estableció que beber una lata de refresco adicional al día aumentaba el riesgo de obesidad en adolescentes en un 60 %.[8] Este estudio, que recibió una amplia cobertura en la prensa, espoleó a los padres a lo largo y ancho de Estados Unidos a hablar contra las bebidas azucaradas en las máquinas expendedoras, especialmente en las escuelas de enseñanza primaria. Bajo esta presión, las industrias de refrescos eliminaron las bebidas azucaradas en todos sus contratos escolares con la escuelas de primaria en 2006.[9]

Mientras tanto, otros estudios informaron de un aumento del riesgo de obesidad, diabetes y enfermedades cardiovasculares en adultos.[10] Estos estudios científicos proporcionaron una evidencia aún mayor de la necesidad de controlar el consumo público de bebidas azucaradas en todas las edades. La comprensión del éxito del movimiento de la restricción del tabaco en Estados Unidos sugiere que es necesario implementar múltiples estrategias exhaustivas. Entre ellas, la intervención clínica, para que los médicos puedan ayudar a la gente a perder peso; un aspecto económico consistente en gravar las bebidas azucaradas; esfuerzos de regulación para limitar el acceso a los refrescos o bebidas para deportistas en las escuelas; y estrategias educativas en colegios y centros de trabajo, así como en los medios de comunicación y en los puntos de venta.[11] Hemos de trabajar para cambiar las normas que regulan las bebidas azucaradas: el agua debería ser la opción en todo momento, y los refrescos azucarados deberían volver a su estatus «excepcional», algo que tomar de vez en cuando, tal como ocurría hace algunas décadas.

Una vida segada prematuramente salva incontables vidas

En 1986, la condesa Albina du Boisrouvray perdió a su único hijo, François-Xavier, de veinticuatro años de edad, en una misión en helicóptero en Mali.[12] En lugar de dejarse inundar por la desolación y una profunda tristeza, decidió consagrar toda su energía y recursos a causas humanitarias que perpetuaran los valores de generosidad y compasión que guiaron la vida de su hijo. Fundó la Asociación François-Xavier Bagnoud (FXB International: www.fxb.org) vendiendo la mayor parte de sus posesiones e implicando a sus amigos. La misión de FXB, una organización internacional no gubernamental, es luchar contra la pobreza y el sida y apoyar a los huérfanos y los niños vulnerables abandonados a su suerte en la estela de la pandemia del sida. Atenta a la importancia de las contribuciones individuales y colectivas a la comunidad, FXB ofrece un apoyo exhaustivo a las familias y comunidades que cuidan de esos niños, asistiendo a la planificación y construcción de organizaciones autosostenibles. FXB tiene un centenar de programas modelo en África, América, Asia y Europa.

Tres agricultores conscientes

La Agricultura Apoyada por la Comunidad (AAC) es un modelo de granja en la que los miembros de las comunidades circundantes compran acciones de una granja; a cambio, los miembros reciben frutas, verduras y cereales cultivados en la granja. Además del intercambio de dinero por productos frescos, cultivados localmente, y a menudo ecológicos, el modelo de la AAC construye importantes relaciones entre las comunidades, los alimentos y el medio ambiente.

Hay una notable granja AAC en Santa Cruz, California —Granja en Bicicleta (www.freewheelinfarm.com)—, fundada por tres jóvenes agricultores con la visión de ofrecer a la comunidad frutas y verduras frescas, cultivadas ecológicamente, a la vez que cuidan de la tierra, el agua, el medio ambiente y a las personas que lo hacen posible. Además de practicar la agricultura ecológica, se han comprometido con formas de irrigación innovadoras y el análisis del consumo de recursos, esforzándose por nutrir sus cosechas de la forma más sostenible y ambientalmente amistosa. Trabajan para minimizar el consumo de petróleo, y utilizan materiales reciclados en todos los trabajos de la granja. Como su nombre sugiere, expresan su compromiso con un medio ambiente más verde entregando frutas y verduras... ¡en bicicleta!

Aparte de cultivar alimentos frescos y sanos, Granja en Bicicleta es consciente de la necesidad de reforzar una conciencia colectiva en las comunidades locales respecto a la comida, el medio ambiente, la salud, la renovación de la comunidad y la responsabilidad social, especialmente en las generaciones más jóvenes. Han desarrollado programas para fomentar el interés y la participación de jóvenes y han colaborado con un programa de juventud en el sistema educativo para ofrecer una educación en nutrición y agricultura sostenible, así como formación en agricultura práctica.

La visión de estos tres agricultores es ejemplar, y su perspectiva global para contribuir a construir una comunidad más sana resulta admirable. Han comprendido la naturaleza interdependiente de la tierra, los alimentos y la comunidad, y la importancia de involucrar a los más jóvenes para plantar las semillas de nuestro futuro. Es un modelo maravilloso que debería reproducirse en otras comunidades en todo el mundo.

Cambia el mundo, paso a paso

Vivir en un entorno sano y que brinde su ayuda es un aspecto clave a la hora de alcanzar un peso saludable. Usted podría preguntarse: ¿qué puedo hacer para alentar la alimentación sana y el movimiento por una vida saludable? Un buen lugar para empezar es su entorno inmediato. ¿Qué elementos faltan en el entorno de su hogar, su lugar de trabajo y su comunidad local y le impiden nutrir su cuerpo y practicar una alimentación saludable y una vida activa? Es posible que los temas que planteamos en los capítulos 5 y 6 le hayan alertado de los muchos retos y obstáculos que deberá afrontar. Ahora es consciente de que no puede culparse exclusivamente a sí mismo por sus pasados fracasos a la hora de alcanzar un peso saludable. Hubo muchas fuerzas externas que condicionaron su comportamiento y le impidieron alcanzar sus objetivos. Reflexione profundamente en estos retos y obstáculos, porque comprenderlos es importante para ayudarle a alcanzar su peso idóneo y vivir una vida consciente. Todo puede empezar con usted. Usted es la base de todo cambio en su sociedad. Un estudiante preguntó a Thay: «Hay muchos problemas urgentes. ¿Qué debería hacer?». Thay respondió serenamente: «Céntrate en una cosa, y realízala con profundidad y atención, y lo harás todo al mismo tiempo».

Si sabemos que las bebidas azucaradas constituyen un obstáculo a nuestros objetivos con el peso, ¿qué podríamos hacer para controlar su consumo? Muchos de nosotros diríamos que tan sólo necesitamos el poder de la voluntad, que tan sólo necesitamos decidir no tomar esas bebidas. Sin embargo, el poder de la voluntad puede resultar efímero, en especial si estamos inmersos en un ambiente que proporciona un fácil acceso a bebidas dulces y de gran tamaño, superiores a 500 ml. Además, estamos constantemente bombardeados por anuncios que nos inducen a tomar esas bebidas. Adopte las acciones necesarias para protegerse de esas opciones poco saludables.

Empiece con su entorno inmediato, su hogar. No guarde bebidas azucaradas en su refrigerador. En lugar de ello, recupere el sabor refrescante del té o el agua con rodajas de limón, lima, naranja o menta. Cuando tenga sed, tome agua conscientemente y descubrirá lo refrescante que es. En la cafetería del trabajo, pida al encargado de la restauración que almacene agua con sabores y bebidas con un bajo contenido en azúcar —hasta tres cucharaditas por cada 350 ml, tal como recomiendan los investigadores de la Escuela de Salud Pública de Harvard—.[13] Haga lo mismo en las tiendas de su vecindario. Solicite, llame o escriba un correo electrónico a la atención del consumidor de las grandes empresas de refrescos como Coca-Cola, PepsiCo y Schweppes o al fabricante de sus bebidas favoritas y pídales que creen una bebida baja en azúcar, con menos de tres cucharaditas por cada 350 ml. Todos los negocios están impulsados por el consumidor. Responden a sus demandas. Cuantas más peticiones de los consumidores reciban las industrias de refrescos, más probable será que se comprometan a introducir nuevos productos.

De verdad le gusta pasear en bicicleta por la ciudad, pero le preocupa su seguridad, ya que las calles están atestadas de tráfico y no hay carril bici. Hable de ello en las reuniones locales, y solicite el emplazamiento de carriles bici. Usted ha pagado impuestos para su ciudad, y tiene derecho a pedir un entorno seguro para sus actividades cotidianas. Pida a vecinos y amigos que hagan otro tanto, y sea persistente. No se sorprenda si su esfuerzo por pedir un carril bici tropieza con cierta resistencia entre los funcionarios locales, preocupados por el coste, o incluso entre algunos residentes, que en principio sólo verán los potenciales aspectos negativos. Encuentre a vecinos con ideas afines a las suyas para ayudar a difundir los muchos beneficios de un carril bici: las familias se sentirán más seguras cuando sus hijos paseen en bicicleta y también contribuirá a reducir las emisiones de carbono, lo que mejorará la calidad del aire. Su acción aportará la luz de la atención plena a los funcionarios electos de su localidad, ayudándoles a actuar con buenas intenciones para el bienestar de todos.

No subestime el poder de la acción consciente. Usted puede ser un agente del cambio para un medio ambiente más sano y por el futuro. Para mejorar su medio ambiente y alentar la alimentación saludable y la vida activa, existen muchas necesidades y opciones. Eche un vistazo a la lista de sugerencias de los Centros para el Control y Prevención de Enfermedades de Estados Unidos.[14] (Véase el Apéndice E.) Concéntrese en un aspecto que le resulte atractivo y apasionante a fin de aportar un cambio en su comunidad, su estado e incluso a nivel nacional. Puede consistir en trabajar para acercar los mercados de los granjeros a su comunidad o revitalizar los parques de su comunidad para que niños y familias puedan jugar a salvo. O puede llamar a las líneas de atención al cliente de los fabricantes de alimentos y cadenas de restauración para pedir productos más sanos. En la web existen numerosos recursos que le aportarán ideas y le ayudarán a cambiar el mundo a su alrededor.

Para alcanzar una comprensión mayor y adquirir más ideas para fomentar el cambio social de modo que la alimentación sana y la vida activa constituyan una realidad para todos, visite las webs del Centro para la Ciencia en Interés Público, en Estados Unidos (http://www.cspinet.org); el Centro Rudd para Política Alimentaria y Obesidad, en la Universidad de Yale (http://www.yaleruddcenter.org); la Red Canadiense para la Obesidad (http://www.obesitynetwork.ca); Apoyo-Alianza para una Mejora de la Alimentación y Agricultura, en el

Reino Unido (http://www.sustainweb.org); el Jurado de Padres, radicado en Australia (http://www.parentsjury.org.au); la organización Lucha contra la Epidemia de Obesidad, establecida en Nueva Zelanda (http://www.foe.org.nz); y la Fuerza Internacional contra la Obesidad (http://www.iotf.org). Podrá obtener más ideas para la acción social en la página web de este libro (http://www.savorthebook.com).

En su plan de vida consciente, incluya el objetivo de participar activamente en una organización basada en la comunidad y centrada en mejorar los alimentos y bebidas de su entorno. No sólo contribuirá a mejorar su comunidad, sino que también mejorará sus oportunidades para perseverar en sus objetivos en pro de un estilo de vida sano a medida que se vea rodeado de voluntarios que compartan sus gustos.

Cada día es un día de Acción de Gracias

Todos los años, el tercer jueves de noviembre, los estadounidenses celebran la festividad nacional de Acción de Gracias, que hunde sus raíces en la antigua tradición autóctona de celebrar y dar las gracias por la cosecha. En virtud de nuestra comprensión de la naturaleza interdependiente de *aquello* y *aquellos* individuos necesarios para comer bien y permanecer activos cada día, Acción de Gracias no debería celebrarse sólo una vez al año. Debería celebrarse con más frecuencia, por ejemplo... cada día. Convierta en costumbre dar las gracias en silencio a todos aquellos con los que está conectado y de quienes depende: a su pareja, que preparó una comida sana y deliciosa; a los investigadores abnegados que descubrieron la sabiduría científica de la alimentación sana; al cajero en la cola del almuerzo; a los comercios que nos ofrecen las opciones saludables que necesitamos; al periodista radiofónico que anuncia el proyecto de ley agrícola que ha sido aprobado en el Congreso; a los senadores y representantes que han trabajado incansablemente para aprobar una legislación que mejore nuestra dieta; o al médico que le ha animado a trabajar en la dirección de un peso más sano. Cuando seamos uno con nuestra gratitud hacia todas estas personas, nos sentiremos inspirados y con energía para actuar y cumplir nuestra parte a fin de contribuir a la mejora de nuestra propia salud y la calidad de vida de muchos otros.

Saborear cada instante

Ninguno de nosotros vivirá para siempre. Mientras aún estamos vivos, tenemos la oportunidad de llevar una vida de atención plena que nos brinde una mayor paz y alegría, o llevar una vida sin atención plena, que conducirá a una mayor ansiedad y sufrimiento. Cada día es importante recordarnos que todas las ideas, cosas y personas son impermanentes. Que la enfermedad y la pérdida son inevitables. Y que tenemos que vivir en el momento para gozar de la verdadera plenitud. Buda animaba a sus estudiantes a practicar y reflexionar regularmente en estos cinco recuerdos:

> *En mi naturaleza está envejecer. No hay modo de escapar al envejecimiento.*
>
> *En mi naturaleza está el enfermar. No hay modo de escapar a la enfermedad.*
>
> *En mi naturaleza está morir. No hay modo de escapar a la muerte.*
>
> *Todo cuanto me es querido y todos aquellos a quienes amo están sometidos al cambio. No hay modo de evitar separarme de ellos.*
>
> *Mis acciones son mis únicas verdaderas pertenencias. No puedo escapar a las consecuencias de mis acciones. Mis acciones son el suelo en que me arraigo.*[15]

Saboree el tiempo que aún le queda en esta vida. Saboree cada instante, cada respiración, cada comida, cada relación, cada acción o no acción, cada oportunidad de mantener el propio bienestar y el bienestar del mundo. Integre y practique el *mindfulness* en su vida cotidiana hasta que se convierta en un hábito, una forma de vida. Procure que otros se le unan, prestándose mutuo apoyo para comer, trabajar y vivir conscientemente, juntos. Vivir así será su única y verdadera pertenencia y es la esencia de una vida plena y significativa.

Apéndice A

INTEGRANDO EL *MINDFULNESS* EN SU VIDA COTIDIANA

Centros para la práctica del *mindfulness* en la tradición de Thich Nhat Hanh

Monasterio Blue Cliff, 3 Mindfulness Rd., Pine Bush, NY 12566
Teléfono: (845) 733-4959
Correo electrónico: office@bluecliffmonastery.org
Página web: www.bluecliffmonastery.org

Monasterio Deer Park, 2499 Melru Lane, Escondido, CA 92026
Teléfono: (760) 291-1003
Correo electrónico: deerpark@dpmail.net
Página web: www.deerparkmonastery.org

Instituto Europeo de Budismo Aplicado, Schaumburgweg 3,
D-51545 Waldbröl, Alemania
Teléfono: +49 (0) 2291 907 1373
Correo electrónico: info@eiab.eu
Página web: www.eiab.eu

Maison de L'Inspir (Casa de la Respiración, cerca de París), 7
Allée des Belles Vues, 93160 Noisy-le-Grand, Francia
Teléfono: +33 (0) 9 51 35 46 34
Correo electrónico: maisondelinspir@yahoo.fr
Página web: www.maisondelinspir.over-blog.com

Plum Village, 13 Martineau, 33580 Dieulivol, Francia
Correo electrónico: lh-office@plumvillage.org; uh-office@plum
village.org; nh-office@plumvillage.org
Página web: www.plumvillage.org

Directorios de *sangha*

Comunidad de vida consciente. *USA Sangha Directory*. http:// www.iamhome.org/usa_sangha.htm.
Comunidad de vida consciente. *International Sangha Directory*. http://www.iamhome.org/international.htm.

Reloj de la atención plena

Descargue en su sistema Windows el sonido de la campana de la atención plena que podrá programar para sonar a intervalos diferentes, cortesía de la Comunidad de *mindfulness* de Washington: http:// www.mindfulnessdc.org/mindfulclock.html.

Para los usuarios de Mac, el artilugio de descarga gratuita Prod-Me 1.1 (copyright de Jim Carlson), disponible en la página web de Apple, puede programarse para un sonido de «campana» y utilizarse como una campana de atención plena: http://www.apple.com/downloads/dashboard/status/prodme.html.

El reloj Ahora

Recuerde cómo estar en el aquí y el ahora con este reloj, diseñado con la propia caligrafía de Thich Nhat Hanh, que puede adquirirse en la tienda del Monasterio Blue Cliff. Para más información, envíe un correo electrónico a la tienda en book shop@bluecliffmonastery.org, o en Europa, a itsnow@plumvillage.org.

Apéndice B

DISCURSO SOBRE LOS CUATRO TIPOS DE NUTRIENTES

Samyukta Agama, sutra 373

Esto es lo que escuché una vez en que Buda estaba en el monasterio de Anathapindika, en el bosquecillo de Jeta, cerca de la ciudad de Shravasti. Ese día, Buda dijo a los monjes: «Hay cuatro tipos de nutrientes que permiten crecer y mantener la vida a los seres vivientes. ¿Cuáles son esos cuatro nutrientes? El primero son los alimentos comestibles, el segundo el alimento en el sentido de las impresiones, el tercero es el alimento de la volición, y el cuarto es el alimento de la conciencia.

»Bhikkhus: ¿cómo debería concebir un discípulo los alimentos comestibles? Imaginad a una joven pareja con un bebé al que cuidan y han criado con todo su amor. Un día deciden llevar a su hijo a otro país para ganarse la vida. Tienen que atravesar las dificultades y peligros de un desierto. Durante el viaje, se quedan sin provisiones y pasan un hambre extrema. No hay salvación para ellos y discuten el siguiente plan: "Sólo tenemos un hijo al que amamos con todo nuestro corazón. Si comemos su carne sobreviviremos y lograremos superar esta peligrosa situación. Si no comemos su carne moriremos los tres". Tras hablar así, mataron al niño con lágrimas de dolor y apretando los dientes comieron la carne de su hijo, para vivir y salir del desierto».

Buda preguntó: «¿Creéis que esa pareja comió la carne de su hijo para disfrutar de su sabor y porque querían que sus cuerpos adquirieran los nutrientes que los harían más bellos?».

Los monjes replicaron: «No, venerable». Buda preguntó: «¿Acaso la pareja se vio obligada a comer la carne de su hijo para sobrevivir y escapar a los peligros del desierto?». Los monjes respondieron: «Sí, venerable».

Buda enseñó: «Monjes, cada vez que ingerimos alimentos, deberíamos prepararnos para concebirlos como si fuera la carne de nuestro hijo. Si meditamos en ello obtendremos una clara visión y comprensión que pondrá fin a las interpretaciones erróneas acerca de los alimentos, y nuestro apego a los placeres sensuales se disolverá. Una vez que el apego a los placeres sensuales se transforme ya no habrá formaciones internas relativas a los cinco objetos del placer sensual en el noble discípulo que se aplica a la enseñanza y la práctica. Cuando las formaciones internas siguen atándonos, regresamos incesantemente al mundo.

»¿Cómo debería meditar el discípulo en lo que respecta al alimento de las impresiones de los sentidos? Imaginad una vaca que ha perdido su piel. Dondequiera que vaya, los insectos y gusanos que viven en la tierra, en el polvo y la vegetación se aferran a la vaca y chupan su sangre. Si la vaca se echa, los gusanos de la tierra se aferrarán a ella y encontrarán ahí su alimento. Tanto si permanece de pie como echada, la vaca sufrirá molestias y dolor. Cuando toméis el alimento de las impresiones de los sentidos, deberíais practicar para concebirlo bajo esta luz. Tendréis la visión y la comprensión necesarias para poner fin a las interpretaciones erróneas relativas al alimento de las impresiones de los sentidos. Una vez que este conocimiento sea vuestro, ya no os veréis apegados a los tres tipos de sentimiento. Una vez desapegado de los tres tipos de sentimiento, el noble discípulo no necesita esforzarse más, porque todo lo que debe ser hecho habrá sido cumplido.

»¿Cómo debería meditar el discípulo acerca del alimento de la voluntad? Imaginad que hay un pueblo o una gran ciudad cerca de un pozo de carbón ardiente. Sólo quedan rescoldos encendidos y sin humo. Hay un hombre inteligente con la suficiente sabiduría que no quiere sufrir y pretende la paz y la felicidad. No quiere morir, quiere vivir. Piensa: "Allí el calor es intenso, aunque no hay humo ni llamas. Por lo tanto, si entro en el pozo no cabe duda de que moriré". Consciente de esto, está decidido a abandonar el pueblo o la ciudad y marcharse a otro lugar. El discípulo debería meditar así en lo que respecta al alimento de la volición. Al meditar así pondrá fin a las interpretaciones erróneas relativas al alimento de la volición. Cuando alcance esta comprensión, los tres tipos de anhelo habrán concluido. Cuando acaban estos tres tipos de anhelo, el noble discípulo que estudia y practica ya no tendrá trabajo que hacer, porque todo lo que debe ser hecho habrá sido cumplido.

»¿Cómo debería el discípulo meditar acerca del alimento de la conciencia? Imaginad que los soldados del rey han arrestado a un criminal. Lo atan y lo conducen hasta el rey. Como ha cometido un robo, su castigo consiste en que su cuerpo es agujereado con trescientos cuchillos. Día y noche, incesantemente, le asedia el miedo y el dolor. El discípulo debería concebir el alimento de la conciencia bajo esta luz. Si lo hace así habrá logrado una visión y un conocimiento que pone fin a las percepciones erróneas relativas al alimento de la conciencia. Cuando alcance esta comprensión del alimento de la conciencia, el noble discípulo que estudia y practica ya no tendrá que esforzarse más, porque todo lo que debe ser hecho habrá sido cumplido».

Después de que Buda habló, los monjes se mostraron muy contentos de poner en práctica las enseñanzas.

Apéndice C

RELAJACIÓN TOTAL
(de *El arte del poder*, de Thich Nhat Hanh)

Las personas de cualquier profesión podrán beneficiarse de la relajación total todos los días o una vez a la semana. Quizá en la oficina hay un lugar donde practicar la relajación total durante quince minutos. También podrá hacerlo en casa. Una vez que se ha beneficiado de esta práctica para renovarse a sí mismo, podrá ofrecer una sesión de relajación total a toda su familia y a sus compañeros de trabajo. Podrá disfrutar de una sesión de relajación total en su trabajo todos los días. Cuando los colaboradores y empleados se sienten superados por el estrés, son menos eficaces en su trabajo y a menudo cometen errores. Esto resulta muy costoso para las empresas. De ahí que quince minutos de relajación total después de tres o cuatro horas de trabajo resulte muy práctico. Tal vez decida dirigir la relajación total usted mismo. Experimentará una gran alegría al hacerlo. Cuando sea capaz de hacer feliz a la gente y relajar a la gente, su propia felicidad se verá reforzada al mismo tiempo.

Cuando practicamos la relajación profunda en un grupo, una persona puede guiar el ejercicio utilizando las siguientes instrucciones, o una variación de las mismas. Quizá convenga utilizar una campanilla al principio y al final del ejercicio, a fin de ayudar a entrar más fácilmente en un estado mental relajado. Al practicar la relajación profunda consigo mismo, puede hacer una grabación que le servirá de guía.

Échese en el suelo con los brazos a ambos lados. Póngase cómodo. Deje que su cuerpo se relaje. Sea consciente del suelo... y del contacto de su cuerpo con el suelo. Permita que su cuerpo se hunda en el suelo.

Sea consciente de su respiración: inspiración y espiración. Perciba cómo su abdomen sube y baja a cada inspiración y espiración... Sube... baja... sube... baja.

Inspiración, espiración... Todo su cuerpo es ligero... como un nenúfar que flota en el agua... No tiene que ir a ningún lugar... no tiene nada que hacer... Es libre como la nube que flota en el cielo.

Al inspirar, lleve la atención a los ojos. Al espirar, deje que sus ojos se relajen. Permita que sus ojos se acomoden en su cabeza... Relaje la tensión en todos los pequeños músculos alrededor de los ojos... Nuestros ojos nos permiten ver un paraíso de formas y colores... Dejemos que descansen... Envíe amor y gratitud a sus ojos.

Al inspirar, lleve la atención a la boca. Al espirar, permita que su boca se relaje. Libere la tensión alrededor de la boca... Sus labios son los pétalos de una flor... Deje que una suave sonrisa aflore a sus labios... Sonreír libera la tensión en los cientos de músculos de su rostro... Sienta cómo la tensión se libera en sus mejillas... su mandíbula... su garganta.

Al inspirar, lleve la atención a los hombros. Al espirar, permita que sus hombros se relajen. Permita que se hundan en el suelo... que toda la tensión acumulada fluya hacia el suelo... Depositamos tanta carga en nuestros hombros... Dejemos que se relajen a la par que los cuidamos.

Al inspirar, sea consciente de los brazos. Al espirar, relaje los brazos. Deje que sus brazos se hundan en el suelo... la parte superior de los brazos... los codos... los antebrazos... las muñecas... las manos... los dedos... todos los pequeños músculos... Mueva los dedos un poco si le resulta necesario para ayudar a los músculos a relajarse.

Al inspirar, lleve la atención al corazón. Al espirar, permita que su corazón se relaje. Hemos descuidado nuestro corazón largo tiempo, debido a nuestra forma de trabajar, comer y afrontar la ansiedad y el estrés. Nuestro corazón late para nosotros día y noche. Abrace su corazón con ternura y atención plena, reconciliándose con él y cuidándolo.

Al inspirar, lleve la atención a las piernas. Al espirar, permita que sus piernas se relajen. Libere toda la tensión de piernas... muslos... rodillas... pantorrillas... tobillos... pies... dedos de los pies... todos los músculos diminutos de los dedos... Tal vez prefiera mover un poco los dedos para ayudar a relajarlos... Envíe amor y atención a esos dedos.

Vuelva a llevar la atención a la respiración... al abdomen que sube y baja.

Siguiendo el ritmo de su respiración, sea consciente de brazos y piernas... Tal vez opte por moverlos un poco, estirarlos.

Cuando esté preparado, incorpórese poco a poco. Cuando esté preparado, levántese lentamente.

Estos ejercicios pueden guiar la conciencia a cualquier parte del cuerpo: cabello, cerebro, orejas, cuello, pulmones, cada uno de los órganos internos, el aparato digestivo, o cualquier parte del cuerpo que necesite curación y atención. Abrace cada una de estas partes y envíeles amor, gratitud y atención al acogerlas en su conciencia mientras inspira y espira.

Apéndice D

ACTIVIDADES ALTERNATIVAS AL OCIO DIGITAL Y LA TV*

- Acampada
- Acudir a un centro espiritual
- Acudir a una casa de oración
- Aprender un idioma
- Artesanía
- Baile
- Bicicleta
- Bolos
- Caminar
- Cantar
- Carpintería
- Cocinar
- Comprar alimentos
- Confeccionar un álbum de recortes
- Contar cuentos
- Cortar el césped
- Cuidar de un animal doméstico
- Dar clases particulares
- Dormir
- Escribir poesía
- Escribir un diario
- Escuchar música
- Excursionismo

- *Footing*
- Hablar por teléfono con amigos
- Hacer abdominales
- Hacer estiramientos
- Hacer flexiones
- Hacer fotografías
- Hacer yoga
- Interpretación
- Invitar a salir a los amigos
- Ir al gimnasio
- Jardinería
- Jugar a deportes de equipo
- Jugar a golf
- Jugar a juegos de mesa
- Jugar a pillar
- Jugar al *frisbee*
- Jugar al ping-pong
- Jugar al tenis
- Jugar con niños
- Jugar con una pelota de tela
- Labor de punto o ganchillo
- Lavar la ropa
- Leer

*Adaptado de Lilian W. Y. Cheung, Hank Dart, Sari Kalin y Steven L. Gortmaker, *Eat Well & Keep Moving*, 2.ª ed., Champaign, IL, Human Kinetics, pág. 387.

- Limpiar la casa
- Meditar
- Nadar
- Organizar eventos
- Pasar tiempo con la familia
- Paseo consciente
- Patinar
- Pescar
- Pintar
- Plantar flores
- Relajarse
- Resolver puzles de números
- Saltar a la cuerda
- Tocar un instrumento
- Visitar un museo
- Voluntariado

Apéndice E

ESTRATEGIAS COMUNITARIAS PARA PREVENIR Y CONTROLAR LA OBESIDAD

Estrategias para fomentar la disponibilidad de alimentos y bebidas saludables y asequibles

1. Las comunidades deberían aumentar la disponibilidad de alimentos y bebidas más saludables en los locales de servicio público.
2. Las comunidades deberían mejorar la disponibilidad de alimentos y bebidas más saludables y asequibles en los locales de servicio público.
3. Las comunidades deberían mejorar la disponibilidad geográfica de supermercados en zonas apartadas.
4. Las comunidades deberían proporcionar incentivos a los comerciantes minoristas para establecerse en zonas apartadas y/o ofrecer alimentos y bebidas más sanas en esas zonas.
5. Las comunidades deberían mejorar la disponibilidad de mecanismos para adquirir alimentos de las granjas.
6. Las comunidades deberían ofrecer incentivos a la producción, distribución y obtención de alimentos procedentes de granjas locales.
7. Las comunidades deberían restringir la disponibilidad de alimentos y bebidas menos saludables en locales de servicio público.

Fuente: L. K. Khan y otros, Recommended community strategies and measurements to prevent obesity in the United States, *MMWR Recommendations and Reports* 58 (2009), págs. 1-26. Para más información acerca de todas estas estrategias, véase el artículo completo en la página web del diario: http://www.cdc.gov/mmwr/preview/mmwrhtml/rr5807a1.htm.

8. Las comunidades deberían instituir raciones más pequeñas en los locales de servicio público.
9. Las comunidades deberían limitar los anuncios de alimentos y bebidas menos saludables.
10. Las comunidades deberían desalentar el consumo de bebidas azucaradas.

Estrategia para fomentar dar el pecho

Las comunidades deberían apoyar que las madres den el pecho.

Estrategias para alentar la actividad física o limitar la actividad sedentaria en niños y jóvenes

1. Las comunidades deberían exigir educación física en las escuelas.
2. Las comunidades deberían aumentar el nivel de actividad física en los programas de educación física en las escuelas.
3. Las comunidades deberían aumentar las oportunidades para una actividad física extracurricular.
4. Las comunidades deberían reducir el tiempo de exposición al ordenador en los establecimientos de servicio público, como escuelas, guarderías y programas de actividades extraescolares.

Estrategias para crear comunidades seguras que fomenten la actividad física

1. Las comunidades deberían mejorar el acceso a instalaciones recreativas al aire libre.
2. Las comunidades deberían reforzar la infraestructura que fomenta el uso de la bicicleta.
3. Las comunidades deberían reforzar la infraestructura que fomenta el paseo.

4. Las comunidades deberían apoyar la ubicación de escuelas a una distancia de las zonas residenciales asequible a pie.
5. Las comunidades deberían mejorar el acceso al transporte público.
6. Las comunidades deberían reforzar la seguridad personal en zonas en que la gente realiza o podría realizar actividad física.
7. Las comunidades deberían reforzar la seguridad viaria en zonas en que la gente realiza o podría realizar actividad física.

Estrategia para animar a las comunidades a organizarse para el cambio

Las comunidades deberían participar en coaliciones comunitarias o asociaciones para afrontar la obesidad.

Apéndice F

RECURSOS

Alimentación y bebida saludable

Libros

Nestle, M., *What to Eat*, Nueva York, North Press, 2006.
Willett, W. C. y P. J. Skerrett, *Eat, Drink, and Be Healthy: The Harvard Medical School Guide to Healthy Eating*, Nueva York, Free Press, 2005.

Páginas web y publicaciones on-line

Administración de Alimentos y Fármacos de Estados Unidos. *Food Labeling and Nutrition Education Tools*. http://www.fda.gov/Food/Labeling Nutrition/ConsumerInformation/ucm121642.htm.
Centro para la Ciencia en Interés Público. *Nutrition Action Health Letter*. http://www.cspinet.org/nah/index.htm.
Centros para la Prevención y el Control de Enfermedades. *Healthy Eating for a Healthy Weight*. http://www.cdc.gov/healthyweight/healthy_eating/.
Departamento de Agricultura de Estados Unidos. *My Pyramid Tracker*. http://www.mypyramidtracker.gov/.
Departamento de Salud y Servicios Humanos, Abuso de Sustancias y Administración de Servicios de Salud Mental de Estados Unidos. *Alcohol & Drug Information*. http://ncadi.samhsa.gov/.
Escuela de Salud Pública de Harvard. *The Nutrition Source: Knowledge for Healthy Eating*. http://www.thenutritionsource.org.
Instituto Americano para la Investigación del Cáncer. *American Institute for Cancer Research Home Page*. http://www.aicr.org.
Instituto Americano para la Investigación del Cáncer, Fundación Mundial para la Investigación del Cáncer. *Food, Nutrition, Physical Activity, and the*

Prevention of Cancer: A Global Perspective-Online, 19 de agosto de 2009; http://www.dietandcancerreport.org/.

Instituto Cooper. *Stand Up (More) and Eat (Better)*. http://www.standu pandeat.org/.

Instituto Nacional para el Abuso de Alcohol y el Alcoholismo. *College Drinking-Changing the Culture*. http://www.collegedrinkingprevention.gov/.

Peso saludable

Libros

Critser, G., *Fat Land*, Nueva York, Penguin Books, 2004.

Hu, F. B., *Obesity Epidemiology*, Nueva York, Oxford Univ. Press, 2008.

Instituto de Medicina, *Progress in Preventing Childhood Obesity: How Do We Measure Up?*, Washington, D.C., National Academies Press, 2006.

Katzen, M. y W. C. Willett, *Eat, Drink & Weigh Less: A Flexible and Delicious Way to Shrink Your Waist Without Going Hungry*, Nueva York, Hyperion, 2006.

Kumanyika, S., *Handbook of Obesity Prevention: A Resource for Health Professionals*, Nueva York, Springer, 2007.

Kushner, R. F., *Dr. Kushner's Personality Type Diet*, Nueva York, St. Martin's Griffin Press, 2004.

Ludwig, D. S. y S. Rostler, *Ending the Food Fight: Guide Your Child to a Healthy Weight in a Fast Food/Fake Food World*, Nueva York, Houghton Mifflin Harcourt, 2007.

Neumark-Sztainer, D., *I'm Like So Fat*, Nueva York, Guilford Publications, 2005 (trad. cast.: *¡Estoy tan gorda!*, Teià, Robinbook, 2006).

Popkin, B. M., *The World Is Fat*, Nueva York, Penguin Group, 2009.

Satter, E., *How to Get Your Kid to Eat... but Not Too Much*, Boulder, Bull Publishing Company, 1987.

Páginas web y publicaciones on-line

Acción para chicos sanos. *Action for Healty Kids Home Page*. http://www. actionforhealthykids.org/.

Asociación Nacional para los Trastornos Alimentarios. *National Eating Disorders Association*. http://www.nationaleatingdisorders.org/.

Centro Siteman para el Cáncer, Escuela Universitaria de Medicina de Washington. *Your Disease Risk: The Source on Prevention.* http://www.your diseaserisk.org/.

Centros para la Ciencia en Interés Público. *Nutrition Policy.* http://www.cspi net.org/nutritionpolicy/index.html.

Centros para la Prevención y Control de Enfermedades. *The Guide to Community Preventive Services-Obesity Prevention.* http://www.thecommu nityguide.org/obesity/index.html.

Overweight and Obesity. http://www.cdc.gov/obesity/.

Overweight and Obesity: State Stories. http://www.cdc.gov/obesity/state programs/statestories.html.

Clínica Mayo. *MayoClinic.com-Healthy Lifestyle.* http://www.mayoclinic. com/health/HealthyLivingIndex/HealthyLivingIndex.

Coalición de New England para la Promoción de la Salud y la Prevención de Enfermedades. *Strategic Plan for Prevention and Control of Overweight and Obesity in New England.* http://www.neconinfo.org/02-11-2003_ Strategic_Plan.pdf.

Escuela Médica Brown. *The National Weight Control Registry.* http://www. nwcr.ws/.

Escuela para la Salud Pública de Harvard. *Harvard Prevention Research Center on Nutrition and Physical Activity.* http://www.hsph.harvard.edu/prc/.

Fuerza Internacional Contra la Obesidad. *International Obesity Task Force Home Page.* http://www.iotf.org.

Fundación Robert Wood Johnson. *Active Living Research.* http://www.acti velivingresearch.org/.

Healthy Eating Research. http://www.healthyeatingresearch.org/.

Instituto Nacional de la Diabetes y Enfermedades Digestivas y del Riñón. *Weight-control Information Network (WIN).* http://win.niddk.nih.gov/.

Instituto Nacional del Corazón, Pulmón y Sangre. *Calculate Your Body Mass Index.* http://www.nhlbisupport.com/bmi/.

Institutos Nacionales de la Salud. *We Can! (Ways to Enhance Children's Activity & Nutrition).* http://www.nhlbi.nih.gov/health/public/heart/obe sity/wecan/.

Personal de la Clínica Mayo. *Calculadora de calorías.* http://www.mayocli nic.com/health/calorie-calculator/NU00598.

Proyecto LEAN de California. *California Project LEAN: Leaders Encourage Activity and Nutrition.* http://www.californiaprojectlean.org/.

Red Canadiense para la Obesidad. *Canadian Obesity Network Home Page.* http://www.obesitynetwork.ca/.

Shape Up America! *Shape Up America! Healthy Weight for Life*. http://www.shapeup.org/.

Trust para la Salud de América. *F as in Fat 2009: How Obesity Policies Are Failing in America*. http://healthyamericans.org/reports/obesity2009/.

Universidad de California en Berkeley. *Dr. Robert C. and Veronica Atkins Center for Weight & Health*. http://www.cwh.berkeley.edu/.

Universidad de Yale. *Rudd Center for Food Policy and Obesity*. http://www.yaleruddcenter.org/.

Universidad del Estado de Louisiana. *Pennington Biomedical Research Center*. http://www.pbrc.edu/.

Universidad Tufts. Children in Balance. http://www.childreninbalance.org/.

Cómo llega la comida a nuestra mesa

Libros

Brownell, K. D. y K. B. Horgen, *Food Fight: The Inside Story of the Food Industry, America's Obesity Crisis, and What We Can Do About It*, Nueva York, McGraw-Hill, 2003.

Kingsolver, B., *Animal, Vegetable, Miracle*, Nueva York, HarperCollins, 2007.

Nestle, M., *Food Politics: How the Food Industry Influences Nutrition and Health*, 2.ª ed., col. California Studies in Food and Culture, n° 3, Berkeley, University of California Press, 2007.

Pollan, M., *In Defense of Food: An Eater's Manifesto*, Nueva York, Penguin, 2008.

—, *The Omnivore's Dilemma: A Natural History of Four Meals*, Nueva York, Penguin, 2006.

Schlosser, E., *Fast Food Nation: The Dark Side of the All-American Meal*, Nueva York, Houghton Mifflin, 2001 (trad. cast.: *Fast food nation*, Barcelona, Debolsillo, 2007).

Páginas web y publicaciones on-line

Edible Schoolyard. *The Edible Schoolyard Home Page*. http://www.edibleschoolyard.org/.

Instituto Small Planet. *Small Planet Institute Home Page*. http://www.smallplanetinstitute.org/.

Kitchen Gardeners International. *Kitchen Gardeners International Home Page.* http://www.kitchengardeners.org/.

Red Rutas Alimentarias. *FoodRoutes.org Home Page.* http://www.food routes.org.

Slow Food. *Slow Food International-Good, Clean, and Fair Food.* http://www.slowfood.com/.

Sustainable Table. *Sustainable Table: Serving Up Healthy Food Choices.* http://www.sustainabletable.org/home.php.

Películas

Kenner, R. y E. Schlosser, *Food Inc.*, 2008. Más información disponible en http://www.foodincmovie.com/.

Spurlock, M., *Super Size Me*, 2004.

Stein, J., *Peaceable Kingdom*, 2004. Más información disponible en http://www.peaceablekingdomfilm.org/.

Woolf, A., *King Corn*, 2007. Más información disponible en http://www.kingcorn.net/.

Promover cambios en la comunidad y en el mundo

Páginas web y publicaciones on-line

Active Living by Design. *Active Living by Design Home Page.* http://www.activelivingbydesign.org/.

Centro de Recursos para la Vida Activa. *Active Living Resource Center Home Page.* http://www.activelivingresources.org/index.php.

Centro Nacional para el Ciclismo y el Paseo. *BikeWalk.org.* http://www.bikewalk.org/index.php.

Centro para la Ciencia en Interés Público. *Center for Science in the Public Interest Home Page.* http://www.cspinet.org/.

Change.org. *Change.org Home Page.* http://www.change.org/.

Escuela de Salud Pública de Harvard. *The Francois-Xavier Bagnoud Center for Health and Human Rights.* http://www.harvardfxbcenter.org/.

Fight the Obesity Epidemic. *Fight the Obesity: Stop Our Children. Developing Type 2 Diabetes.* http://www.FOE.org.NZ.

Free the Children. *Free the Children Home Page.* http://freethechildren.com/.

Jurado de Padres. *The Parents Jury: Your Voice on Food and Activity*. http://www.parentsjury.org.au.

Sustain: The Alliance for Better Food and Farming. *Sustainweb.org*. http://www.sustainweb.org/.

USA.gov. *Contact Elected Officials*. http://www.usa.gov/Contact/Elected.shtml.

Alimentación consciente

Libros

Albers, S., *Eating Mindfully: How to End Mindless Eating and Enjoy a Balanced Relationship with Food*, Oakland, CA, New Harbinger Publications, 2003 (trad. cast.: *Comer sano: aprende y disfruta con las reglas de la alimentación equilibrada*, Barcelona, Oniro, 2007).

Bays, J., *Mindful Eating*, Boston, Shambhala, 2009.

Goodall, J., *Harvest for Hope: A Guide to Mindful Eating*, Nueva York, Time Warner Book Group, 2005.

Kessler, D. A., *The End of Overeating: Taking Control of the Insatiable American Appetite*, Nueva York, Rodale Press, 2009.

Yuen, C., *The Cosmos in a Carrot: A Zen Guide to Eating Well*, Berkeley, Parallax Press, 2006.

Páginas web y publicaciones on-line

Centro para la Alimentación Consciente. *The Center for Mindful Eating Home Page*. http://www.tcme.org/library.htm.

Wansink, B. *MindlessEating.org*. http://www.mindlesseating.org/.

Mindfulness o atención plena

Libros

Badiner, A. H. (comp.), *Mindfulness in the Marketplace: Compassionate Responses to Consumerism*, Berkeley, Parallax Press, 2002.

Hanh, T. N., *Anger: Wisdom for Cooling the Flames*, Nueva York, Riverhead Books, 2001 (trad. cast.: *Ira: el dominio del fuego interior*, Barcelona, Oniro, 2009).

—, *The Art of Power*, Nueva York, HarperCollins, 2007 (trad. cast.: *El arte del poder: el secreto de la felicidad y la vida plena*, Barcelona, Oniro, 2008).

—, *Creating True Peace*, Nueva York, Simon and Schuster, 2003 (trad. cast.: *Construir la paz*, Barcelona, RBA, 2004).

—, *The Heart of the Buddha's Teachings*, Berkeley, Parallax Press, 1998 (trad. cast.: *El corazón de las enseñanzas de Buda: el arte de transformar el sufrimiento en paz, alegría y liberación*, Barcelona, Oniro, 2009).

—, *Peace Is Every Step: The Path of Mindfulness in Everyday Life*, Nueva York, Bantam Books, 1991.

Langer, E. J., *Mindfulness*, Cambridge, MA, Perseus, 1989.

Siegel, D., *The Mindful Brain*, Nueva York, Norton, 2007.

Boletines informativos y revistas

Community of Interbeing UK. *Here and Now Newsletter*. http://www.inter being.org.uk/here&now/.

Mindfulness Bell: A Journal of the Art of Mindful Living. Puede suscribirse y aprender más acerca de *Mindfulness Bell* en www.iamhome.org.

Páginas web y publicaciones on-line

Comunidad de Vida Interrelacionada del Reino Unido. *The Community of Interbeing Manual of Practice*. http://www.interbeing.org.uk/manual/.

Comunidad de Vida Consciente. *International Sangha Directory*. http://www.iamhome.org/international.htm.

USA Sangha Directory. http://www.iamhome.org/usa_sangha.htm.

Escuela Médica de la Universidad de Massachusetts. *Center for Mindfulness in Medicine, Health Care, and Society*. http://www.umassmed.edu/con tent.aspx?id=41252.

Instituto UCLA Semel. *UCLA Mindful Awareness Research Center*. http://www.marc.ucla.edu/.

Mindful Kids. *Mindful Kids Blog: Sharing Mindfulness with Children*. http://www.mindfulkids.wordpress.com/.

Plum Village. *Practice: Art of Mindful Living*. http://www.plumvillage.org/practice.html. La página incluye una útil lista de todas las prácticas de *mindfulness* de la tradición de Thich Nhat Hanh.

Universidad de Pensilvania. *Authentic Happiness Home Page.* http://www. authentichappiness.sas.upenn.edu/Default.aspx.

Wake Up. *Wake Up: Young Buddhists and Non-Buddhists for a Healthy and Compassionate Society.* http://wkup.org/.

Ejercicio y actividad física

Libros

Anderson, B., *Stretching,* ilustrado por J. Anderson, Bolinas, CA, Shelter Publications, 2000 (trad. cast.: *Estirándose,* Barcelona, RBA, 2005).

Boccio, F. J. y G. Feuerstein, *Mindfulness Yoga: The Awakened Union of Breath, Body and Mind,* Somerville, MA, Wisdom Publications, 2004.

Chryssicas, M. K., *Breathe: Yoga for Teens,* Nueva York, DK Publishing, 2007.

Cooper, K. H. y T. C. Cooper, *Start Strong, Finish Strong: Prescriptions for a Lifetimes of Great Health,* Nueva York, Penguin Group, 2007.

Hanh, T. y W. Vriezen, *Mindful Movements,* Berkeley, Parallax Press, 2008.

Komitor, J. B., *The Complete Idiot's Guide to Yoga with Kids,* Indianapolis, IN, Prentice Hall, 2000.

Manson, J. y P. Amend, *The 30-Minute Fitness Solution: A Four-Step Plan for Women of All Ages,* Cambridge, MA, Harvard Univ. Press, 2001.

Nelson, M. A., *Strong Women, Strong Bones,* Nueva York, C. P. Putnam & Sons, 2000 (trad. cast.: *Mujer fuerte, huesos fuertes: prevenir, tratar y vencer la osteoporosis,* Barcelona, Paidós, 2001).

Ratey, J. J., *Spark: The Revolutionary New Science of Exercise and the Brain,* Boston, Little, Brown & Company, 2008.

Informes especiales

Servicio de Publicaciones de Harvard, *Exercise: A Program You Can Live With,* Boston, 2007.

Strength and Power Training: A Guide for Adults of All Ages, Boston, 2007.

Páginas web y publicaciones on-line

Attack Point. *Attack Point Home Page*. http://attackpoint.org/.

Centros para el Control y Prevención de Enfermedades. *National Physical Activity Plan*. http://www.physicalactivityplan.org/. *Physical Activity*. http://www.cdc.gov/physicalactivity/.

Consejo Presidencial para Deportes y Forma Física. *Fitness. gov*. http://www. fitness.gov/.

Departamento de Salud y Servicios Humanos de Estados Unidos. *2008 Physical Activity Guidelines for Americans: Be Active, Healthy, and Happy!* http://www.health.gov/paguidelines/guidelines/default.aspx.

Instituto Nacional del Envejecimiento. *Exercise and Physical Activity: Your Everyday Guide from the National Institute of Aging*. http://www.nia.nih. gov/healthinformation/publications/exerciseguide.

Personal de la Clínica Mayo. *Weight Training Exercises for Major Muscle Groups*. http://www.mayoclinic.com/health/weight-training/SM00041.

Podómetro Gmaps. *Gmaps Pedometer Home Page*. http://www.gmap-pedo meter.com/.

USA Track and Field. *America's Running Routes*. http://www.usatf.org/routes/.

Sueño

Libros

Epstein, L., *The Harvard Medical School Guide to a Good Night's Sleep*, Nueva York, McGraw-Hill, 2007.

Páginas web y publicaciones on-line

Escuela Médica de Harvard. *Healthy Sleep*. http://healthysleep.med.har vard.edu/.

Fundación Nacional para el Sueño. *SleepFoundation.org*. http://www.sleep foundation.org/.

Agricultura sostenible y protección del planeta

Libros

Brown, L. R., *Plan B 3.0: Mobilizing to Save Civilization*, Nueva York, W.W. Norton & Company, 2008. También disponible para su descarga libre en http://www.earthpolicy.org/images/uploads/book_files/pb3book.pdf.

Fukuoka, M., *The One-Straw Revolution: An Introduction to Natural Farming*, Nueva York; The New York Review of Books, 2009 (trad. cast.: *La revolución de una brizna de paja*, Teruel, Ecohabitar, 2010).

Hanh, T. N., *The World We Have*, Berkeley, Parallax Press, 2008.

Páginas web y publicaciones on-line

Biblioteca Nacional de Agricultura USDA. *Community Supported Agriculture*. 28 de septiembre de 2009; http://nal.usda.gov/afsic/pubs/csa.shtml. *Sustainable Agriculture: Information Access Tools*. 14 de octubre de 2009; http://nal.usda.gov/afsic/pubs/agnic/susag.shtml.

Educación e Investigación para la Agricultura Sostenible. *Sustainable Agriculture and Research Education Home Page*. http://sare.org/.

Escuela Médica de Harvard. *Center for Health and the Global Environment*. http://www.chge.med.harvard.edu/index.html.

Fundación W. K. Kellogg. *Overview: Food & Fitness*. http://www.wkkf.org/default.aspx?tabid=75&CID=383&NID=61&LanguageID=0.

Gore, A. *ClimateCrisis.Net*. http://www.climatecrisis.net/.

Local Harvest. *Local Harvest Home Page*. http://www.localharvest.org/.

Monasterio Deer Park. *Earth Peace Treaty*. http://www.earthpeacetreaty.org/.

Programa de Medio Ambiente de Naciones Unidas y Organización Meteorológica Mundial. *Intergovernmental Panel on Climate Change (IPCC)*. http://www.ipcc.ch/.

Red Mundial del Día sin Coche. *World Carfree Day*. http://www.worldcarfree.net/wcrd/.

The Climate Project. *TheClimateProject.Org*. http://www.theclimateproject.org.

Universidad de Harvard. *Harvard University Center for the Environment*. http://environment.harvard.edu/. *Sustainability at Harvard*. http://www.greencampus.harvard.edu/.

Universidad John Hopkins. *Center for a Livable Future*. http://www.jhsph.edu/clf/.

Alternativas a la televisión y conciencia de los medios

Libros

Benett, S. y R. Bennett, *365 TV-Free Activities You Can Do with Your Child: Plus 50 All-New Bonus Activities*, Avon, MA, Adams Media Corporation, 2002.

Instituto de Medicina, *Food Marketing to Children and Youth: Threat or Opportunity*, Washington, D.C., National Academies Press, 2006.

Linn, S., *Consuming Kids: The Hostile Takeover of Childhood*, Nueva York, New Press, 2004.

Páginas web y publicaciones on-line

Campaña para una infancia sin anuncios. *Campaign for a Commercial-Free Childhood Home Page.* http://www.commercialexploitation.org/.

Centro para el Alfabetismo de los Medios. *Center for Media Literacy Home Page.* http://www.medialit.org/.

Centro para la Conciencia del Tiempo de Exposición a la Pantalla. *Screen-Time.org.* http://www.screentime.org/index.php?option=com_frontpage&Itemid=1.

Fundación Kaiser Family. *Study of Media and Health.* http://www.kff.org/entmedia/index.cfm.

Red para el Conocimiento de los Medios. *Dealing with Marketing: What Parents Can Do.* http://www.media-awareness.ca/english/parents/marketing/dealing_marketing.cfm.

Vegetarianismo y veganismo

Libros

Bittman, M., *Food Matters: A Guide to Conscious Eating*, Nueva York, Simon and Schuster, 2008.

—, *How to Cook Everything Vegetarian*, Hoboken, NJ, Wiley Publishing Inc., 2007.

Brown, E. E., *The Complete Tassajara Cookbook: Recipes, Techniques, and Reflections from the Famed Zen Kitchen*, Boston, Shambhala, 2009.

Davis B. y V. Melina, *Becoming Vegan: The Complete Guide to Adopting a Healthy Plant-Based Diet*, Summertown, TN, Book Publishing Company, 2000.

Foer, J. S., *Eating Animals*, Nueva York, Little, Brown and Company, 2009.

Hutchins, I. y D. M. Daniels, *The Vegetarian Soul Food Cookbook*, Nueva York, Epiphany Books, 2001.

Jacobson, M., *Six Arguments for a Greener Diet: How a More Plant-Based Diet Could Save Your Health and the Environment*, Washington, D.C., Center for Science in the Public Interest, 2006.

Katzen, M., *The New Moosewood Cookbook*, Berkeley, Ten Speed Press, 2000.

—, *The Vegetable Dishes I Can't Live Without*, Nueva York, Hyperion, 2007.

Laland, S., *Peaceful Kingdom: Random Acts of Kindness by Animals*, Berkeley, Conari Press, 1997 (trad. cast.: *Historias entrañables de altruismo y amor animal*, Barcelona, Oniro, 1999).

Lappe, A. y B. Terry, *Grub: Ideas for an Urban Organic Kitchen*, Nueva York, Penguin Books, 2006.

Ly, Thi Phung, A. McIvor, J. Magezis y la *sangha* de Cambridge, *Vegetarian Vietnamese Cookery*, Cambridge, Reino Unido, *sangha* de Cambridge, disponible en Community of Interbeing Bookshop, teléfono 0870 850 2615, correo electrónico: bookshop@interbeing.org.uk, www.interbeing.org.uk/bookshop/.

Madison, D., *Vegetarian Cooking for Everyone*, Nueva York, Broadway Books, 1997.

Medearis, A. S., *The Ethnic Vegetarian: Traditional and Modern Recipes from Africa, America, and the Caribbean*, Nueva York, Rodale Inc., 2004.

Moskowitz, I. C. y T. H. Romero, *Veganomicon: The Ultimate Vegan Cookbook*, Nueva York, Marlowe and Company, 2007.

Terry, B., *Vegan Soul Kitchen: Fresh, Healthy, and Creative African-American Cuisine*, Cambridge, MA, Da Capo Press, 2009.

Páginas web y publicaciones on-line

Asociación Vegana de Boston. *Frequently Asked Questions*. http://bostonvegan.org/index.php?option=com_content&task=category&sectionid=3&id=60&Itemid=43.

Comité Médico para la Medicina Responsable. *Physicians Committee for Responsible Medicine Home Page*. http://www.pcrm.org/.

Comisión Pew para la Producción y Cría Industrial de Ganado. *Putting Meat on the Table: Industrial Farm Animal Production in America*. http:// www.ncifap.org/_images/PCIFAPFin.pdf.

Escuela Bloomberg de Salud Pública de la Universidad John Hopkins, *Meatless Monday Home Page*. http://www.meatlessmonday.com/.

Grupo de Recursos Vegetarianos. *The Vegetarian Resource Group Home Page*. http://www.vrg.org/.

Sociedad Vegetariana (Singapur). *The Vegetarian Society (Singapore) Home Page*. http://www.vegetarian-society.org/.

Sociedad Vegetariana. *The Vegetarian Society Home Page*. http://www.vegsoc.org/.

Steinfeld, H., P. Gerber, T. Wassenaar, V. Castel, V. M. Rosales y C. de Haan, *Livestock's Long Shadow: Environmental Issues and Options*, Roma, Organización de la ONU para la Alimentación y la Agricultura, 2006. http:// www.fao.org/docrep/010/a0701e/a0701e00.HTM.

Unión de Científicos Comprometidos. *Union of Concerned Scientists Home Page*. http://www.ucsusa.org/.

NOTAS

Capítulo 1: Poner fin a la batalla contra el peso

1. C. L. Ogden y otros, «Prevalence of overweight and obesity in the United States, 1999-2004», *Journal of the American Medical Association*, nº 295, 2006, págs. 1549-1555.

2. D. A. Kessler, *The End of Overeating: Taking Control of the Insatiable American Appetite*, Nueva York, Rodale, 2009.

3. The Nielsen Company, NielsenWire, «Ad Spending Down 11.5 Percent in First Three Quarters of 2009». Actualizado el 10 de diciembre de 2009. Visitado el 18 de diciembre de 2009. http://blog.nielsen.com/nielsenwire/consumer/ad-spen ding-in-u-s-down-11-5-percent-in-first-three-quarters-of-2009/.

4. NielsenWire, «More than half the homes in U.S. have three or more TVs», 2009, http://blog.nielsen.com/nielsenwire/media_entertainment/more-than-half-the-homes-in-us-have-three-or-more-tvs/.

5. Marketdata Enterprises. Publicación en prensa: «Diet Market Worth $58.6 Billion in U.S. Last Year, but Growth Is Flat, Due to the Recession», Tampa FL, 16 de febrero de 2009. http://www.marketdataenterprises.com/pressreleases/Diet Mkt2009 PressRelease.pdf. Visitado el 30 de noviembre de 2009.

6. R. S. Padwal y S. R. Majumdar, «Drug treatments for obesity: orlistat, sibutramine, and rimonabant», *Lancet*, vol. 369, nos 71-77, 2007, pág. 11.

7. T. N. Hanh, *The Heart of the Buddha's Teaching*, Berkeley, CA, Parallax Press, 1988 (trad. cast.: *El corazón de las enseñanzas de Buda: el arte de transformar el sufrimiento en paz, alegría y liberación*, Barcelona, Paidós, 2009).

8. T. N. Hanh, *Thich Nhat Hanh 2008 Calendar*, Brush Dance, San Rafael, CA.

9. A. Anandacoomarasamy y otros, «The impact of obesity on the musculoskeletal system», *International Journal of Obesity*, nº 32, 2007, págs. 211-222.

10. K. M. McClean y otros, «Obesity and the lung: 1. Epidemiology», *Thorax*, nº 63, 2008, págs. 649-654.

11. D. P. Guh y otros, «The incidence of co-morbidities related to obesity and overweight: A systematic review and meta-analysis», *BMC Public Health*, vol. 88, nº 9, 2005, doi: 10.1186/1417-2458-9-88.

12. Fundación Mundial para la Investigación del Cáncer, Instituto Americano para la Investigación del Cáncer, *Food, Nutrition, Physical Activity, and the Prevention of Cancer: A Global Perspective*, Washington, D.C., AICR, 2007.

13. F. B. Hu, *Obesity Epidemiology*, Nueva York, Oxford University Press, 2008.

14. J. R. Loret de Mola, «Obesity and its relationship to infertility in men and women», *Obstret & Ginecology Clinics of North America*, vol. 36, n° 2, 2009, págs. 333-346, ix.

15. N. Cheung y T. Y. Wong, «Obesity and eye diseases», *Survey of Ophthalmology*, n° 52, 2007, págs. 180-195.

16. M. A. Beydoun y Y. W. Hab, «Obesity and central obesity as risk factors for incident dementia and its subtypes: A systematic review and meta-analysis», *Obesity Reviews*, n° 9, 2008, págs. 204-218.

17. K. F. Adams y otros, «Overweight, obesity, and mortality in a large prospective cohort of persons 50 to 71 years old», *The New England Journal of Medicine*, n° 355, 2006, págs. 763-778.

18. J. E. Manson y otros, «Body weight and mortality among women», *The New England Journal of Medicine*, n° 333, 1995, págs. 677-685.

19. R. M. Puhl y K. D. Brownell, «Pyschosocial origins of obesity stigma: Toward changing a powerful and pervasive bias», *Obesity Reviews*, n° 4, 2003, págs. 213-227. R. M. Puhl y J. D. Latner, «Stigma, obesity, and the health of the nation's children», *Psychology Bulletin*, n° 133, 2007, págs. 557-580.

20. R. C. Whitaker y otros, «Predicting obesity in young adulthood from childhood and parental obesity», *The New England Journal of Medicine*, n° 337, 1997, págs. 869-873.

21. J. K. Lake, C. Power y T. J. Cole, «Child to adult body mass index in the 1958 British birth cohort: Associations with parental obesity», *Archives of Disease in Childhood*, n° 77, 1997, págs. 376-380. J. J. Reilly y otros, «Early life risk factors for obesity in childhood: Cohort study», *British Medical Journal*, n° 330, 2005, pág. 1357.

22. T. Harder, R. Bergmann, G. Kallischnigg y A. Plagemann, «Duration of breastfeeding and risk of overweight: a meta-analysis», *American Journal of Epidemiology*, n° 162, 2005, págs. 397-403.

23. D. S. Ludwig, K. E. Peterson y S. L. Gortmaker, «Relation between consumption of sugar-sweetened drinks and childhood obesity: A prospective, observational analysis», *Lancet*, n° 357, 2001, págs. 505-508.

24. M. B. Schulze y otros, «Sugar-sweetened beverages, weight gain, and incidence of type 2 diabetes in young and middle-aged women», *Journal of the American Medical Association*, n° 292, 2004, págs. 927-934.

25. L. R. Vartanian, M. B. Schwartz y K. D. Brownell, «Effects of soft drink consumption on nutrition and health: A systematic review and meta-analysis», *American Journal of Public Health*, n° 97, 2007, págs. 667-675.

26. F. B. Hu y otros, «Television watching and other sedentary behaviors in relation to risk of obesity and type 2 diabetes mellitus in women», *Journal of the American Medical Association*, n° 289, 2003, págs. 1785-1791.

27. S. R. Patel y F. B. Hu, «Short sleep duration and weight gain: A systematic review», *Obesity*, n° 16 (Silver Spring), 2008, págs. 643-653.

28. S. R. Patel y otros, «Association between reduced sleep and weight gain in women», *American Journal of Epidemiology*, n° 164, 2006, págs. 947-954.

29. Patel y Hu, «Short sleep duration».

30. Patel y Hu, «Short sleep duration».

31. K. L. Knutson y E. Cauter, «Associations between sleep loss and increased risk of obesity and diabetes», *Annals of the New York Academy of Sciences*, n° 1.129, 2008, págs. 287-304.

32. K. Spiegel y otros, «Brief communication: Sleep curtailment in healthy young men is associated with decreased leptin levels, elevated ghrelin levels, and increased hunger and appetite», *Annals of Internal Medicine*, n° 141, 2004, pág. 846.

33. B. J. Rolls, «The supersizing of America: Portion size and the obesity epidemic», *Nutrition Today*, n° 38, 2003, págs. 42-53.

34. B. Wansink y S. Park, «At the movies: How external cues and perceived taste impact consumption volume», *Food Quality and Preference*, n° 12, 2001, págs. 69-74.

35. B. Wansink y M. M. Cheney, «Super bowls: Serving bowls size and food consumption», *Journal of the American Medical Association*, n° 293, 2005, págs. 1727-1728.

36. B. Wansink y K. van Ittersum, «Portion size me: Downsizing our consumption norms», *Journal of the American Dietetic Associations*, n° 107, 2007, págs. 1103-1106.

37. A. Bandura, *Self-Efficacy: The Exercise of Control*, Nueva York, W. H. Freeman and Company, 1995 (trad. cast.: *Autoeficacia: cómo afrontamos los cambios de la sociedad actual*, Bilbao, Desclée de Brouwer, 2009).

38. R. R. Wing y J. O. Hill, «Successful weight loss maintenance», *Annual Review of Nutrition*, n° 21, 2001, págs. 323-341. S. Phelan y otros, «Are the eating and exercise habits of successful weight losers changing?», *Obesity*, n° 14, 2006, págs. 710-716. D. A. Raynor y otros, «Television viewing and long-term weight maintenance: Results from the National Weight Control Registry», *Obesity*, n° 14, 2006, págs. 1816-1824.

Capítulo 2: ¿De veras aprecia la manzana? Una meditación sobre la manzana.

1. J. Mooallem, «Twelve easy pieces», *New York Times*, 12 de febrero de 2006.

Capítulo 3: Uno es *más* de lo que come

Este epígrafe procede del Sutra de la Carne del Hijo. El sutra se incluye en toda su extensión en el Apéndice B. Para un comentario del sutra de donde procede el epígrafe, véase Thich Nhat Hanh, *The Path of Emancipation*, Berkeley, CA, Parallax Press, 2000, págs. 84-91.

1. C. R. Gail y otros, «Breakfast habits, nutritional status, body weight, and academic performance in children and adolescents», *Journal of the American Dietetic Association*, n° 105, 2005, págs. 743-760.

2. J. J. Ratey, *Spark: The Revolutionary New Science of Exercise and the Brain*, Boston, Little, Brown & Company, 2008.

3. L. D. Kubzansky, «Sick at heart: The pathophysiology of negative emotions», *Cleveland Clinic Journal of Medicine*, n° 74, supl. 1, 2007, págs. S67-S72.

4. M. Nestle, *What to Eat*, Nueva York, North Point Press, 2006.

5. Servicio de Investigacion Económica USDA, *Food CPI, Prices and Expenditures: Food Expenditures by Families and Individuals as a Share of Disposable Personal Income*, Washington, D.C., 2008.

6. H. Steinfeld y otros, *Livestock's Long Shadow: Environmental Issues and Options*, Roma, Organización de Naciones Unidas para la Agricultura y la Alimentación, 2006.

7. D. Pimentel y M. Pimentel, «Sustainability of meat-based and plant-based diets and the environment», *The American Journal of Clinical Nutrition*, n° 78, 2003, págs. 660S-663S.

8. Pimentel y Pimentel, «Sustainability».

9. Agencia de Protección del Medio Ambiente de Estados Unidos, «Major Crops Grown in the United States», www.epa.gov/oecaagct/ag101/cropmajor.html. Última actualización: jueves, 10 de septiembre de 2009. Visitado el 19 de diciembre de 2009.

10. R. E. Black, L. H. Allen, Z. A. Bhutta y otros, «Maternal and child undernutrition: Global and regional exposures and health consequences», *Lancet*, n° 371, 2008, págs. 243-260.

11. Comisión Pew sobre la Cría Industrial de Ganado, *Putting Meat on the Table: Industrial Farm Animal Production in America*, Washington, D.C., Pew Charitable Trust y Escuela de Salud Pública Johns Hopkins Bloomberg, 2008.

12. Comisión Pew, *Putting Meat on the Table*.

13. Steinfeld y otros, *Livestock's Long Shadow*.

14. Steinfeld y otros, *Livestock's Long Shadow*.

15. Steinfeld y otros, *Livestock's Long Shadow*.

16. W. J. Craig, «Health effects of vegan diets», *The American Journal of Clinical Nutrition*, n° 89, 2009, págs. 1627S-1633S. G. E. Fraser, «Vegetarian diets: What do we know of their effects on common chronic diseases?», *The American Journal of Clinical Nutrition*, n° 89, 2009, págs. 1607S-1612S.

17. Fundación Mundial para la Investigación del Cáncer, Instituto Americano para la Investigación del Cáncer, *Food, Nutrition, Physical Activity, and the Prevention of Cancer: A Global Perspective*, Washington, D.C., AICR, 2007. R. Sinha y otros, «Meat intake and mortality: A prospective study of over half a million people», *Archives of Internal Medicine*, n° 169, 2009, págs. 562-571.

18. ZenithOptimedia, «Press release: Global and market to accelerate in 2008 despite credit squeeze», 2007.

19. A. Mathews y otros, *The Marketing of Unhealthy Food to Children in Europe: A Report of Phase 1 of the Children, Obesity, and Associated Chronic Diseases Project,* Bruselas, Red Europea del Corazón, 2005.

20. V. Vicennati y otros, «Stress-related development of obesity and cortisol in women», *Obesity,* n° 17, 2009, págs. 1678-1683. T. C. Adam y E. S. Epel, «Stress, eating and the reward system», *Physiology & Behavior,* n° 91, 2007, págs. 449-458.

Capítulo 4: Deténgase y mire: el momento presente

1. T. N. Hanh, *Transformation and Healing,* Berkeley, CA, Parallax Press, 2006, pág. 89 (trad. cast.: *Transformación y sanación,* Barcelona, RBA, 2002).

Capítulo 5: Alimentación consciente

1. Departamento de Nutrición, Escuela de Salud Pública de Harvard, *The Nutrition Source: Knowledge for Healthy Eating.* http://www.thenutritionsource.org.

2. J. S. L. de Munter y otros, «Whole grain, bran, and germ intake and risk of type 2 diabetes: A prospective cohort study and systematic review», *PLoS Medicine,* n° 4, 2007, e261. S. Liu y otros, «Whole-grain consumption and risk of coronary heart disease: Results from the Nurses' Health Study», *The American Journal of Clinical Nutrition,* n° 70, 1999, págs. 412-419. P. B. Mellen, T. F. Walsh y D. M. Herrington, «Whole grain intake and cardiovascular disease: A meta-analysis», *Nutrition, Metabolism and Cardiovascular Diseases,* n° 18, 2008, págs. 283-290.

3. A. Schatzkin y otros, «Dietary fiber and whole-grain consumption in relation to colorectal cancer in the NIH-AARP Diet and Health Study», *The American Journal of Clinical Nutrition,* n° 85, 2007, págs. 1353-1360.

4. V. S. Malik y F. B. Hu, «Dietary prevention of atherosclerosis: Go with whole grains», *The American Journal of Clinical Nutrition,* n° 85, 2007, págs. 1444-1445.

5. L. Djousse y otros, «Egg consumption and risk of type 2 diabetes in men and women», *Diabetes Care,* n° 32, 2009, págs. 295-300. F. B. Hu y otros, «A prospective study of egg consumption and risk of cardiovascular disease in men and women», *Journal of the American Medical Association,* n° 281, 1999, págs. 1387-1394.

6. Instituto de Medicina, *Dietary Reference Intakes for Energy, Carbohydrate, Fiber, Fat, Fatty Acids, Cholesterol, Protein, and Amino Acids (Macronutrients),* Washington, D.C., The National Academies Press, 2005. W. J. Craig y A. R. Mangels, «Position of the American Dietetic Association: Vegetarian diets», *Journal of the American Dietetic Association,* vol. 109, n° 7, 2009, págs. 1266-1282.

7. R. P. Mensink y otros, «Effects of dietary fatty acids and carbohydrates on the ratio of serum total to HDL cholesterol and on serum lipids and apolipoproteins: A meta-analysis of 60 controlled trials», *The American Journal of Clinical Nutrition,* n° 77, 2003, págs. 1146-1155.

8. D. Mozaffarian, A. Aro y W. C. Willett, «Health effects of trans-fatty acids: Experimental and observational evidence», *European Journal of Clinical Nutrition*, n° 63, 2009, págs. S5-S21. D. Mozaffarian y otros, «Trans fatty acids and cardiovascular disease», *The New England Journal of Medicine*, n° 354, 2006, págs. 1601-1613.

9. Mozaffarian, Aro y Willett, «Health effects of trans-fatty acids». D. Mozaffarian, «Trans fatty acids: Effects on systemic inflammation and endothelial function», *Atherosclerosis Supplements*, n° 7, 2006, págs. 29-32.

10. Mozaffarian, Aro y Willett, «Health effects of trans-fatty acids».

11. E. W. T. Chong y otros, «Fat consumption and its association with age-relates macular degeneration», *Archives of Ophtalmology*, n° 127, 2009, págs. 674-680.

12. D. Mozaffarian, «Fish and n-3 fatty acids for the prevention of fatal coronary heart disease and sudden cardiac death», *The American Journal of Clinical Nutrition*, n° 87, 2008, págs. 1991S-1996S.

13. P. C. Calder, «n-3 polyunsaturated fatty acids, inflammation, and inflammatory diseases», *The American Journal of Clinical Nutrition*, n° 83, 2006, págs. S1505-S1519.

14. D. Mozaffarian y E. B. Rimm, «Fish intake, contaminants, and human health: Evaluating the risks and the benefits», *Journal of the American Medical Association*, n° 296, 2006, págs. 1885-1899. GISSI Prevenzione Investigators, «Dietary supplementation with n-3 polyunsaturated fatty acids and vitamin E after myocardial infarction: Results of the GISSI Prevenzione trial», *Lancet*, n° 354, 1999, págs. 447-455. M. Yokoyama y otros, «Effects of eicosapentaenoic acid on major coronary events in hypercholesterolaemic patients (JELIS): A randomised open-label, blinded endpoint analysis», *Lancet*, n° 369, 2007, págs. 1090-1098.

15. A. Baylin y otros, «Adipose tissue Alpha-linolenic acid and nonfatal acute myocardial infarction in Costa Rica», *Circulation*, n° 197, 2003, págs. 1586-1591. H. Campos, A. Baylin y W. C. Willett, «Alpha-linolenic acid and risk of nonfatal acute myocardial infarction», *Circulation*, n° 118, 2008, págs. 339-345.

16. F. M. Sacks y otros, «Comparison of weight-loss diets with different compositions of fat, protein, and carbohydrates», *The New England Journal of Medicine*, n° 360, 2009, págs. 859-873. I. Shai y otros, «Weight loss with a low-carbohydrate, Mediterranean, or low-fat diet», *The New England Journal of Medicine*, n° 359, 2008, págs. 229-241.

17. F. B. Hu y W. C. Willett, «Optimal diets for prevention of coronary heart disease», *Journal of the American Medical Association*, n° 288, 2002, págs. 2569-2578. M. B. Schulze y F. B. Hu, «Primary prevention of diabetes: What can be done and how much can be prevented?», *Annual Review of Public Health*, n° 26, 2005, págs. 445-467.

18. P. N. Singh, J. Sabate y G. E. Fraser, «Does low meat consumption increase life expectancy in humans?», *The American Journal of Clinical Nutrition*, n° 78, 2003, págs. 526S-532S.

19. T. J. Key y otros, «Mortality in British vegetarians: Results from the European Prospective Investigation into Cancer and Nutrition (EPIC-Oxford)», *The American Journal of Clinical Nutrition*, n° 89, 2009, págs. 1613S-1619S.

20. W. J. Craig, «Health effects of vegan diets», *The American Journal of Clinical Nutrition*, 2009, págs. 1627S-1633S. G. E. Fraser, «Vegetarian diets: What do we know of their effects on common chronic diseases?», *The American Journal of Clinical Nutrition*, n° 89, 2009, págs. 1607S-1612S.

21. T. J. Key y otros, «Cancer incidence in vegetarians: Results from the European Prospective Investigation into Cancer and Nutrition (EPIC-Oxford)», *The American Journal of Clinical Nutrition*, n° 89, 2009, págs. 1620S-1626S.

22. Craig, «Health effects of vegan diets».

23. M. Jacobson, *Six Arguments for a Greener Diet: How a Plant-Based Diet Could Save Your Health and the Environment*, Washington, D.C., Centro para la Ciencia en Interés Público, 2006.

24. A. Vang y otros, «Meats, processed meats, obesity, weight gain and occurrence of diabetes among adults: Findings from Adventist Health Studies», *Annals of Nutrition and Metabolism*, n° 52, 2008, págs. 96-104.

25. Fundación Mundial para la Investigación del Cáncer, Instituto Americano para la Investigación del Cáncer, *Food, Nutrition, Physical Activity, and the Prevention of Cancer: A Global Perspective*, Washington, D.C., AICR, 2007.

26. R. Z. Stolzenberg-Solomon y otros, «Meat and meat-mutagen intake and pancreatic cancer risk in the NIH-AARP cohort», *Cancer Epidemiology, Biomarkers & Prevention*, n° 16, 2007, págs. 2664-2675.

27. E. Linos y otros, «Red meat consumption during adolescence among premenopausal women and risk of breast cancer», *Cancer Epidemiology, Biomarkers & Prevention*, n° 17, 2008, págs. 2146-2151.

28. T. T. Fung y otros, «Dietary patterns, meat intake, and the risk of type 2 diabetes in women», *Archives of Internal Medicine*, n° 164, 2004, págs. 2235-2240.

29. F. B. Hu y otros, «Prospective study of major dietary patterns and risk of coronary heart disease in men», *The American Journal of Clinical Nutrition*, n° 72, 2000, págs. 912-921.

30. T. T. Fung y otros, «Prospective study of major dietary patterns and stroke risk in women», *Stroke*, n° 35, 2004, págs. 2014-2019.

31. R. Varraso y otros, «Prospective study of dietary patterns and chronic obstructive pulmonary disease among U.S. men», *Thorax*, n° 62, 2007, págs. 786-791.

32. C. Heidemann y otros, «Dietary patterns and risk of mortality from cardiovascular disease, cancer, and all causes in a prospective cohort of women», *Circulation*, n° 118, 2008, págs. 230-237.

33. A. Mente y otros, «A systematic review of the evidence supporting a causal link between dietary factors and coronary heart disease», *Archives of Internal Medicine*, n° 169, 2009, págs. 659-669. T. T. Fung y otros, «Mediterranean diet and inci-

dence of and mortality from coronary heart disease and stroke in women», *Circulation*, nº 119, 2009, págs. 1093-1100. F. Sofi y otros, «Adherence to Mediterranean diet and health status: Meta-analysis», *British Medical Journal*, nº 337, 2008, págs. 668-681. P. N. Mitrou y otros, «Mediterranean dietary pattern and prediction of all-cause mortality in a US population: Results from the NIH-AARP Diet and Health Study», *Archives of Internal Medicine*, nº 167, 2007, págs. 2461-2468.

34. Fundación Mundial para la Investigación del Cáncer, *Food*. L. Dauchet y otros, «Fruit and vegetable consumption and risk of coronary heart disease: A meta-analysis of cohort studies», *Journal of Nutrition*, nº 136, 2006, págs. 2588-2593. F. J. He y otros, «Increased consumption of fruit and vegetables is related to a reduced risk of coronary heart disease: Meta-analysis of cohort studies», *Journal of Human Hypertension*, nº 21, 2007, págs. 717-728. A.-H. Harding y otros, «Plasma vitamin C level, fruit and vegetable consumption, and the risk of a new-onset type 2 diabetes mellitus: The European prospective investigation of cancer-Norfolk Prospective Study», *Archives of Internal Medicine*, nº 168, 2008, págs. 1493-1499. L. A. Bazzano y otros, «Intake of fruit, vegetables, and fruit juices and riks of diabetes in women», *Diabetes Care*, nº 31, 2008, págs. 1311-1317.

35. L. Brown y otros, «A prospective study of carotenoid intake and risk of cataract extraction in US men», *The American Journal of Clinical Nutrition*, nº 70, 1999, págs. 517-524. W. G. Christen y otros, «Fruit and vegetable intake and the risk of cataract in women», *The American Journal of Clinical Nutrition*, nº 81, 2005, págs. 1417-1422. S. M. Moeller y otros, «Overall adherence to the dietary guidelines for Americans is associated with reduced prevalence of early age-related nuclear lens opacities in women», *Journal of Nutrition*, nº 134, 2004, págs. 1812-1819. E. Cho y otros, «Prospective study of intake of fruits, vegetables, vitamins, and carotenoids and risk of age-related maculopathy», *Archives of Ophtalmology*, nº 122, 2004, págs. 883-892.

36. Dauchet y otros, «Fruit and vegetable consumption». He y otros, «Increased consumption of fruit and vegetables».

37. Bazzano, «Intake of Fruit».

38. J. W. Anderson y otros, «Carbohydrate and fiber recommendations for individuals with diabetes: A quantitative assessment and meta-analysis of the evidence», *Journal of the American College Nutrition*, nº 23, 2004, págs. 5-17. T. L. Halton y otros, «Low carbohydrate-diet score and the risk of coronary heart disease in women», *The New England Journal of Medicine*, nº 355, 2006, págs. 1991-2002. J. W. Beulens y otros, «High dietary glycemic load and glycemic index increase risk of cardiovascular disease among middle-aged women: A population-based follow-up study», *Journal of the American College of Cardiology*, nº 50, 2007, págs. 14-21.

39. K. C. Maki y otros, «Effects of a reduced-glycemic-load diet on body weight, body composition, and cardiovascular disease risk markers in overweight and obese adults», *The American Journal of Clinical Nutrition*, nº 85, 2007, págs. 724-734.

C. B. Ebbeling y otros, «Effects of a low-glycemic load vs. low-fat in obese young adults: A randomized trial», *Journal of the American Medical Association*, n° 297, 2007, págs. 2092-2102.

40. R. K. Johnson, L. J. Appel, M. Brands y otros, «Dietary sugars intake and cardiovascular health: A scientific statement from the American Heart Association», *Circulation*, n° 120, 2009, págs. 1011-1020.

41. D. E. Wallis, S. Penckofer y G. W. Sizemore, «The "sunshine deficit" and cardiovascular disease», *Circulation*, n° 118, 2008, págs. 1476-1485. M. F. Holick, «Vitamin D: A D-lightful health perspective», *Nutrition Reviews*, n° 66, 2008, págs. S182-S194.

42. M. F. Holick, «Vitamin D deficiency», *The New England Journal of Medicine*, n° 357, 2007, págs. 266-281.

43. D. Feskanich, V. Singh, W. C. Willett y G. A. Colditz, «Vitamin A intake and hip fractures among postmenopausal women», *Journal of the American Medical Association*, n° 287, 2002, págs. 47-54. K. Michaelsson, H. Lithell, B. Vessby y H. Melhus, «Serum retinol levels and the risk of fracture», *The New England Journal of Medicine*, n° 348, 2003, págs. 287-294. K. L. Penniston y S. A. Tanumihardjo, «The acute and chronic toxic effects of vitamin A», *The American Journal of Clinical Nutrition*, n° 83, 2006, págs. 191-201. V. Azais-Braesco y G. Pascal, «Vitamin A in pregnancy: Requirements and safety limits», *The American Journal of Clinical Nutrition*, n° 71, 2000, págs. 1325S-1333S.

44. N. R. Cook y otros, «Long term effects of dietary sodium reduction on cardiovascular disease outcomes: Observational follow-up of the Trials of Hypertension Prevention (TOHP)», *British Medical Journal*, n° 334, 2007, pág. 885.

45. Asociación Americana del Corazón. Noticias, «American Heart Association supports lower sodium limits for most Americans», 26 de marzo de 2009. Disponible en http://americanheart.mediaroom.com/index.php?s=43&item=700. Visitado el 19 de diciembre de 2009. Centros para el Control y Prevención de Enfermedades (CCPE), «Application of lower sodium intake recommendations to adults-United States, 1999-2006», *Morbity and Mortality Weekly Report*, n° 58, 2009, págs. 281-283.

46. Centro para la Ciencia en Interés Público, «Xtreme Eating Awards 2009», 2009, http://www.cspinet.org/new/200906021.html.

47. K. He y otros, «Association of monosodium glutamate intake with overweight in Chinese adults: The INTERMAP study», *Obesity*, n° 16, 2008, págs. 1875-1880.

48. He y otros, «Association of monosodium glutamate intake».

49. W. C. Willett y P. Skerrett, *Eat, Drink and be Healthy: The Harvard Medical School Guide to Healthy Eating*, Nueva York, Free Press, Simon & Schuster, 2005.

50. E. Cho y otros, «Dairy foods, calcium, and colorectal cancer: A pooled analysis of 10 cohort studies», *Journal of the National Cancer Institute*, n° 96, 2004, págs. 1015-1022.

51. W. Owusu y otros, «Calcium intake and the incidence of forearm and hip fractures among men», *Journal of Nutrition*, n° 127, 1997, págs. 1782-1787. D. Fes-

kanich y otros, «Milk, dietary calcium, and bone fractures in women: A 12-year prospective study», *American Journal of Public Health*, n° 87, 1997, págs. 992-997. H. A. Bischoff-Ferrari y otros, «Calcium intake and hip fracture risk in men and women: A meta-analysis of prospective cohort studies and randomized controlled trials», *The American Journal of Clinical Nutrition*, n° 86, 2007, págs. 1780-1790.

52. Fundación Mundial para la Investigación del Cáncer, *Food*. J. M. Genkinger y otros, «Dairy products and ovarian cancer: A pooled analysis of 12 cohort studies», *Cancer Epidemiology, Biomarkers and Prevention*, n° 15, 2006, págs. 364-372. E. Giovannucci y otros, «Risk factors for prostate cancer incidence and progression in the health professionals follow-up study», *International Journal of Cancer*, n° 121, 2007, págs. 1571-1578. E. Giovannucci y otros, «Calcium and fructose intake in relation to risk of prostate cancer», *Cancer Research*, n° 58, 1998, págs. 442-447.

53. M. B. Schulze y otros, «Sugar-sweetened beverages, weight gain, and incidence of type 2 diabetes in young and middle-aged women», *Journal of the American Medical Association*, n° 292, 2004, págs. 927-934. V. S. Malik, M. B. Schulze y F. B. Hu, «Intake of sugar-sweetened beverages and weight gain: A systematic review», *The American Journal of Clinical Nutrition*, n° 84, 2006, págs. 274-288. V. S. Malik, W. C. Willett y F. B. Hu, «Sugar-sweetened beverages and BMI in children and adolescents; Reanalyses of a meta-analysis», *The American Journal of Clinical Nutrition*, n° 89, 2009, págs. 438-439; réplica del autor, págs. 439-440. L. R. Vartanian, M. B. Schwartz y K. D. Brownell, «Effects of soft drink consumption on nutrition and health: A systematic review and meta-analysis», *American Journal of Public Health*, n° 97, 2007, págs. 667-675. T. T. Fung y otros, «Sweetened beverage consumption and risk of coronary heart disease in women», *The American Journal of Clinical Nutrition*, n° 89, 2009, págs. 1037-1042. J. R. Palmer y otros, «Sugar-sweetened beverages and incidence of type 2 diabetes mellitus in African American women», *Archives of Internal Medicine*, n° 168, 2008, págs. 1487-1492.

54. Departamento de Nutrición, Escuela de Salud Pública de Harvard, «How sweet is it?», 2009, http://www.hsph.harvard.edu/nutritionsource/healthy-drinks/how-sweet-is-it/.

55. R. M. van Dam y otros, «Coffee, caffeine, and risk of type 2 diabetes: A prospective cohort study in younger and middle-aged U.S. women», *Diabetes Care*, n° 29, 2006, págs. 398-403. S. Kuriyama y otros, «Green tea consumption and mortality due to cardiovascular disease, cancer, and all causes in Japan: The Ohsaki study», *Journal of the American Medical Association*, n° 296, 2006, págs. 1255-1265.

56. Fundación Mundial para la Investigación del Cáncer, *Food*, Departamento de Agricultura de Estados Unidos, *Dietary Guidelines for Americans 2005*, Washington, D.C., Departamento de Agricultura de Estados Unidos, 2005.

57. J. Rehm y otros, «Global burden of disease and injury and economic cost attributable to alcohol use and alcohol-use disorders», *Lancet*, n° 373, 2009, págs. 2223-2233.

58. I. J. Goldberg y otros, «AHA Science Advisory: Wine and your heart: A science advisory for healthcare professionals from the Nutrition Committee, Council on Epidemiology and Prevention, and Council on Cardiovascular Nursing of the American Heart Association», *Circulation*, n° 103, 2001, págs. 472-475. L. L. Koppes y otros, «Moderate alcohol consumption lowers the risk of type 2 diabetes: A meta-analysis of prospective observational studies», *Diabetes Care*, n° 28, 2005, págs. 719-725. K. M. Conigrave y otros, «A prospective study of drinking patterns in relation to risk of type 2 diabetes among men», *Diabetes*, n° 50, 2001, págs. 2390-2395. L. Djousse y otros, «Alcohol consumption and type 2 diabetes among older adults: The Cardiovascular Health Study», *Obesity*, n° 15 (Silver Spring), 2007, págs. 1758-1765.

59. Fundación Mundial para la Investigación del Cáncer, *Food*.

60. Departamento de Agricultura de Estados Unidos, *Dietary Guidelines*.

61. N. W. Gilpin y G. F. Koob, «Neurobiology of alcohol dependance: Focus on motivational mechanisms», *Alcohol Research & Health*, n° 31, 2008, págs. 185-195.

62. L. Fontana y S. Klein, «Aging, adiposity, and caloric restriction, *Journal of the American Medical Association*, n° 297, 2007, págs. 986-994. L. K. Heilbronn y otros, «Effect of 6-month calorie restriction on biomarkers of longevity, metabolic adaptation, and oxidative stress in overweight individuals: A randomized controlled trial», *Journal of the American Medical Association*, n° 295, 2006, págs. 1539-1548.

63. G. Eshel y P. A. Martin, «Diet, energy, and global warming», *Earth Interactions*, n° 10, 2006, págs. 1-17.

64. C. L. Weber y H. S. Matthews, «Food-miles and the relative climate impacts of food choices in the United States», *Environmental Science & Technology*, n° 42, 2008, págs. 3508-3513.

65. K. Glanz y otros, «Psychosocial correlates of healthful diets among male auto workers», *Cancer Epidemiology, Biomarkers & Prevention*, n° 7, 1998, págs. 119-126. A. R. Shaikh y otros, «Psychosocial predictors of fruit and vegetable consumption in adults: A review of the literature», *Am J Prev Med*, n° 34, 2008, págs. 535-543. J. G. Sorensen y otros, «The influence of social context on changes in fruit and vegetable consumption: Results of the healthy directions studies», *American Journal of Public Health*, n° 97, 2007, págs. 1216-1227.

66. J. F. Sallis y K. Glanz, «Physical activity and food environments: Solutions to the obesity epidemic», *Milbank Quarterly*, n° 87, 2009, págs. 123-154.

67. Sallis y Glanz, «Physical activity and food environments».

68. M. S. Townsend y otros, «Less-energy-dense diets of low-income women in California are associated with higher energy-adjusted diet costs», *The American Journal of Clinical Nutrition*, n° 89, 2009, págs. 1220-1226. M. Maillot y otros, «Low energy density and high nutritional quality are each associated with higher diet costs in French adults», *The American Journal of Clinical Nutrition*, n° 86, 2007, págs. 690-696. A. Drewnowski y N. Darmon, «The economics of obesity: Dietary

energy density and energy cost», *The American Journal of Clinical Nutrition*, n° 82, 2005, págs. 265S-273S. H. Schroder, J. Marrugat y M. I. Covas, «High monetary costs of dietary patterns associated with lower body mass index: A population-based study», *International Journal of Obesity*, n° 30, 2006, págs. 1574-1579.

69. A. K. Kant y B. I. Graubard, «Secular trends in patterns of self-reported food consumption of adult Americans: NHANES 1971-1975 to NHANES 1999-2002», *The American Journal of Clinical Nutrition*, n° 84, 2006, págs. 1.215-1.223. P. S. Haines, D. K. Guilkey y B. Popkin, «Trends in breakfast consumption in US adults between 1965 and 1991», *Journal of the American Dietetic Association*, n° 96, 1996, págs. 464-470.

70. W. O. Sang y otros, «Is consumption of breakfast associated with body mass index in US adults?», *Journal of the American Dietetic Association*, n° 105, 2005, págs. 1373-1382. M. T. Timlin y otros, «Breakfast eating and weight change in a 5-year prospective analysis of adolescents: Project EAT (Eating Among Teens)», *Pediatrics*, n° 121, 2008, págs. e638-e645. M. T. Timlin and M. A. Pereira, «Breakfast frequency and quality in the etiology of adult obesity and chronic diseases», *Nutrition Review*, n° 65, 2007, págs. 268-281. A. A. W. A. van der Heijden y otros, «A prospective study of breakfast consumption and weight gain among US men», *Obesity*, n° 15, 2007, págs. 2463-2469.

71. H. R. Wyatt y otros, «Long-term weight loss and breakfast in subjects in the National Weight Control Registry», *Obesity*, n° 10, 2002, págs. 78-82.

72. Timlin y Pereira, «Breakfast frecuency and quality». W. A. M. Blom y otros, «Effect of a high-protein breakfast on the postprandial ghrelin response», *The American Journal of Clinical Nutrition*, n° 83, 2006, págs. 211-220.

73. H. M. Seagle y otros, «Position of the American Dietetic Association: Weight management», *Journal of the American Dietetic Association*, n° 109, 2009, págs. 330-346.

74. R. Stuart y B. Davis, *Slim Chance in a Fat World*, Champaign, IL, Research Press, 1972.

75. T. A. Spiegel, «Rate of intake, bites, and chews: The interpretation of lean-obese differences», *Neuroscience & Biobehavioural Reviews*, n° 24, 2000, págs. 229-237. C. K. Martin y otros, «Slower eating rate reduces the food intake of men, but not women: Implications for behavioural weight control», *Behaviour Research and Therapy*, n° 45, 2007, págs. 2349-2359. R. G. Laessle, S. Lehrke y S. Dückers, «Laboratory eating behaviour in obesity», *Appetite*, n° 49, 2007, págs. 399-404.

76. A. M. Andrade, G. W. Greene y K. J. Melanson, «Eating slowly led to decreases in energy intake within meals in healthy women», *Journal of the American Dietetic Association*, n° 108, 2008, págs. 1186-1191.

77. K. Maruyama y otros, «The joint impact on being overweight of self reported behaviours of eating quickly and eating until full: Cross sectional survey», *British Medical Journal*, n° 337, 2008, a2002. R. Otsuka y otros, «Eating fast leads to obesity: Findings based on self-administered questionnaires among middle-aged Japanese men and women», *Journal of Epidemiology*, n° 16, 2006, págs. 117-124.

Sasaki y otros, «Self-reported rate of eating correlates with body mass index in 18-year-old Japanese women», *International Journal of Obesity and Related Metabolic Disorders*, nº 27, 2003, págs. 1405-1410.

78. B. Wansink, «Environmental factors that increase the food intake and consumption volume of unknowing consumers», *Annual Review of Nutrition*, nº 24, 2004, págs. 455-479. B. Wansink y S. Park, «At the movies: How external cues and perceived taste impact consumption volume», *Food Quality and Preference*, nº 12, 2000, págs. 69-74. B. Wansink, K. van Ittersum y J. E. Painter, «Ice cream illusions: Bowls, spoons and self-served portion sizes», *American Journal of Preventive Medicine*, nº 31, 2006, págs. 240-243.

79. L. R. Young y M. Nestle, «The contribution of expanding portion sizes to the US obesity epidemic», *American Journal of Public Health*, nº 92, 2002, págs. 246-249. S. J. Nielsen y B. M. Popkin, «Patterns and trends in food portion sizes, 1977-1998», *Journal of the American Medical Association*, nº 289, 2003, págs. 450-453. B. Wansink y C. R. Payne, «The joy of cooking too much: 70 years of calorie increases in classic recipes», *Annals of Internal Medicine*, nº 150, 2009, págs. 291-292.

80. B. Wansink y K. van Ittersum, «Portion size me: Downsizing our consumption norms», *Journal of the American Dietetic Association*, nº 107, 2007, págs. 1103-1106.

81. Wansink, «Environmental factors».

82. Wansink, «Environmental factors».

83. P. Chandon y B. Wansink, «The biasing health halos of fast foods restaurant health claims: Lower calorie estimates and higher side-dish consumption intentions», *Journal of Consumer Research*, nº 34, 2007, págs. 301-314.

84. A. Stunkard, K. Allison y J. Lundgren, «Issues for DSM-V: Night eating syndrome», *The American Journal of Psychiatry*, nº 165, 2008, pág. 424. K. C. Allison y otros, «Proposed diagnostic criteria for night eating syndrome», *International Journal of Eating Disorders*, 2009, publicación virtual antes que impresa, doi: 10.1002/eat.20693.

85. Stunkard, Allison y Lundgren, «Issues for DSM-V».

86. M. E. Gluck, A. Geliebter y T. Satov, «Night eating syndrome is associated with depression, low self-esteem, reduced daytime hunger, and less weight loss in obese outpatients», *Obesity Research*, nº 9, 2001, págs. 264-267.

87. Wansink, «Environmental factors».

88. L. A. Pawlow, P. M. O'Neil, y R. J. Malcolm, «Night eating syndrome: Effects of brief relaxation training on stress, mood, hunger, and eating patterns», *International Journal of Obesity and Related Metabolic Disorders*, nº 27, 2003, págs. 970-978.

89. Departamento de Trabajo de Estados Unidos, Oficina de Estadísticas Laborales de Estados Unidos, *Consumer Expenditures in 2007*, Washington, D.C., 2009.

90. J. F. Guthrie, B. H. Lin y E. Frazao, «Role of food prepared away from home in the American diet, 1977-1978 versus 1994-1996: Changes and consequences», *Journal of Nutrition Education and Behavior*, nº 34, 2002, págs. 140-150.

91. Wansink, «Environmental factors».

92. N. Welch y otros, «Is the perception of time pressure a barrier to healthy eating and physical activity among women?», *Public Health Nutrition*, nº 12, 2009, págs. 888-895. N. I. Larson y otros, «Food preparation by young adults is associated with better diet quality», *Journal of the American Dietetic Association*, nº 106, 2006, págs. 2001-2007. J. Jabs y C. M. Devine, «Time scarcity and food choices: An overview», *Appetite*, nº 47, 2006, págs. 196-204.

93. A. A. Gorin y otros, «Promoting long-term weight control: Does dieting consistency matter?», *International Journal of Obesity and Related Metabolic Disorders*, nº 28, 2003, págs. 278-281.

94. M. L. Butryn y otros, «Consistent self-monitoring of weight: A key component of successful weight loss maintenance», *Obesity*, vol. 15, nº 12 (Silver Spring), 2007, págs. 3091-3096. K. N. Boutelle y otros, «How can obese weight controllers minimize weight gain during the high risk holiday season? By self-monitoring very consistently», *Health Psychology*, nº 18, 1999, págs. 364-368. J. F. Hollis y otros, «Weight loss during the intensive intervention phase of the Weight-Loss Maintenance Trial», *American Journal of Preventive Medicine*, nº 35, 2008, págs. 118-126.

95. L. Zepeda y D. Deal, «Think before you eat: Photographic food diaries as intervention tools to change dietary decision making and attitudes», *International Journal of Consumer Studies*, nº 32, 2008, págs. 692-698.

96. D. L. Helsel, J. M. Jakicic y A. D. Otto, «Comparison of techniques for self-monitoring eating and excercise behaviours on weight loss in a correspondence-based intervention», *Journal of the American Dietetic Association*, nº 107, 2007, págs. 1807-1810.

97. M. F. Dallman, «Stress-induced obesity and the emotional nervous system», *Trends in Endocrinology and Metabolism*, 2009, doi:10.1016/j.tem2009.10.004. K. Elfhag y S. Rossner, «Who succeeds in maintaining weight loss? A conceptual review of factors associated with weight-loss maintenance and weight regain», *Obes Rev*, vol. 6, nº 1, 2005, págs. 67-85. R. M. Masheb y C. M. Grilo, «Emotional overeating and its associations with eating disorder psychopathology among overweight patients with binge eating disorder», *International Journal of Eating Disorders*, vol. 39, nº 2, 2006, págs. 141-146.

98. M. Faith, D. B. Allison y A. Gelleibter, «Emotional eating and obesity: Theoretical considerations and practical recommendations», en S. Dalton (comp.), *Overweight and Weight Management: The Health Professional's Guide to Understanding and Practice*, Sudbury, MA, Jones and Bartlett, 1997, pág. 455. K. Elfhag y S. Rossner, «Who succeeds in maintaining weight loss?», págs. 67-85.

Capítulo 6: Movimiento consciente

1. Centros para el Control y Prevención de Enfermedades, «2001-2007 state physical activity statistics», 2007, http://apps.nccd.cdc.gov/PASurveillance/StateSumV.asp.

2. Departamento de Salud y Recursos Humanos de Estados Unidos, *2008 Physical Activity Guidelines for Americans: Be Active, Healthy, and Happy!*, Washington, D.C., Departamento de Salud y Servicios Humanos de Estados Unidos, 2008.

3. K. H. Cooper y T. C. Cooper, *Start Strong, Finish Strong: Prescriptions for a Lifetime of Great Health*, Nueva York, Penguin Group, 2007.

4. J. J. Ratey, *Spark: The Revolutionary New Science of Exercise and the Brain*, Boston, Little, Brown & Company, 2008.

5. S. Begley, *Train Your Mind, Change Your Brain*, Nueva York, Ballantine Books, 2008 (trad. cast.: *Entrena tu mente, cambia tu cerebro: cómo una nueva ciencia revela nuestro extraordinario potencial para transformarnos a nosotros mismos*, Barcelona, Granica, 2008).

6. S. J. Siegel, *The Mindful Brain*, Nueva York, Norton, 2007.

7. K. Shaw y otros, «Exercise for overweight or obesity», Base de datos de análisis sistemáticos Cochrane, 2006.

8. Cooper y Cooper, *Start Strong, Finish Strong*.

9. Departamento de Salud y Servicios Humanos, *2008 Physical Activity Guidelines*.

10. Departamento de Salud y Servicios Humanos, *2008 Physical Activity Guidelines*.

11. Colegio Universitario de Medicina Deportiva, *ACSM's Guidelines for Exercise Testing and Prescription*, Filadelfia, Lippincott Williams & Wilkins, 2006.

12. T. Hanh y W. Vriezen, *Mindful Movements: Ten Exercises for Well-Being*, Berkeley, CA, Parallax Press, 2008.

13. Colegio Universitario de Medicina Deportiva, *ACSM's Guidelines*.

14. J. E. Donnelly y otros, «The effects of 18 months of intermittent vs. continuous exercise on aerobic capacity, body weight and composition, and metabolic fitness in previously sedentary, moderately obese females», *International Journal of Obesity and Related Metabolic Disorders*, nº 24, 2000, pág. 566. J. M. Jakicic y otros, «Effects of intermittent exercise and use of home exercise equipment on adherence, weight loss, and fitness in overweight women: A randomized trial», *Journal of the American Medical Association*, nº 282, 1999, págs. 1554-1560.

15. Donnelly y otros, «Effects of 18 months», Jakicic y otros, «Effects of intermittent exercise».

16. Shaw y otros, «Exercise for overweight or obesity».

17. W. C. Miller, D. M. Koceja y E. J. Hamilton, «A meta-analysis of the past 25 years of weight loss research using diet, exercise or diet plus exercise intervention», *International Journal of Obesity and Related Metabolic Disorders*, nº 21, 1997, págs. 941-947. J. M. Jakicic y otros, «American College of Sports Medicine position stand: Appropriate intervention strategies for weight loss and prevention of weight regain for adults», *Medicine & Science in Sports & Exercise*, nº 33, 2001, págs. 2145-2156.

18. Jakicic y otros, «American College of Sports Medicine position stand». J. E. Donnelly y otros, «American College of Sports Medicine Position Stand: Appropriate physical activity intervention strategies for weight loss and prevention of weight regain for adults», *Medicine & Science in Sports & Exercise*, nº 41, 2009, págs. 459-471.

19. Jakicic y otros, «American College of Sports Medicine position stand». Donnelly y otros, «Effects of 18 months».

20. V. A. Catenacci y otros, «Physical activity patterns in the National Weight Control Registry», *Obesity*, nº 16 (Silver Spring), 2008, págs. 153-161.

21. The Nielsen Company, Nielsen Wire, «Average TV Viewing for 2008-2009 TV Season at All-Time High». http://blog.nielsen.com/nielsenwire/media_entertainment/average-tv-viewing-for-2008-09-tv-season-at-all-time-high/. Actualizado el 10 de noviembre de 2009; visitado el 30 de noviembre de 2009. The Nielsen Company, «Historical daily viewing activity among households & persons 2+», disponible en http://blog.nielsen.com/nielsenwire/wp-content/uploads/2009/11/historicalviewing.pdf. Actualizado el 10 de noviembre de 2009; visitado el 30 de noviembre de 2009.

22. L. A. Tucker y M. Bagwell, «Television viewing and obesity in adult females», *American Journal of Public Health*, nº 81, 1991, págs. 908-911. L. A. Tucker y G. M. Friedman, «Television viewing and obesity in adult males», *American Journal of Public Health*, nº 79, 1989, págs. 516-518.

23. F. B. Hu y otros, «Television watching and other sedentary behaviors in relation to risk of obesity and type 2 diabetes mellitus in women», *Journal of the American Medical Association*, nº 289, 2003, págs. 1785-1791.

24. Hu y otros, «Television watching». F. Kronenberg y otros, «Influence of leisure time physical activity and television watching on atherosclerosis risk factors in the NHLBI Family Heart Study», *Atherosclerosis*, nº 153, 2000, págs. 433-443. G. N. Healy y otros, «Television time and continuous metabolic risk in physically active adults», *Medicine & Science in Sports & Exercise*, nº 40, 2008, págs. 639-645.

25. E. M. Blass y otros, «On the road to obesity: Television viewing increases intake of high-density foods», *Physiology & Behavior*, nº 88, 2006, págs. 597-604.

26. M. Scully, H. Dixon y M. Wakefield, «Association between commercial television exposure and fast-food consumption among adults», *Public Health Nutr*, nº 12, 2009, págs. 105-110.

27. S. A. Bowman, «Television-viewing characteristics of adults: Correlations to eating practices and overweight and health status», *Preventing Chronic Disease*, nº 3, 2006, pág. A38.

28. Centros para el Control y Prevención de Enfermedades, «2001-2007 State physical activity statistics».

29. F. F. Reichert y otros, «The role of perceived personal barriers to engagement in leisure-time physical activity», *American Journal of Public Health*, nº 97, 2007,

págs. 515-519. W. C. Stutts, «Physical activity determinants in adults: Perceived benefits, barriers, and self-efficacy», *AAOHN Journal*, n° 50, 2002, págs. 499-507.

30. N. E. Sherwood y R. W. Jeffery, «The behavioral determinants of exercise: Implications for physical activity interventions», *Annual Review of Nutrition*, n° 20, 2000, págs. 21-44. D. M. Williams, E. S. Anderson y R. A. Winett, «A review of the outcome expectancy construct in physical activity research», *Annals of Behavioral Medicine*, n° 29, 2005, págs. 70-79.

31. Reichert y otros, «Role of perceived personal barriers». M. Stafford y otros, «Pathways to obesity: Identifying local, modifiable determinants of physical activity and diet», *Social Science & Medicine*, n° 65, 2007, págs. 1882-1897. S. A. French, M. Story y R. W. Jeffery, «Environmental influences on eating and physical activity», *Ann Rev Public Health*, n° 22, 2001, págs. 309-335. J. F. Sallis y K. Glanz, «Physical activity and food environments: Solutions to the obesity epidemic», *Milbank Quarterly*, n° 87, 2009, págs. 123-154.

32. Jakicic y otros, «Effects of intermittent exercise».

33. Departamento de Salud y Servicios Humanos, *2008 Physical Activity Guidelines for Americans*.

34. Hanh y Vriezen, *Mindful Movements*.

35. L. A. Levine y otros, «Interindividual variation in posture allocation: Possible role in human obesity», *Science*, n° 307, 2005, págs. 584-586.

36. T. Hanh, *The World We Have*, Berkeley, CA, Parallax Press, 2008.

Capítulo 7: Plan de vida consciente

1. M. Barry y J. M. Hughes, «Talking dirty: The politics of clean water and sanitation», *The New England Journal of Medicine*, n° 359, 2008, págs. 784-787.

2. R. Tiernan, «Best option is to clean and re-use waste» *Financial Times*, 22 de marzo de 2007, pág. 13.

3. R. R. Wing y J. O. Hill, «Successful weight loss maintenance», *Annual Review of Nutrition*, n° 21, 2001, págs. 323-341. A. Linde y otros, «Self-weighing in weight gain prevention and weight loss trials», *Annals of Behavioral Medicine*, n° 30, 2005, págs. 210-216.

4. K. N. Boutelle y otros, «How can obese weight controllers minimize weight gain during the high risk holiday season? By self-monitoring very consistently», *Health Psychology*, n° 18, 1999, págs. 364-368. M. L. Butryn y otros, «Consistent self-monitoring of weight: A key component of successful weight loss maintenance», *Obesity*, vol. 15, n° 12 (Silver Spring), 2007, págs. 3091-3096. J. F. Hollis y otros, «Weight loss during the intensive intervention phase of the Weight-Loss Maintenance Trial», *American Journal of Preventive Medicine*, n° 35, 2008, págs. 118-126.

5. F. M. Sacks y otros, «Comparison of weight-loss diets with different compositions of fat, protein, and carbohydrates», *The New England Journal of Medicine*, n° 360, 2009, págs. 859-873.

6. K. D. Brownell y otros, «The effect of couples training and partner co-operativeness in the behavioral treatment of obesity», *Behaviour Research and Therapy*, nº 16, 1978, págs. 323-333.

7. A. A. Gorin y otros, «Weight loss treatment influences untreated spouses and the home environment: Evidence of a ripple effect», *International Journal of Obesity*, Londres, nº 32, 2008, págs. 1678-1684.

8. N. A. Christakis y J. H. Fowler, «The spread of obesity in a large social network over 32 years», *The New England Journal of Medicine*, nº 357, 2007, págs. 370-379.

9. C. Thompson, «Are your friends making you fat?», *New York Times*, 13 de septiembre de 2009, pág. MM28.

10. Fundación Educativa WGBH y División de Medicina del Sueño de la Escuela Médica de Harvard, *Healthy Sleep: Understanding the third of our lives we so often take for granted*, http://healthysleep.med.harvard.edu/healthy/.

11. M. G. Berman, J. Jonides y S. Kaplan, «The cognitive benefits of interacting with nature», *Psychol Sci*, nº 19, 2008, págs. 1.207-1.212. R. Kaplan, S. Kaplan y R. Ryan, *With People in Mind: Design and Management of Everyday Nature*, Washington, D.C., Island Press, 1998.

12. M. E. Larimer, R. S. Palmer y G. A. Marlatt, «Relapse prevention: An overview of Marlatt's cognitive-behavioral model», *Alcohol Research & Health*, nº 23, 1999, págs. 151-160.

13. G. A. Parks y G. A. Marlatt, «Relapse prevention therapy: A cognitive-behavioral approach», *National Psychologist*, nº 9, 2000, pág. 22.

14. G. A. Parks y G. A. Marlatt, «Relapse prevention».

Capítulo 8: Un mundo consciente

1. Reimpreso con permiso. J. L. Levye, «We are all connected», WickedLocal Sharon with News from the Sharon Advocate, 8 de junio de 2007, disponible en http://www.wickedlocal.com/sharon/news/lifestyle/columnists/x870110339. Visitado el 30 de noviembre de 2009.

2. T. N. Hanh, *Thich Nhat Hanh 2008 Calendar*, Brush Dance, San Rafael, CA.

3. L. K. Khan y otros, «Recommended community strategies and measurements to prevent obesity in the United States», *Morbidity and Mortality Weekly Report Recommendations and Reports*, nº 58, 2009, págs. 1-26.

4. B. M. Popkin, *The World Is Fat*, Nueva York, Penguin Group, 2009.

5. L. Davies, «25 years of saving lives», *Driven*, otoño, 2005, págs. 8-17. Disponible en http://www.madd.org/getattachment/48e81e1b-df43-4f31-b9a1-d94d5b940e62/MADD-25-Years-of-Saving-Lives.aspx. Visitado el 30 de noviembre de 2009.

6. Departamento de Nutrición, Escuela de Salud Pública de Harvard, «Shining the spotlight on trans fats», 2007, http://www.hsph.harvard.edu/nutritionsource/nutrition-news/transfats/.

7. Centro para la Ciencia en Interés Público, «Trans fat: On the way out!», 2009, http://www.cspinet.org/transfat/.

8. D. S. Ludwig, K. E. Peterson y S. L. Gortmaker, «Relation between consumption of sugar-sweetened drinks and childhood obesity: A prospective, observation analysis», *Lancet*, n° 357, 2001, págs. 505-508.

9. Alianza para una Generación más Sana, Fundación Clinton y Asociación Americana del Corazón, «Alliance for a Healthier Generation and industry leaders set healthy school beverage guidelines for U.S. schools», 2006, http://www.ameri canheart.org/presenter.jhtml?identifier=3039339.

10. M. B. Schulze y otros, «Sugar-sweetened beverages, weight gain, and incidence of type 2 diabetes in young and middle-aged women», *Journal of the American Medical Association*, n° 292, 2004, págs. 927-934. T. T. Fung y otros, «Sweetened beverage consumption and risk of coronary heart disease in women», *The American Journal of Clinical Nutrition*, n° 89, 2009, págs. 1037-1042. J. R. Palmer y otros, «Sugar-sweetened beverages and incidence of type 2 diabetes mellitus in African American women», *Archives of Internal Medicine*, n° 168, 2008, págs. 1487-1492. V. S. Malik, M. B. Schulze y F. B. Hu, «Intake of sugar-sweetened beverages and weight gain: A systematic review», *The American Journal of Clinical Nutrition*, n° 84, 2006, págs. 274-288. L. R. Vartanian, M. B. Schwartz y K. D. Brownell, «Effects of soft drink consumption on nutrition and health: A systematic review and meta-analysis», *American Journal of Public Health*, n° 97, 2007, págs. 667-675.

11. S. L. Mercer y otros, «Drawing possible lessons for obesity prevention and control from the tobacco control experiencie», en D. Crawford y R. W. Jeffery (comps.), *Obesity Prevention & Public Health*, Nueva York, Oxford Univ. Press, 2005, págs. 231-263.

12. FXB International, «About FXB: History». Visitado el 29 de noviembre de 2009, http://www.fxb.org/AboutFXB/history.html.

13. Departamento de Nutrición, Escuela de Salud Pública de Harvard, «Time to focus on healthier drinks», 2009, http://www.hsph.harvard.edu/nutritionsource/ healthy-drinks/focus/.

14. L. K. Khan y otros, «Recommended community strategies», págs. 1-26.

15. T. N. Hanh, *Transformation at the Base*, Berkeley, CA, Parallax Press, 2001.

ÍNDICE ANALÍTICO